몸의 철학

일러두기

- 외래어 표기는 국립국어원의 외래어표기법을 따르되, 일부는 통용되는 표기, 필자의 의견을 따랐다.
- 내주 및 참고문헌의 저자명은 출간 도서의 서지정보대로 표기했다.

이 책은 2020년 대한민국 교육부와 한국연구재단의 지원을 받아 수행된 연구(NRF-2020S1A5B8097404)입니다.

영혼의 감옥에서 존재의 역능, 사이보그의 물질성까지

몸의 철학

몸문화연구소 지음

Embodied mind

Body and soul

Government

Le corps propre

Devenir

Sexual difference

Trickster

Parallelism

P 필로소픽

목차

몸이란 과연 무엇일까? 이러한 근본적 물음 앞에서, 어느 누군가는 '왜 굳이 이런 질문이 필요할까?'라는 반문을 할 수 있다. 하지만 우리는 무턱대고 질문하진 않는다. 왜냐하면 중요하다고 생각하지 않는다면 굳이 질문할 필요조차 없기 때문이다. 실로 "몸이 무엇인가?"라고 물어볼 필요가 없던 시절이 있었다. 세상에 당연한 것이 몸이었기 때문이었다. 그러나 현재 우리는 몸이 당연하지 않은 시대에 살고 있다. 우리는 끊임없이 몸에 대해 생각하고 걱정하며 이에 대한 이야기를 나눈다. 인공지능의 몸, 장기이식, 항암치료, 건강검진 등을 비롯해서 다이어트, 성형, 노화방지 등 대화의 절반이 몸에 관한 것이다. 즉 몸이 생명정치이자 기획이고 사업이 된 것이다. 우리가 가지고 태어난 몸은 출발점에 지나지 않는다. 우리는 몸을 바꾸고 교정하며 업그레이드하면서 살아가기 때문이다.

대중문화와 미용 산업에서만 몸이 대접받는 것은 아니다. 학계에서도 몸은 중요한 연구 주제가 되었다. 그리하여 몸적 전환bodily turn이라는 신조어도 생겨났다. 이제 중요한 것은 더 이상 마음이나 정신이 아니라 몸이라는 것이다. 몸을 몸뚱이로 폄하하고 이성을 중시했던 오랜 철학적 전통을 생각하면 이러한 변화란 참으로 놀랍기 그지없다. 이러한 맥락 속에서 "나는 몸이다."라는 말이 사람들에 의해 자주

회자되기도 한다. 뿐만 아니라, 몸에 대한 자료들도 단과대학의 도서관을 가득 채우고도 남을 정도로 풍성해졌다.

이처럼 몸에 관한 연구서가 넘쳐난다면 '굳이 이 책이 필요할까?'라는 반문 또한 가능할 것이다. 이러한 반문에도 불구하고 몸에 대한 연구서는 그저 약간 필요한 정도가 아니라 매우 시급하고도 절실하게 필요하다. 왜냐하면 우리는 아직도 몸이 무엇인지를 모르기 때문이다. 물론 이미 말했듯이 몸에 관한 문헌은 많다. 뇌과학이나 신경과학, 인지과학, 정신분석학, 사회학, 건강, 미용 관련 실용서적들은 헤아릴 수 없이 서점을 가득 메우고도 남는다. 과거의 그 어느 때보다도 인체에 관한 우리의 지식은 풍부해졌다. 그러나 정작 '몸이란 무엇일까?'라는 철학적인 질문에 대답할 수 있는 도서는 여전히 극히 드물다. 다시 말해, 몸에 관한 인문학적 성찰은 아직도 우리의 기대에 미치지 못하고 있다.

이 책은 "몸이 무엇인가?"라는 질문에 대한 철학적 성찰을 담고 있다. 이것은 '우리는 어떻게 살아야 할 것인가?'에 대한 윤리적인 질문, '나는 무엇인가?'를 묻는 정체성의 문제와도 직결되어 있다. 우리는 몸인가, 아니면 몸을 가지고 있는가? 우리는 몸으로 무엇을 할 수 있는가? 몸은 권력일 수도 있고 삶의 의지이거나 욕망, 생산력일 수도 있다. 그리고 능동적인 것이거나 수동적인 것, 혹은 주체이거나 타자일 수도 있다. 우리에게 있어, 몸이란 과연 무엇인가? 몸을 정의하고 이해하는 방식에 따라, 삶의 결과나 삶의 스타일 또한 달라지기 마련이다. 성형이나 화장, 동안과 같이 지극히 일상적이고 실천적인 사안도 철학적 질문과 결코 무관하지 않다. 그렇지만 우리는 그러한 철학적 논의로부터 중립적이거나 객관적인 지식, 즉 과학을 기대해서는 안 된다. 중요한 것은 답이 아니라 질문과 더불어서 사유하며 고민하는 과정이다. 그러한 과정을 거치면서 우리의 삶 자체가 변화한다.

그렇다면 우리는 몸을 어떻게 정의하고 이해해야 할까? 개념으로서 몸은 분명하게 정의될 수 있지만, 정작 우리가 경험하는 몸은 그렇지 않다. 몸은 천 개의 얼굴과 특징, 역량을 가지고 있다. 우리의 입장과 관점, 역사적·지역적·문화적 차이, 접근방식과 방법론의 차이에 따라서 몸은 서로 다른 표정과 얼굴을 보여준다. 그리고 몸은 다른 개념들과의 관계를 통해서 자신을 드러낸다. 서양 철학사에서 몸은 영혼이나 정신, 마음, 불멸, 동일성, 차이, 의미, 물질, 욕망, 권력, 의지, 본능, 성 등의 관계 속에서만 논의될 수 있었다. 그러한 개념과 맺는 관계의 성격에 따라 몸은 무시되기도, 중시되기도 한다.

20세기에 접어들기 전에 서양의 철학적 전통은 로고스중심주의적이었다. 원한다면 우리는 그것을 영혼중심주의라고 명할 수도 있다. 진리와 영혼은 동전의 양면처럼 서로 떼어놓을 수 없다고 생각되었기 때문이다. 그것은 불변과 불멸이라는 본질을 가지고 있다. 인간은 불변과 불멸을 추구하는 존재로서 정의되었다. 문제는 인간의 몸이었다. 몸은 영혼의 가치와 정반대이다. 생로병사의 운명에서 벗어날 수가 없기 때문이다. 더구나 그것은 식욕과 성욕이라는 본능에 묶여 있다. 마음의 평화를 어지럽히는 것이다. 이러한 이유로 철학자들은 몸의 구속에서 해방된 자유로운 삶을 최고의 삶으로 생각하였다. 몸은 경멸의 대상이었던 것이다. 물론 유물론과 같은 예외도 있었다. 유물론자들에 따르면 몸이 실재이고 정신이나 영혼은 몸의 부수적 효과에 지나지 않는다. 그리고 에피쿠로스와 같은 쾌락주의자는 몸의 자연스러운 욕망과 충동을 굳이 거부할 필요가 없다고 보았다. 아무튼 그럼에도 불구하고 서양철학의 주된 흐름은 로고스중심주의적이었다고 말해도 과언이 아니다.

20세기의 초반에 등장한 현상학과 실존주의는 과거에 철학적으로 무시되었던 몸을 다시 철학적 논의의 중심으로 끌어들였다. 불변과 불멸이라는 철학적 이상은 허구에 지나지 않는다는 인식이 점차 자리를 잡기 시작하였다. 그것은 허구일 뿐 아니라 먹고 마시고 즐기며 섹스를 하는 인간의 일상적 경험을 철학에서 배제하도록 만들었다. 이 점에서 20세기의 철학은 일상의 복권, 몸의 복권이라고 말할 수 있다. 이때 몸은 성적인 몸, 욕망과 충동의 몸이다. 그리고 그것은 자연적으로 태어나는 것이 아니라 사회화의 과정을 거치면서 구성되는 몸이다. 이 점에서 몸은 페미니즘의 활동 무대가 될 수밖에 없었다. 페미니즘이 없이는 몸을 논할 수가 없게 된 것이다.

이 책은 몸에 대한 철학적 사유의 역사를 담고 있다. 독자는 시대에 따라서 몸이 다양하게 표상되는 파노라마를 목격할 수 있을 것이다. 고대 철학자 플라톤으로부터 시작해서 데카르트와 스피노자라는 근대 철학을 경유하여 메를로-퐁티와 푸코, 들뢰즈 등의 순서로 몸의 철학이 전개된다. 그리고 최종 목적지에는 이리가레와 해러웨이라는 페미니스트 철학이 기다리고 있다.

독자의 편의를 위해서 이 책의 내용을 간단히 소개하기로 한다. 1장은 몸을 지극히 경멸하였던 플라톤에 대한 것이다. 몸은 영혼의 감옥이라는 유명한 문장도 그의 입에서 나온 것이다. 그는 몸을 영혼처럼 변치 않는 실재가 아니라 변덕스럽게 변화하는 허상으로 이해하였다. 영혼은 매어 있던 몸으로부터 벗어남으로써 완전한 자유를 누릴 수가 있다. 플라톤은 당시의 호메로스적 인간관을 비판적으로 재해석함으로써 그러한 영혼관을 완성할 수 있었다.

2장은 몸에 대한 논의에서 근대적 이정표를 확립했던 데카르트의 신체론이다. 그는 정신과 몸이 개별적인 실체로서 독립해서 존재한다고 주장했던 심신이원론자이다. 뿐만 아니라 그는 정신과 달리 몸을 기계론적으로 이해하였다. 몸은 물리적으로 완벽하게 설명될 수 있다는 것이다. 인간은 기계-몸에 들어 있는 감정이 없는 유령-정신인 셈이다. 그러나 이러한 데카르트 이해는 잘못된 통념에 지나지 않는다. 저자는 그러한 이원론적 신화의 오류를 지적하면서 데카르트를 몸을 가진 정신embodied mind, 즉 몸과 정신의 통합성을 강조한 철학자로 재해석하였다.

데카르트와 정반대되는 지점에 3장의 스피노자 철학이 있다. 그는 육체를 폄하하고 정신을 격상하는 서양철학의 전통을 거부하고, 양자는 동일한 실재에 대한 상이한 표현이라는 평행론을 제시하였다. 인간은 분할 불가능한 통합적 존재이지만, 관점에 따라서 정신의 양상이나 몸의 양상으로 보인다. 양자는 서로 다르면서 하나라는 것이다. 이러한 이유로 스피노자가 20세기에 가장 많이 호명되는 철학자 중 한 명이 되었다.

4장은 최근 몸에 대한 논의에서 가장 중심적인 철학자 중 한 명인 메를로-퐁티의 몸철학이다. 그는 기존의 철학적 언어로 포섭되지 않는 몸의 이중성과 애매모호성을 강조하였다. 몸은 정신에 지배당하는 수동적 물질이 아니다. 능동적 지각을 통해서 의미의 세계를 구성한다. 의식보다 근본적인 것이 세계와 관계를 맺는 우리의 몸이다. 우리는 몸 된 경험에 집중함으로써 우리 자신을 발견하고 타인을 발견하고 또 세계를 발견할 수 있다.

5장은 '권력의 철학자'로 알려진 푸코의 이론인데, 중심 주제는 권력이 아니라 주체라는 점을 강조하면서 시작한다. 일반적인 평가와 달리 푸코는 반주체주의자가 아니라는 것이다. 푸코가 거부한 것은 근대의 자율적 주체관이지 주체 자체가 아니었다. 그는 주체 구성에서 몸의 물질성을 중시하였다. 권력으로부터의 탈주도 그러한 물질성에서 비롯한다. 권력에 의해 일방적으로 구성되지 않고 스스로를 자율적으로 구성하는 것이 몸의 윤리이다.

6장은 내재성과 유물론의 철학자 들뢰즈와 과타리의 몸에 대한 이론이다. 몸은 실체나 종이 아니라 역량과 구조, 또는 정동과 속도라는 상보적인 이중의 관점에서 이해해야 한다. 몸과 몸의 만남과 충돌, 결합과 분리가 정동을 생성한다. 저자는 생성으로서의 몸의 성격에 천착하였다.

7장은 프랑스의 페미니스트 철학자 이리가레의 몸에 대한 이론이다. 그녀는 프로이트가 제시한 남근중심적이며 가부장적인 정신분석과 해부학의 허구성을 폭로함으로써 자신의 입지를 굳혔다. 이 글의 중심 관심사는 여성 성기에 대한 해부학의 재해석에 있다. 전통적으로 남성의 생식기는 능동성과 공격성으로, 여성의 그것은 수동성과 수용성으로 표상되었다. 그러나 이리가레의 음순 형태론에 따르면 여성의 성은 하나로 환원되지 않는 복수성을 본질로 한다.

도나 해러웨이의 「사이보그 선언」은 인문학에서 가장 많은 인용지수를 자랑하는 논문의 하나이다. 8장의 저자는 사이보그가 남녀의 이분법적인 범주를 초월한 존재가 아니라 이러한 범주가 뒤섞여 오염된 존재라는 점을 강조한다. 사이보그는 생물학 결정론으로부터 해방되어 자유롭게 자연을 발화할 수 있는 가능성을 가지고 있다. 이와 더불어서 저자는 몸은 기술적·의학적 통제가 실패할 때 그 물질성을 드러낸다고 주장한다.

이 책에 대해 한 가지 독자의 양해를 구해야 할 점이 있다. 이 책은 몸이 주제임에도 몸이라는 용어가 하나로 단일하게 통일되어 있지 않다. 바라보는 관점에 따라서 몸은 신체나 육체, 물질로 명명되기 때문이다. 이것은 몸의 반대 개념인 마음에 대해서도 마찬가지이다. 마음도 정신이나 영혼, 생각 등으로 변주되기 때문이다. 이 책의 내용과 무관하게 참조로 몸의 유의어인 신체나 육체, 물질의 차이를 간단히 설명하겠다. 대상화된 정적인 몸이 육체라면 신체는 역동적인 힘의 의미에 가깝다. 육체미와 신체검사를 생각해보면 될 것이다. 반면에 몸은 때로 마음을 포함할 정도로 의미의 스펙트럼이 넓다. 그렇다면 물질은? 일반적으로 물질은 무기체를 가리키는 개념으로 사용된다. 우리는 죽은 시체를 몸이나 육체, 신체 등으로 칭하지 않는다. 그럼에도 광의의 의미에서, 특히 유물론적 관점에서, 물질은 무기체와 유기체를 망라해서 존재하는 모든 것을 가리키기도 한다.

여기에 담긴 글들이 이렇게 아름다운 외양으로 출판되기까지 많은 분의 수고가 있었다. 글의 완성도를 높이기 위해서 노고를 아끼지 않았던 필자분들을 포함해서 출판사도 보다 좋은 책을 만들기 위해서 교정과 편집에 노력을 아끼지 않았다. 저자와 출판사의 노고에 감사를 드린다.

김종갑

1. 플라톤의 영혼과 몸:
몸 없는 영혼이 가능한가

김종갑

『국가론Politeia』에서 플라톤Platon은 "철학과 문학의 오랜 싸움"(Plato, Republic 607b5 - 6)을 언급하였다. 이 싸움은 영혼과 몸의 싸움이기도 하였다. 당시 정치적 헤게모니hegemony를 장악하기 위해서 철학과 문학이 힘겨운 전투를 치르고 있었다. 이때 플라톤에게 철학의 적은, 당시 희랍인들이 열광하였던 소포클레스Sophocles, 에우리피데스 Euripides, 아리스토파네스Aristophanes 등의 극작품들이었다. 희랍인의 삶은 『일리아스Ilias』와 『오뒷세이아Odysseia』와 같은 문학작품과 밀접하게 맞물려 있었다. 플라톤의 『국가론』은 문학의 기세를 꺾고 희랍인의 삶을 철학에 접목하려는 시도였다. 시인 추방론을 주장하고 검열의 필요성을 강조하였다. 플라톤에게 문학은 몸의 욕망과 감정의 표출일 뿐이었다. 그에게 철학이 영혼이라면 문학은 몸이었다. 그는 문학이 부도덕하듯이 몸도 부도덕하다고 주장하였다. 철학은 그러한 문학과 몸의 유혹을 거부함으로써 시작될 수 있었다.

　몸의 비하와 경멸은 플라톤의 저술을 일관하는 주제이다. 그러나 그가 생각하는 몸의 정체가 무엇인지는 분명하지 않다. 그는 몸을 바라보는 일관된 입장이나 이론을 가지고 있지 않았다. 몸 자체에 관해서는 관심이 없었기 때문에 당연한 결과였을 것이다. 그는 영혼의 가치를 대비적으로 강조하기 위해 몸의 의미를 부정하기 위해서만 몸을 언급하였다. 어둠 속에서 한줄기 빛이 더욱 눈이 부시게 빛나듯이 몸과 비교됨으로써 영혼의 탁월함이 가시화되는 것이다. 그에게 몸이라는 것은 '있는' 것이 아니라 영혼의 '없음'에 가깝다. 몸은 있어야 할 핵이 제거된 세포막이나 마찬가지이다. 이 점에서 플라톤은 일원론자이다.

플라톤은 심신이원론자로 알려져 있다. "플라톤 연구자들 사이에서도 플라톤이 심신이원론자라는 것을 부정하는 논의는 거의 없다."(강성훈 2015, p. 2) 데카르트Descartes의 이원론도 플라톤의 근대적 판본으로 간주되곤 한다. 데카르트는 정신과 물질이 배타적으로 존재하는 두 개의 실체라고 주장하였다. 과연 플라톤도 데카르트처럼 우주에는 두 개의 실체가 있다고 주장하였을까? 그렇지 않다고 생각한다. 플라톤에게 진짜로 존재하는 실재는 불변불멸의 영혼 혹은 이데아이다.[1] 물질은 실재가 아니라 끊임없이 생성하고 소멸하며 변화하는 과정에 지나지 않는다. 영혼과 같은 불멸의 위엄을 갖추지 못한 것이다. 플라

---

1 강성훈은 마음과 물질이라는 데카르트의 이원론적 관점에서 보면 플라톤은 심신이원론자가 아니라고 주장하였다. 플라톤은 "기본적으로 있는 것들을 정신적인 것과 물질적인 것으로" 나눈 것이 아니라 앎의 대상으로서 이데아와 믿음(doxa, 통념, 억견)의 대상으로서 일상적 사물들로 구분했다는 것이다 (2015, p. 4). 한편 란Lan은 플라톤의 이원론을 존재와 변화생성Becoming의 우주론적 이원론과 몸과 영혼의 인류학적 이원론으로 구분하였다. 더불어서 플라톤은 우주론적 이원론자임에 틀림이 없지만 인류학적으로는 일원론자라고 주장하였다(1995, p. 108). 필자도 그의 주장에 동의한다. 우주에는 인간의 몸을 구성하는 원자들이 있다. 그러한 원자들이 모여서 몸을 만든다. 그와 같은 물질적 몸은 영혼이 잠시 머무는 장소에 지나지 않는다. 불변하는 실체는 영혼(이데아, 일자)밖에 없다. 변화생성하는 몸은 현상에 지나지 않는다.

톤은 인간을 영혼과 몸이 혼합된 존재로 보았다. 이때 영혼이 육체적 욕망으로부터 비교적 자유로운 순수한 사람이 있는가 하면 그러한 욕망으로 오염된 사람도 있다. 철학은 영혼을 순화하고 정화하는 역할을 한다. 반성하지 않는 삶은 살 가치가 없다는 소크라테스의 격언은 그러한 영혼 순화의 필요성을 말해준다. 육체적 욕망으로부터 거리두기와 영혼의 자기 관조가 철학자가 지향하는 삶이다. 몸으로부터의 자발적인 소외, 그리고 영혼과의 동일시를 추구해야 하는 것이다.

몸에 대한 고대 희랍의 관념

몸에 대한 플라톤의 생각을 논의하기 전에 당시 희랍인들이 가지고 있던 몸에 대한 관념을 살펴볼 필요가 있다. 소크라테스 이전의 몸 문화와 대조되어야만 플라톤의 과거와 다른 획기적인 단절점이 잘 드러나기 때문이다. 이를 위해서 필자는 호메로스Homeros의 『일리아스』와 『오뒷세이아』를 플라톤의 주요 대화록과 대조할 것이다. 영혼과 몸에 대한 플라톤의 논의는 주로 『국가론』과 『파이돈 Phaidon』에 집중되어 있다. 이러한 비교를 통해서 필자는 플라톤이 호메로스의 몸soma과 영혼psyche이라는 어휘를 어떻게 이항대립적으로 재정의했는지 보여줄 것이다. 철학의 역사는 언어의 역사와 떼어놓을 수 없다. 『정신의 발견 Die Entdeckung des Geistes』에서 브루노 스넬Bruno Snell이 몸과 영혼과 같은 어휘의 문헌학적 고증에 많은 지면을 할애했던 이유였다. 호메로스의 소마와 프시케를 플라톤의 것과 착각하지 말아야 하는 것이다.

몸은 시대와 장소, 관점, 관심의 차이에 따라서 다양하게 표상되며 정의되고 담론화된다. 몸을 규정하고 정의하는 것은 쉬운 일이 아니다. 무엇이 몸인가? 관점에 따라서 몸은 상이한 모습과 특징을 보여준다. 의사의 해부학적 몸과 화가의 미학적인 몸, 철학자의 현상학적 몸 사이에는 천지 차이가 있다. 몸은 천天이나 지地로, 혹은 천지로 표상될 수도 있다. 당연히 플라톤은 영혼을 천으로 개념화하였다. 플라톤이 동시대인들의 생활 방식과 삶의 태도에 대해서 지극히 비판적이었다는 것은 잘 알려진 사실이다. 그는 희랍인들이 먹고 마시고 즐기는 등 육체적 쾌락에 너무 탐닉한다고 비난하였다.[2] 그는 당시 지배적이던 쾌락의 문화를 비판하고 이를 대체할 수 있는 계몽적 담론으로서 비육체적인 영혼의 중요성을 강조하였다.

젊어서 문학에 뜻을 두었던 플라톤이 소크라테스의 죽음에 충격을 받고서 철학으로 방향을 전환하였다는 것은 잘 알려진 사실이다. 문학으로부터 철학으로의 이동은 몸으로부터 영혼으로의 이동을 의미하는 것이었다. 이 글에서 그가 왕성하게 저술을 하였던 시기가 기원전 5세기 후반과 4세기 초반이었다는 사실은 무시할 수 없는 중요성이 있다. 그 시기는 희랍의 상고기가 저물고 고전기가 시작되는 문화적 전환기로, 교육의 혁신이 일어났던 시기였다. 젊은 교사들이 출현

---

2 고대 이집트인과 달리 고대 희랍인들은 현실의 삶에 대한 강렬한 애정을 품고 있었다. 유희와 경기, 놀이를 비롯해서 좋은 음식과 연회를 자주 즐겼다. 해밀턴Hamilton은 고대 이집트 문화의 중심에는 죽음, 그러나 고대 희랍 문화의 중심에는 삶과 즐거움이 있다고 주장하였다(1993, pp. 17-19). 그는『일리아스』의 잔치 장면을 인용하면서 놀고 먹고 마시는 일상의 소소한 행복이 이처럼 아름답게 묘사된 적이 없었다고 토를 달았다(Ibid., p. 27).

하고 학교가 생기면서 구전문화에서 당연하였던 '도덕 전통 신앙 신화' 등이 이제 "합리적으로 분석하고 연구해야 하는, 필요하다면 수정되고 거부되어야 하는 대상"(랭어 2001, p. 59)이 되었다.[3] 플라톤은 이 전환기를 "문학과 철학의 오랜 싸움"으로 규정하였다. 기원전 6세기까지는 호메로스적 문화, 트로이전쟁에 참전하였던 영웅들의 문화가 지배적이었다. "유아들이 모유를 먹고 자라듯이 희랍인들은 어린 시절부터 호메로스의 시의 품에 안겨서 그의 시와 더불어서 성장하였다."(Fowler 2006, p. 233) 주지하듯이 호메로스의 작품은 구전으로 전승되는 이야기를 문자화한 것이다. 그것은 허구적 이야기가 아니라 선조들의 역사와 신화의 기록이었다. 그런 영웅담을 희랍인들은 생활의 일용한 양식으로 삼았던 것이다. 그들에게 중요한 것은 추상적인 진리나 보편적 개념이 아니라 삶의 숨결이 담긴 구체적 이야기였다. 그런데 소크라테스와 플라톤은 그와 같이 구전에 입각한 문화를 비판하면서 진리의 문화, 철학적 문화를 대안으로 내세웠다. 일종의 문화혁명을 꾀하였던 것이다. 그들은 희랍인들이 당연하게 생각하였던, 그러나 학문적으로 검증되지는 않았던 전승 지식이나 통념doxa을 엄격한 진리episteme로 대체하려는 시도였다. 이와 같이 과거의 전통과 인습, 이야기에 엄격한 진위의 기준이 적용되면서 몸의 위상도 바뀌게 되었다. 호메로스에서는 몸에 대한 사전적 정의도 없으며 정신과 육체라는 이분법도 없다. '나'라는 주체와 몸, 영혼 등의 구분도

---

3 "구두문화는 과거에 대한 대량의 투자"를 특징으로 한다(랭어 2001, p. 24).
신화에서는 역사가 금에서, 은, 동, 쇠 등으로 후퇴하는 패턴을 취하는 이유이
기도 하다.

찾아볼 수가 없다. 몸은 몸으로 명명되는 것이 아니라 인물의 이름과 영혼, 활동, 말 등으로 표현되었다. 근대적 의미의 몸 개념(안과 바깥의 경계가 뚜렷한 개체)이 없었던 것이다. 브루노 스넬에 따르면 호메로스의 몸은 "통일체가 아니라 집합체"(2002, p. 25)였다. 몸과 영혼이라는 플라톤적 이분법이 적용될 수가 없었던 것이다. 그런데 플라톤은 영혼을 선과 진리의 영원한 존재로, 몸은 거짓과 헛된 욕망의 변덕스러운 존재로 새롭게 정의하였다. 그는 인간을 악한 육체와 선한 영혼이 반목하며 갈등하는 싸움터로 만든 것이다.[4]

호메로스의 『일리아스』와 『오뒷세이아』에는 그러한 갈등이 없다. 트로이전쟁의 영웅들은 아폴론적이 아니라 디오니소스적이며, 소크라테스가 권장하였던 자기를 성찰하고 반성하는 삶과는 정반대이다. 더구나 이들 활동의 배경이 평화로운 시민사회가 아니라 칼과 창이 부딪히고 힘과 용기를 겨루는 전쟁터가 아닌가. 당연히 이들의 행동은 세련된 문화나 교양과는 거리가 멀었다. 우리에게 이들은 거칠고 폭력적이며 잔인하게 보인다. 무법자와 약탈자, 야만인과 같다고 평하였던 아르놀트 하우저Arnold Hauser의 판단이 올바른 듯이 보인다 (하우저 2016a, pp. 85-87; Onians 1951, p. 3). 이들에게 중요한 것은 시민적 미덕이 아니라, 그것이 무엇이든 자신이 원하는 것을 싸워

---

4 그렇다고 기원전 5세기 이후로 고대 희랍의 문화가 완전하게 바뀌었다고 말하려는 것은 아니다. 그것은 소크라테스가 신성 모독과 풍속 문란, 젊은 세대를 타락시킨 죄로 사형을 당하였다는 사실에서도 짐작할 수 있다. 그의 철학에 대한 당시의 저항이 만만치 않았던 것이다. 플라톤이 아카데미를 설립하고 학생들을 가르치던 시기에도 이소크라테스Isokrates와 같은 철학자는 그를 현실을 모르는 이상주의자라고 비판하였다.

서 획득할 수 있는 능력이었다(하우저 2016b, pp. 33 - 34).[5] 소크라테스라면 본능대로 살아가는 동물적 삶, 영혼의 삶이 아니라 육체적 삶이라고 비난하였을 것이다. 그러나 적어도 『일리아스』의 세계에 대해서는 그러한 비난은 적절치 않다. 호메로스 시대의 문학적 인간관과 소크라테스의 철학적 인간관이 너무나 다르기 때문이다. 후자의 관점에서 전자를 판단하는 것은 시대착오적이다. 호메로스에게서는 동물과 인간, 영혼과 몸이 대립적인 구도를 취하고 있지 않기 때문이다. 선과 악, 몸과 영혼, 욕망과 이성이 개념적으로 분절되기 이전의 디오니소스적 세계를 분절된 이후의 아폴론적 기준으로 판단하면 안 되는 것이다.

브루노 스넬은 호메로스의 시대에는 근대적 의미의 몸 개념이 존재하지 않았다고 주장하였다. 이것을 어떻게 이해할 수 있을까? 스넬에 따르면 소마는 살아 있는 신체가 아니라 시체에게만 적용되는 말이다. 살아서 활동하였던 인물이 숨(프시케)을 거두고 죽는 순간, 즉 프시케가 그를 떠나는 순간에 그는 소마로 불린다. 시체에 상응하는 생체를 가리키는 어휘가 없다는 것이다. 대신 형상eidos, 사지의 근육 melea, 골격demas, 심장kradie, 관절의 움직임guia, 피부choros 등의 기관들이 등장한다(스넬 2002, p. 25, p. 27; Toner 2016, p. 85). 그러한 신체 기관들이 하나의 몸으로 수렴되거나 통일되지 않는 것이다. 뒤에

---

5 도둑질이든 위증이든 성공하기만 하면 칭송을 받았다(Onians 1951, p. 5). 그리고 당시의 희랍인들은 체면을 차리거나 자제하지 않고 마음껏 먹고 마시고, 억울하거나 슬픈 일이 있으면 어린이처럼 발을 구르며 울었다. 감정의 절제라는 것이 없었던 것이다.

설명하겠지만, 호메로스의 시대는 프시케와 대립하는 단일한 개념어로서 몸을 명시화할 필요를 느끼지 못하였다. 플라톤적 의미에서 소마가 개념어가 아니듯이 프시케도 개념어가 아니다. 개념어라기보다는 서술어에 가깝다. 이러한 개념어의 부재를 잘 보여주는 예의 하나가 '보다'이다. 호메로스에는 '보다'를 뜻하는 어휘들이 많다. horan, idein, leussein, athrein, theasthai, skeptesthai, ossesthai, dendillein, derkesthai, paptainen 등이 그러하다. 그런데 흥미롭게도 이들 어휘는 중립적인 '보다'의 행위로 환원되지 않는 각각 나름의 특정한 유형과 특징을 가지고 특정한 맥락에서만 사용된다. 'derkesthais'를 예로 들면 이것은 drakon(뱀)에서 파생된 어휘로, 뱀의 눈빛처럼 섬뜩한 눈빛을 가리킬 때만 사용된다. 이 때문에 내가 대상을 바라보는 주체의 시선에는 적용되지 않는다. 다른 사람의 눈빛이 섬뜩할 따름이다. 그리고 'leussein'은 희다와 빛나다를 뜻하는 'leukos'에서 파생된 말로 밝은 대상을 바라보는 시선을 의미한다. 염려하는 시선이나 슬픔에 잠긴 시선에는 사용되지 않는 것이다(스넬 2002, pp. 18-23). 이러한 용례들이 뜻하는 것은 무엇인가? 당시의 언어가 지극히 맥락 의존적이라는 사실을 가리킨다. 대상을 바라보는 특정한 맥락이나 분위기와 독립된 것으로서 일반적인 의미의 '보다'가 존재하지 않는 것이다. 섬뜩하게 바라보거나 흐뭇하게 바라보거나 수심에 차서 바라보는 행동은 있지만, 그러한 상황과 무관한 바라봄의 개념은 없는 것이다. 상황과 언어가 분리되지 않은 것이다. 앞서 소개하였던 신체의 기관들도 마찬가지이다. 모두 몸과 관련된 어휘들이지만, 정작 단일한 개념으로서 몸이라는 말이 없다. 혹자는 아리스타코스Aristarchos가 demas를 살아 있는 몸이라 주장하였던 사실을 상기할지도 모른다. 그러나 스넬에 의하면 demas는 "관계의 여격에서만 나타난다."(Ibid., p. 23) 그러한 맥락과 무관하게 일반적으로 사용되는 명사가 아니다.

이 대목에서 우리는 호메로스의 영웅들과 몸의 관계를 점검할 필요가 있다. 영웅들은 당연히 몸을 가지고 있다. 동시에 그들은 이름과 성격, 사회적 지위, 가문 등도 가지고 있다. 몸이 그러한 맥락으로부터 분리될 수 있는 것일까? 이름이나 지위와 상관없이 독립적으로 존재하는 몸이라는 것이 있을까? 아킬레우스나 헥토르와 같은 영웅들을 묘사하기 위해서 자주 언급되는 동물이 사자이다. 이때 사자는 단순한 맹수가 아니라 용맹과 호전성, 민첩함의 대명사로서 등장한다. 상징적으로 체화된 동물인 것이다. 동물로서 사자는 코끼리나 코뿔소와 같이 덩치가 큰 동물을 만나면 등을 돌리고 도망갈 수가 있다. 그러나 호메로스의 상징적 사자는 언제나 공격적이고 용맹하다. 아킬레우스에 대해서도 마찬가지이다.[6] 아킬레우스는 언제나 빛나는 영웅 아킬레우스이다. 그는 결코 그러한 영웅적 용모나 자질과 무관한 물질적 몸으로 묘사되지 않는다. 아킬레우스는 몸이 아니라 인물character이며 역할이다. 그는 무기를 잡는 손이거나 달리는 다리, 울퉁불퉁한 근육이다. 아킬레우스는 그러한 활동과 움직임, 역량의 총체로, 이와 분리된 몸이라는 것은 생각할 수가 없다. 그 때문에 다음과 같은 역설이 생긴다. 즉, 아킬레우스는 아킬레우스이기를 멈추는 순간에 소마가 된다. 그가 죽어서 땅바닥에 쓰러지는 순간, 그의 영웅적 활동이 완벽

---

6   변화가 없이 처음부터 끝까지 똑같은 인물을 문학 용어로 정형화된, 판에 박힌flat 인물이라고 한다. 그 반대는 입체적 인물round character이다. 판에 박힌 인물 묘사는 전근대 문학작품의 특징이다.

하게 중단될 때, 그의 삶이 막을 내릴 때 무대에 마지막으로 남아 있는 것이 소마이다. 프시케가 그의 곁을 떠나는 것이다. 이 점에서 소마는 몸에서 영혼이 분리되는 감산의 효과이다. 영웅 역할을 맡았던 배우가 극이 끝나자 무대에서 내려와 왜소한 소시민의 몸으로 귀가하는 모습을 상상해볼 수가 있다.

소마가 개념어가 아니듯이 프시케도 하나의 뚜렷하고 분명한 의미를 가진 개념어가 아니다. 호메로스의 프시케는 플라톤적 영혼이 아니라 호흡이나 숨결, 바람이라는 의미에 가깝다. thumos(용기, 욕망), noos(마음), phrenes(폐, 횡경막), kradie(심장)와 같은 어휘와 분명하게 구분되지 않는다. 호메로스는 행동의 맥락과 상황에 따라서, 때로는 시의 운율을 맞추기 위한 필요에 따라서 특정 어휘들을 사용하였다. 논리적 일관성이나 원칙, 분명한 내연과 외연이라는 것이 없었던 것이다. 그 때문에 프시케는 영혼으로 한정되기에는 너무나 넓은 의미의 영역을 가진다. 마음, 정신, 생명, 생명의 동력, 행동의 원인, 사유 능력을 비롯한 유령, 그림자 등의 뜻도 있었기 때문이다. 아무튼 호메로스의 프시케는 플라톤적 프시케로 설명될 수가 없다는 것은 의심의 여지가 없다. 전자는 후자의 신적 가치와 위엄도 가지고 있지 않다. 호메로스의 프시케의 모습은 심지어 초라하고 가련하기까지 하다. 『오뒷세이아』에는 오뒷세우스가 하데스에서 아킬레우스의 영혼을 만나는 유명한 장면이 있다. 아름답고 용맹하던 영웅을 기대하였던 오뒷세우스는 그의 영혼을 보고서 당혹감을 감추지 못한다. 그는 허깨비나 유령처럼 보였던 것이다. 너무나 무기력하여 번듯하게 걷지도, 입을 벌려 말을 하지도 못한다. 오뒷세우스가 자신의 팔을 베어 거기서 나온 피를 마시게 한 다음에야 그 힘을 빌려서 말하기 시작한다. 플라톤이 『파이돈』에서 묘사한, 몸의 감옥에서 벗어났기 때문에 자유로워진 영혼의 모습과는 달라도 너무나 다르다. 아킬레우스가 원하는 것을 할 수 있는 능력이라면 몸이 없는 영혼은 '할 수 없음'이다.

소멸하는 몸과 불멸의 영혼

몸과 영혼의 관계가 대립적으로 발전하기 시작한 것은 기원전 5세기 전후 소크라테스의 등장과 맞물려 있다. 소크라테스는 인간의 본질을 몸과 질적으로 다른 영혼에서 찾았다. 몸이 변덕스러운 현상이라면 그러한 현상 배후의 본질이 영혼이며 일자의 세계였다. 너무 몸 관리에 치중하는 젊은 세대에게 영혼을 돌보도록 계몽하는 것이 그의 소명이었다. 이러한 과정에서 이전에 경계가 불분명하였던 몸과 영혼, 비본질과 본질은 한편으로는 가시적 물질 및 동물적 욕망으로, 다른 한편으로는 비가시적 영혼과 이성, 정신으로 양극화되기 시작하였다. 그러면서 프시케에게 몸이 소멸하더라도 사라지지 않는 실체의 자격이 주어졌다. 몸과 영혼이 이원론적 맥락으로 재정의되고 우열과 주종의 관계로 바뀌었던 것이다.

이러한 개념화의 과정에서 빼놓을 수 없는 것이 플라톤의 호메로스 재해석이었다. 그는 호메로스를 자신의 철학적 맥락으로 전유하거나 그렇게 할 수 없는 경우에는 그를 과거의 그릇된 통념으로서 배척하였다. 이처럼 재해석하거나 수정하는 장면은 『국가론』과 『파이드로스 Phaidros』를 비롯해서 그의 저작의 곳곳에서 발견된다. 그의 육체관을 추론하기 위한 준비로서 그러한 사례의 하나를 살펴보자. 플라톤은

『파이드로스』에서 호메로스를 인용하고, 그것을 영혼의 우월성의 증거로 해석하였다. 호메로스도 영혼을 몸의 주인으로 묘사하였다는 것이다.

> 분노한 그는 식객들이 모인 한복판으로 뛰어들어
> 한 놈도 남김없이 모두 살해할지, 아니면 그들이
> 하룻밤을 더 지내도록 놔둬야 할지 망설였다.
> (중략)
> 가슴 κραδίην을 치며 그는 자신의 마음 στῆθος을 나무랐다.
> 참으라, 마음 στῆθος이여, 일찍이 훨씬 더 험한 일도 견뎠었다.
> (Homer, Odyssey XX 17; 플라톤, 파이돈 94e)

이 대목은 10년의 오랜 방랑과 항해 끝에 마침내 이타카로 돌아온 오뒷세우스가 자기 집에 머무르면서 먹고 마시며 재산을 축내는 식객들을 발견하고 분노하는 장면이다. 그는 단칼에 그들을 요절내고 싶은 충동을 애써 추스르고 있다. 감정에 따라서 행동하지 않고 이성적으로 자제하고 있는 것이다. 플라톤은 이 구절을 『국가론』을 비롯한 다른 대화록에서도 즐겨 인용할 정도로 특별한 애정이 있었다. 그 이유를 짐작하는 것은 어렵지 않다. 호메로스 작품의 대부분 인물은 충동적으로 움직이는데 이 장면에서 오뒷세우스는 이성적으로 자신을 절제하는 모습을 보여주기 때문이다. 다음 인용문에서 플라톤은 그를 철학자의 전형으로 묘사한다.

자네는 호메로스가 영혼은 조화[7]이고, 몸의 상태들에 의해 이끌리는 것이지 그것들을 이끌고 그것들에 주인 노릇을 하는 것이 아니라고 생각하면서 이걸 지었다고 생각하나? 영혼은 몸의 조화보다 훨씬 신적인 어떤 것이라고 생각한 것이 아니고.(플라톤, 파이돈 94e)

첫 문장의 질문은 수사학적 질문이다. 답을 기대하는 질문이 아니라 당연한 사실을 재확인하는 수사학적 장치인 것이다. 여기에서 소크라테스는 호메로스가 영혼을 몸의 주인으로 보고 있다고 말한다. 그러나 그것은 너무나 당연해서 논증이 필요 없는 사실이라고 생각하고 있다. 그런데 과연 호메로스의 텍스트가 그러한 해석을 뒷받침하는 것일까? 그렇지 않다. 무엇보다도 먼저 호메로스는 영혼이라는 용어를 사용하지 않았다. 오뒷세우스의 영혼이 자신의 감정을 꾸짖는다고 생각하면 오해이다. 꾸짖는 주체는 프시케가 아니라 튀모스thumos이다. 꾸중을 하는 주체가 thumos라면 꾸중 당하는 대상은 phren(이것의 복수는 phrenes)이다. 생각과 감정이 구분되지 않는 것이다. 상반된 감정, 혹은 상반된 생각과 생각이 서로 충돌하고 있다고 볼 수 있다. 이때 생각과 감정은 플라톤의 주장처럼 주종의 관계가 아니다. 생각과 감정이 분리되지 않았기 때문이었다. 가령 "사람은 생각하면서 가슴kradie에 감정과 충동을 느낀다."라는 호메로스의 문장을 보자. 이 문장의 kradie가 텍스트의 다른 대목에서는 phrenes나 prapides, thumos

---

7   피타고라스는 영혼을 몸의 부분들의 조화로서 설명하였다. 그러나 플라톤은 이러한 설명을 거부하였다. 조화라면 언제라도 깨질 수 있다는 점에서 영혼의 불멸성과 모순되기 때문이다.

등으로 사용되었다. 가슴의 thumos는 생각할 뿐 아니라 사랑과 욕구도 느낀다(Onians 1951, p. 23, p. 37).

그렇다고 플라톤의 호메로스 해석이 단순한 오독이라고 주장하려는 것은 아니다. 호메로스와 플라톤 사이에는 약 300년의 격차가 있다. 앞서 '보다'를 예로 소개하였듯이 그 사이에 언어도 커다란 변화를 겪었다. 호메로스의 텍스트에서 영혼과 몸은 개념적으로 분리되지 않은 모호한 관계에 있었지만, 5세기를 전후해서 점차 대립적인 관계로 발전하기 시작하였다. 플라톤 이전에 오르페우스Orpheus와 피타고라스Pythagoras의 영향으로 프시케는 단순한 숨결이 아니라 '생명의 원리나 생명력'으로 간주되기 시작하였다. 그리고 플라톤은 호메로스를 재해석함으로써 영혼에 초월적인 위상을 부여하였다.

플라톤의 저술 가운데 『파이돈』은 영혼과 몸의 이분법이 가장 선명하고 명확하게 표명된 작품으로 인정된다. 죽음을 목전에 둔 소크라테스가 친구들과 대화를 나누는 절박한 상황으로 인해서 영혼 불멸이라는 주제는 더욱 극적으로 부각이 된다. 그는 죽음을 영혼이 몸의 구속과 부담으로부터 자유로워지는 해방의 사건으로 정의한다. 몸의 욕망에 탐닉하지 않는 철학자라면 죽음을 두려워할 이유가 없는 것이다. 소크라테스는 자신의 죽음을 걱정하는 크리톤Kriton에게 "죽음은 영혼의 죽음이 아니라 다만 몸의 죽음"이기 때문에 "매장되는 것은 내가 아니라 나의 몸"일 따름이라고 설명한다(플라톤 2020, 115c-e). 이 대화록의 중심에는 영혼 불멸을 증명하기 위한 순환 논증, 상기 논증, 유사성 논증 등의 이론적 시도가 있다. 그렇다고 필자가 이 글에서 그러한 논증의 문제를 다루려는 것은 아니다. 필자에게 중요한 것은 플라톤이 몸을 그 자체가 아니라 영혼의 대립항으로 규명하는 방식에 있다. 몸은 몸의 있음이 아니라 영혼의 부재로서 정의되는 것이다. 이러한 이유로 생물학적이거나 의학적, 물리적 몸은 플라톤의 시야에 들어오지 않는다. 『파이돈』에서 그는 몸을 '욕정과 욕망, 두려움, 환상'(Ibid., 66c)과 동일시한다. 그것은 영혼의 활동을 방해하고 훼방하며 일탈을 유혹하는 악의 세력이다. 들뢰즈Deleuze가 적절히 지적하였듯이 플라톤에게 영혼이 상향적 지향성이라면 몸은 하향적 지향성이다.[8] 영혼은 납덩이처럼 자신을 지하로 끌어내리는 몸의 무게에서 벗어나 하늘로 솟아올라야 한다.

『파이돈』에서 몸과 영혼의 상반된 움직임은 죽음과 삶의 역설적 관계로 형상화되어 있다. 몸의 죽음과 더불어서 진정한 영혼의 삶이 시작되는 것이다. 죽음과 삶을 바라보는 태도의 차이는 철학자와 비철학자로 구분하는 기준이기도 하다. 비철학자에게 삶은 삶이고 죽음은 죽음이다. 삶이 좋은 것이라면 죽음은 나쁜 것이다. 죽음이란 삶의 부재이며, 몸의 부패와 소멸을 수반한다. 그러나 플라톤은 이러한 생사관을 지극히 통속적인 것으로 간주한다. 사람들은 진짜로 좋은 것을 모르기 때문에 진짜와 비슷한 것, 눈앞에 있는 물질적인 것으로 만족하는 경향이 있다. 그러나 철학자는 사물의 겉모습에 현혹당하지 않는 자, 표면의 배후에서 본질을 응시하는 자다. 그는 육체적인 삶을 넘어서는 진정한 영혼의 삶은 죽음 이후에 도래한다고 믿는 자이다. 그 때문에 철학자들은 "이미 죽은 자"(Ibid., 64b)라는 역설이 성립한다.

8　플라톤의 철학자는 "비상하는 존재이다. 동굴을 떠나 하늘로 날아오르는 자이다." 그는 "상향적 영혼론 ascensional psychism"을 가지고 있다(Deleuze 1990, p. 127).

죽기 전에도 이미 죽어서 몸에서 벗어난 영혼인 듯이 살아야 하는 것이다. 이때 플라톤이 생각하는 죽은 몸은 동물적 욕망과 감각적 지식이다. 몸은 먹는 것과 마시는 것에 대한 욕망, 옷과 신발, 장신구에 대한 욕망, 몸을 살찌우고 아름답게 단장하려는 욕망으로 정의된다. 현상적 세계에 고착된 것이다. 문제는 욕망이 단지 욕망으로 끝나지 않는다는 사실에 있다. 욕망에 사로잡히면 영혼의 눈이 어두워지면서 진리의 인식이 불가능해진다. 현상을 본질로, 거짓을 진리로 착각하기 때문이다. 몸이 그러한 착각을 유도하는 것이다. 가령 성적 욕망이 강한 사람은 상대에게서 성적인 매력만을 찾으려고 하지 않은가. 여기에서 흥미로운 것은, 플라톤이 몸의 활동과 영혼의 활동을 반비례의 관계로 보았다는 사실이다. 그는 음식을 먹고 마시는 것과 같은 활동도 영혼의 활동을 방해하는 것으로 묘사하였다(플라톤 2020, 66c). 그러한 몸의 부산한 움직임이 평온해야 할 영혼의 관조에 방해물이다. 몸의 욕망을 최소화함으로써 진정한 철학이 시작되는 것이다.[9]

이 지점에서 이러한 질문이 있을 수가 있다. 몸이 관여하지 않고서, 감각적 지각이 없이 어떻게 진리를 파악할 수가 있을까? 그것은 자기모순이지 않은가? 그렇지 않다. 플라톤은 이에 대한 대답을 몸이 없는 영혼의 내재적 지식, 이데아의 세계, 상기설에서 찾았다. 진리는 몸 된

---

9 그렇다고 플라톤이 그러한 몸의 유혹으로부터 영혼의 자유를 얻기 위해서 자살을 권장하는 것은 아니다. 개인의 영혼은 자기에게 주어진 몸을 마음대로 처리할 수가 없다. 그것은 세계영혼 world soul의 일부이기 때문이다. 그리고 몸과 마음의 관계에 대해 『티마이오스 Timaios』의 "중요한 것은 머리이다. 몸통은 머리를 받쳐주기 위해서 존재한다."라는 문장을 참고할 수 있다(Plato, Timaios 44d).

지각이나 지식이 아니라 영혼 내적 기억이기 때문이다. 몸의 지각이
란 기껏해야 진리에 이르는 수단에 지나지 않는다. 우리는 더욱 확실
한 진리에 이르기 위해서는 그러한 지각을 버려야 한다.『테아이테토
스Theaitetos』에 따르면 지각은 감각 기관이 외부 대상과 충돌함으로써
발생하는 사건이다(Plato, Theaetetus 156c-e). 여기에서 우리는 지각
의 주체는 영혼이 아니라 변덕스러운 감각 기관이라는 점을 간과하면
안 된다. 즉 몸이 바람에 파도가 출렁이듯이 끊임없이 움직이며 변화
하는 과정에 있다는 것이다. 주위가 밝으면 밝게 보이고 가까우면 크
게 보이고 태양처럼 너무나 빛나는 것은 아예 볼 수도 없다. 존재ousis
자체가 아니라 존재의 변화하는 일면이나 이미지만을 지각하는 것이
다. 그것은 지식episteme이 아니라 통념이다. 이러한 억견에서 벗어나
기 위해 우리는 시각적 대상을 보는 것이 아니라 내면의 영혼을 관조
해야 한다. 감각적 자료가 지식이 되기 위해서는 이성적 추론과 판단
을 거쳐야 한다(Ibid., 186b6-d5).

이처럼 지각으로부터 참된 지식으로 향하는 과정에서 몸(의 지각)
은 폐기되어야 하는 걸림돌이 된다. 몸은 역할이 끝나면 '사라져야 하
는 매개자'에 지나지 않는 것이다. 사라지지 않고 머무르는 순간은 위
험한 순간이다. 플라톤이 예술을 필요 이상으로 강도 높게 비난하였
던 이유도 그러한 위험에서 찾을 수가 있다. 플라톤이 예술을 모방
mimesis으로 정의하였다는 것은 잘 알려진 사실이다. 예술은 지각적 모
방, 몸의 욕망에 사로잡힌 모방이다.

"모방의 예술은 진리로부터 멀리 떨어져 있다. 그러한 이유로 모든
것을 모방할 수가 있다. 대상의 아주 작은 부분, 혹은 이미지만 보

여주면 되기 때문이다. 예를 들어, 화가는 구두수선공이나 목수를 비롯한 모든 사람을 묘사할 수가 있다. 그들이 무엇을 하는지 전혀 알지도 못하면서 말이다. 그런데도 솜씨가 좋은 화가는 자기가 그린 목수의 그림으로 순진한 어린이나 어리석은 사람들을 기만한다. 그것이 진짜 목수의 모습이라고 믿게 하는 것이다(Plato, Republic 598b‑c).

먼저 플라톤의 모방의 정의가 중립적이지 않다는 점을 지적하기로 하자.[10] 화가는 사물을 충실하게 모사하는 자가 아니다. 그는 소피스트처럼 이해관계를 따지고 세속적 욕망이 많은 자이다. 대상에 충실한 것이 아니라 욕망에 충실한 것이다. 그는 순진한 사람들을 기만함으로써 이익을 취하기 때문이다. 그러한 물질적 욕망으로 인해서 그는 자기가 그리는 목수가 무엇을 하는지도 모른다. 겉으로 보이는 모습이 목수의 전부이기 때문이다. 이 대목에서 필자가 지적하고자 하는 것은, 플라톤의 모방이론은 몸과 영혼의 존재론적 차이를 훌륭하게 예시하고 있다는 점이다. 『이온 Ion』에서 그는 목수가 제작한 침대나 삼각형을 예로 그러한 존재론적 차이를 설명하였다. 그에 따르면 무엇을 모방하는가에 따라서 각 존재의 존재론적 함량이 결정된다. 우리는 원본이 없는 모방을 생각할 수가 없다. 화가가 목수의 침대를 모방한다면 목수는 침대의 설계도를 모방하는데, 설계도는 침대의

---

10   이미지 만들기eidôlopoiikê에는 원본에 충실한 이미지eikastikê가 있는가 하면 겉만 비슷한 이미지phantastikê도 있다. 이 인용문에서 플라톤은 의도적으로 후자의 이미지만을 말하고 있다(Notomi 2011, p. 324).

정의와 원리(이데아)에 입각한 것이다. 목수의 침대가 원본의 모방이라면 화가의 그림은 모방의 모방이다. 이데아의 침대가 진짜 침대라면 화가의 침대(이미지)는 진짜처럼 보이는 가짜 침대이다. 이것이 몸과 영혼의 관계에 대해서 무엇을 말해주는가? 몸은 존재하지는 않지만 존재하는 듯이 보이는 이미지이다. 진짜로 존재하는 것은 영혼이다. 영혼이 일자의 세계라면 몸은 다자의 세계에 있다. 그렇다면 아름다움은 어떠한가? 완벽한 아름다움은 일자이다. 그러나 사람들의 몸과 얼굴은 너무나 다양하다. 모두 제각각 아름답지만, 모두 제각각 아름답지 않다. 혹은 아름다운 듯이 보이지만, 진짜로 아름답지는 않다. 엄밀하게 말해서 아름다운 몸은 아름답지 않은 것이다. 여기에서 우리는 죽음과 삶의 역설적 논리가 몸으로 변주되는 것을 발견할 수 있다. 이 역설적 논리, 혹은 불일치의 일치의 정점에는 소크라테스의 얼굴이 있다. 『향연 Symposion』에는 아름다움과 추함의 양극단이 알키비아데스 Alkibiades와 소크라테스로 체화되어 있다. 전자가 아테네에서 아름답기로 유명한 미소년이라면 후자는 추하기로 유명한 남자이다. 우리는 소크라테스의 몸을 계속해서 보고 싶은 마음이 생기지 않는다. 그러나 우리의 시선이 알키비아데스 몸에서는 떠나지를 못한다. 그의 몸에 감각적으로 붙잡혀 있는 것이다. 그의 몸은 예술 작품이다. 반면에 알키비아데스는 스승의 몸에서 볼 것이 없었기 때문에 보이지 않는 영혼으로 눈길을 돌려야 하였다. 그리고 이루 형용할 수 없는 영혼의 아름다움을 발견하였다. 이때 소크라테스는 보이지 않기 때문에 보이고, 살아 있지만 이미 죽어 있는 존재, 즉 철학자이다.

플라톤에게 화가와 시인은 영혼이 없이 몸만을 재현하는 자들이다. 재현이 예술가의 몸적 재현과 철학자의 정신적 재현으로 이분되는 것이다. 그리고 철학자와 달리 예술가는 자기가 수행하는 재현의 의미를 알지 못한다. 아름다움에 대한 지식이 없이 아름다운 몸만을 묘사하기 때문이다. 가령 영웅들의 업적과 용기를 노래하는 『일리아스』는 지극히 아름답고 감동적이다. 그렇지만 용기가 무엇인지에 대해서는 함구하고 있으며, 진정한 용기와 만용도 구별하지 않는다. 당시의 위대한 시인들을 찾아다니며 그들에게 작품의 의미를 물었던 소크라테스가 내렸던 결론이 시인의 무지였다. 화가가 목수가 무엇인지 모르고 외모만을 그리듯이 시인은 자기가 구사하는 미사여구의 의미를 알지 못하는 것이다. 그들은 지식이 아니라 통념과 기술, 기교의 세계, 감각적 쾌락의 세계에 살고 있다. 나중에 예술에 호의적이었던 아리스토텔레스Aristoteles는 예술을 실용적 지식(기술)으로 분류하였다. 그에게 기술이 이론보다, 혹은 문학이 철학보다 열등한 것은 아니었다. 그러나 플라톤에게 지식의 차이는 존재론적 차이이기도 하였다. 진짜로 존재하는 것과 겉으로만 진짜처럼 보이는 것의 차이, 즉 존재와 허상의 차이이기 때문이다. 이러한 이유로 『국가론』에서 예술가들을 폴리스의 바깥으로 추방하자고 제안하였다. 이러한 논리에 따른다면 몸도 추방되어야 한다. 탈신체화된 영혼을 추구해야 하기 때문이다. 그에게 몸은 생물학적 몸이 아니라 욕망, 혹은 영혼의 혼란이기 때문이다.

몸과 영혼의 관계

몸은 무엇일까? 정신이 무엇일까? 인간은 몸이고 정신이다. 인간은 몸이면서 동시에 몸을 가지고 있다. 정신을 몸의 변화에 대한 의식으로 정의하였던 스피노자Spinoza는 이원론적 일원론자였다. 필자는 이 글에서 플라톤도 이원론적 일원론자로 제시하였다. 그는 스피노자와 반대의 이유로 일원론자였다. 그는 실체를 탈신체화된 정신으로, 몸은 생성하고 명멸하는 현상으로 보았기 때문이었다. 영혼은 영원히 존재하지만, 몸은 순간적으로만 존재한다. 이러한 몸은 호메로스적 몸과 통약이 불가능하다. 호메로스는 몸과 영혼을 개념적으로 분리하지 않았기 때문이었다. 호메로스에서 플라톤으로의 이행은 미분화로부터 분화로, 통합적 사유로부터 분석적 사유로의 이행이었다.

이러한 변화의 과정을 이해하기 위해서는 호메로스의 작품이 구전된 민담이라는 사실을 언급할 필요가 있다. 그것은 문자가 등장하기 시절의 이야기, 더구나 철학이 등장하기 훨씬 이전의 이야기였다.[11] 정확하게는 철학과 문학이라는 구분이 존재하지 않던 시절의 이야기였다. 단지 민담이 있었을 따름이었다. 철학도 문학도 없던 시대에 민담은 철학이면서 동시에 문학이고 역사이면서 동시에 신화의 역할을 하였다. 담론이 학제적으로 분화되지 않은 통합적 문화, 인습과 전통, 통념의 문화였다. 철학과 문학, 몸과 정신을 구별할 필요가 없었던 것이다. 이 점에서 철학과 문학의 차이, 몸과 정신의 차이는 발견된 것이 아니라 발명되었다고 말해야 옳다. 그리고 양자는 서로 뗄 수 없이 맞

---

11 월터 옹Walter Ong의 『구술문화와 문자문화 Orality and Literacy』에 따르면 구전문화와 문자문화 사이에는 글의 스타일과 표현 등에서 커다란 차이가 있다. 구전문화는 전통을 중시하는 공동체적 문화로 과거의 문화에 대해 무비판적이다. 비판과 분석, 개인주의는 문자문화와 더불어 생겨났다. 구전되는 이야기가 호메로스의 이름으로 문자화된 것은 B.C. 8세기경이었다. 해블록 Havelock은 B.C. 4세기까지도 구전문화가 지속되었다고 주장하였다.

물려 있다. 정신이 등장하기 위해서는 몸이 있어야 하였다. 몸도 몸으로 정의되기 위해서는 정신과 대비되어야 하였다.

『정신의 발견』에서 브루노 스넬은 유럽적 정신은 발견되었다고 주장하였다. 반면에 브룩 홈즈Brooke Holmes는 『증상과 주체 : 고대 희랍에서 물리적 육체의 출현 The Symptom and the Subject : The Emergence of the Physical Body in Ancient Greece』에서 스넬의 명제를 전복시켰다. 발견된 것은 정신이 아니라 몸이었다는 것이다. 그러나 '몸의 발견'과 '정신의 발견'은 상이한 개별적 사건이 아니며 의미의 지평이 다른 것도 아니다. 양자는 이음동의어에 가깝다. 즉자적 의미에서 몸은 몸이다. 그렇지만 몸이 대상으로서 의식하는 경우에 몸은 대자, 즉 정신이 된다. 몸이 몸과 정신, 생각하는 몸과 생각되는 몸으로 분절되는 것이다.

호메로스의 소마와 프시케는 개념어가 아니었다. 추상적 개념이 아니므로 양자는 뚜렷하게 구분될 수가 없었다. 접속되는 상황에 따라서 소마와 프시케는 자리가 바뀔 수도 있었으며 다른 어휘로 대체될 수도 있었다. 앞서 '시선'을 예를 들어서 우리는 바라보는 주체의 심리나 상황과 독립된 추상적 개념으로서 '시선'이라는 어휘가 없었다는 점을 살펴보았다. 의미의 내연과 외연이 분명한 명사가 아니라 유동적인 동사에 가까웠던 것이다. 예컨대 '실패하였다'는 동사와 '실패자'라는 명사 사이에는 엄청난 차이가 있다. 몸과 영혼도 어떤 분절된 대상이나 의미를 가리키는 명사가 아니라 그것의 활동과 변화를 서술하는 동사에 가까웠다. 주어진 상황과 분리되어 독립적이 되지 않으면 개념이 생성하지 않는다. 구전문화에서 문자문화로의 변화는 그러한 개념화의 작업에 박차를 가하였다. 말이 유동적이라면 문자는 고정된 것이다. 트로이전쟁의 영웅 아킬레우스를 생각해보자. 호메로스는 아킬레우스의 몸을 몸으로 언급한 적이 없다. 그는 영웅이며 역할이고, 신분이고 활동이며 이야기이다. 그의 몸은 그의 삶과 분리되지 않는다. 아킬레우스의 활동으로부터 분리되어 추상화된 일반적 대상으로서 몸을 상상할 수가 없었던 것이다.

『지각의 현상학 Phenomenologie de la perception』에서 모리스 메를로-퐁티 Maurice Merleau-Ponty는 몸이 주체이며 의미라는 사실을 현상학적으로 논증하였다. 그러한 논증을 빌리지 않더라도 우리는 타인을 물리적 몸으로 경험하지 않는다. 친구를 만난다고 하자. 이때 우리는 친구의 몸과 만나거나 그의 몸을 보는 것이 아니다. 호메로스가 아킬레우스를 바라보듯이 우리도 친구를 바라본다. 친구의 몸이 관찰의 대상으로 주제화되지 않는 것이다. 친구는 몸이 아니라 말이며 표정이고 몸짓이다. 몸은 주체가 원하는 일을 하고 자기를 표현할 수 있는 능력이다. 몸이 없으면 말도 할 수가 없다. 이 점에서 메를로-퐁티는 '인간은 생각하기 때문에 존재한다'는 데카르트의 명제를 '인간은 자기가 원하는 것을 할 수 있기 때문에 존재한다'는 명제로 수정했다. 몸은 생각이나 직업, 활동, 욕망과 분리될 수 없는 것이다. 물론 분리되는 때도 있다. 하이데거 Heidegger의 유명한 예를 빌리면, 망치질을 하다가 머리와 손잡이가 부러지는 순간, 혹은 잘못해서 손가락을 내려치는 순간에 그렇게 대상화하는 사건이 발생한다. 아픈 손가락을 해결해야 하는 문제처럼 바라보는 것이다. 이 점에서 몸이 의식되는 순간은 몸의 역량이 좌절되는 순간이다. 목수를 그리던 손은 못에 찔린 순간에 더는 그림을 그릴 수 없는 무능의 손, 고통의 손으로 바뀐다. 그림을 그릴 수 있는 손이 나의 손이라면 그럴 수 없는 손은 낯선 이물질처럼 느껴진다. 호메로스가 살아 움직이는 영웅들에게 소마라는 표현을 사용하지 않았던 것은 단순한 우연이 아니다. 죽기 전에 아킬레우스는 아킬레우스이고 헥토르는 헥토르이다. 헥토르가 시체가 되어 땅에 뒹구는 장면에서야 호메로스는 정색을 하고서 소마라는 어휘를 소환한다. 그의 소마는 헥토르이면서 헥토르가 아니다. 프로이트Freud의 용어로 소마는 낯선 친밀함unheimlich이다. 그것은 주체로서의 몸이 아니라 대상화된 몸, 원하는 것을 할 수 있는 몸이 아니라 그러한 능력이 좌절된 무기력함이다.

필자는 이 글에서 플라톤이 영혼 일원론자라는 주장을 가능한 해석의 하나로 제시하였다. 많은 연구자가 지적하듯이 플라톤 텍스트는 다양한 해석에 대해서 열려 있다. 그의 텍스트는 상반된 해석까지도 허용한다고 필자는 생각하고 있다. 물론 모든 해석이 유효하다는 것은 아니다. 예를 들어 「플라톤의 인류학에서 몸과 영혼Body and Soul in Plato's Anthropology」이라는 글에서 에거스 란 Eggers Lan은 플라톤의 이론적 미결정성에 주목하였다. 몸과 영혼의 이원론을 주장한 대목이 있는가 하면 이와 상반되는 대목도 적지 않다는 것이다. 필자도 그렇다고 본다. 그러나 그의 논증 과정에는 동의하지 않는다. 그는 이 글에서도 중요하게 취급하였던 '이다'와 '비슷하다'의 차이로부터 비일관성을 추론하였다. 플라톤이 영혼은 신적이고 불멸하는 것이며 몸은 변화하고 소멸하는 것이라고 단정하지 않았다는 것이다. 다만 영혼은 신적이고 불멸하는 것과, 몸은 변화하고 소멸하는 것과 더욱 비슷하다(syngenesteron 혹은 homoioteron)(플라톤 2020, 79b4-80b5)고 직유법적으로, 즉 문학적으로 표현하였다는 것이다(Lan 1995, p. 108). 그 때문에 플라톤이 이원론자라는 해석은 거부되어야 한다는 것이다.[12] 이러한 주장을 뒷받침하기 위해서 란은 『파이돈』의 "우리는 부분적으로 영혼이고 부분적으로 몸이다."(플라톤 2020, 79b1-2)라는 소크라테스의 말을 인용하였다. 그러나 이러한 논증은 가능한 해석의 하나가 아니라 오독이다. 그 원인을 지적하는 것은 어렵지 않다. 란은 살아 있는 인간의 몸을 사후의 영혼과 착각하였던 것이다. 소크라테스의 말처럼 이승의 인간은 몸과 영혼의 혼합체이다. 그렇지만 사후에 영혼은 몸에서 자유로워진 순수 영혼이 된다. 생성하고 소멸하는 몸의 구속으로부터 완벽하게 해방되는 것이다. 그렇지만 영혼이 떠난 몸은 흙이나 물과 같은 원래의 원소로 돌아간다. 플라톤에게 몸은 동물적 욕망이며 하향적 지향성이었다. 이 점에서 몸으로부터의 해방을 생물학적 죽음의 사건으로 볼 필요는 없다. 죽어야만 반드시 영혼이 동물적 욕망으로부터 해방되는 것은 아니다. 살아 있어도 그러한 욕망으로부터 어느 정도 자유로울 수 있기 때문이다. 소크라테스가 살아 있

---

12   이상인도 이와 비슷한 주장을 하였다. 그는 이데아를 존재하는 것이 아니라 '규정적 가설'로 보았다. 존재론적 해석은 다음과 같은 모순을 함축한다는 것이다. 자신의 주장을 위해 그는 "어떤 아름다움이 그것 자체로 있다."(플라톤 2020, 100b)라는 소크라테스의 말을 예로 들었다. 여기에서 이상인은 아름다움에 대한 앎을 그것의 존재와 혼동하지 말아야 한다고 지적한다. 플라톤에 따르면 진정한 앎episteme과 무지agonois, 그 중간에 증명되지 않은 의견 doxa, 즉 세 종류의 지식이 있다. 이상인이 제기하는 질문은 절반의 지식에 상응하는 절반의 존재가 가능하냐는 것이다. 그는 불가능하다고 대답한다. 이상인은 그렇지 않다고 보았다. 절반의 지식은 가능하지만 절반의 존재, 즉 있지도 않고 그렇다고 없지도 않은 존재라는 개념 자체가 모순이라는 것이다. 그러나 필자는 '절반의 존재'가 모순이라는 그의 지적에 동의하지 않는다. 플라톤의 모방이론에 따르면 유와 무 사이의 중간에 절반 존재의 영역이 있다. 그것은 침대가 아니면서도 침대처럼 보이는 그림 침대이다. 이데아의 침대가 완전한 존재라면 그림은 불완전한 존재이다. 인간의 몸도 예외가 아니다. 영혼이 불변의 진정한 존재라면 몸은 변덕스럽고 순간적인 절반 존재이다.

는 증거이다.

　그러나 필자는 영혼이 실재한다는 플라톤의 주장에 동의하지 않는다. 그리고 영혼 불멸의 주장은 논증되거나 논박될 수 있는 성질의 이론이 아니다. 칼 포퍼Karl Popper의 용어를 빌리면 반증이 불가능한 형이상학적 가설이기 때문이다. 영혼 불멸을 믿었던 플라톤도 그것을 이론적으로 논증할 수 있다고 생각하지는 않았다. 플라톤은 엄격한 이론으로서가 아니라 믿음으로서, 그리고 문화혁명을 위해 영혼의 실체화를 주장하였다.[13] 그는 호메로스로 대변되는 디오니소스적·축제적·현실적·다성적 문화를 소크라테스가 체화한 금욕적이며 아폴론적이고 이상적·단성적인 문화로, 참과 거짓의 구별이 없는 이야기의 문화를 양자를 엄격하게 구별하는 철학의 문화로 전환을 꾀하였다. 그러한 문화적 전환을 위해 영혼의 실체화가 요구되었다. 몸의 충동과 욕망을 이상적 폴리스의 바깥으로 추방해야 하였던 것이다. 인간은 몸이 아니라 영혼을 보살펴야 하는 존재이다. 플라톤의 소크라테스가 크세노폰Xenophon의 소크라테스에 비해서 훨씬 금욕적이고 이상주의적인 이유도 거기에 있다. 그는 스승을 탈신체화하였던 것이다. 크세노폰의 『소크라테스 회상록Apomnemoneumata』은 소크라테스의 자제력을 강조하지만, 그는 유흥도 좋아하고 몸의 건강도 부지런히 챙기는 이웃집 아저씨처럼 친근한 면모도 보여준다. 그러나 『파이돈』에서는 그와 같이 세속적인 모습을 찾아보기가 어렵다. 플라톤의

13　『파이돈』의 후반에서 이데아의 세계와 현상계에 대한 소크라테스의 설명을 참조할 수 있다. 그는 그렇게 믿고 있기는 하지만 그것을 논증하는 것은 불가능하다고 주장한다(플라톤 2020, 108d).

손을 거치면서 그의 건강한 웃음과 해학이 소거된 것이다. 그러한 도덕적 다시 쓰기는『향연』의 주된 특징이기도 하다. 당시의 향연은 디오니소스적인 행사였다. 시민들은 그러한 자리에서 마음껏 먹고 마시며 음주와 가무를 즐겼다. 몸의 축제였던 것이다. 그런데『향연』의 소크라테스는 그러한 몸의 쾌락을 단호히 거부하고 축제를 지적 토론의 자리로 만들었다. 몸 돌보기의 만남을 영혼 돌보기epimeleia tēspsychēs의 만남으로 전환한 것이다. 플라톤이 설립한 아카데미도 몸의 만남이 아니라 영혼의 만남과 영혼의 정화를 지향하였다. 그럼에도 다음과 같은 의문의 여지는 남는다. 우리는 먹고 마시는 입이 없으면 철학적 대화도 할 수가 없다. 아름다움을 보고 성적 자극을 받을 수도 있지만, 그러한 눈이 없으면 진리를 지각할 수도 없다. 몸은 이처럼 다양한 가능성이다. 플라톤은 그와 같이 다양한 가능성을 무시하고 몸을 동물적 욕망으로 축소하였다. 그 결과는 끔찍한 것이었다. 먹고 마시는 축제의 즐거움을 포기하고 희생하는 대가로 그는 영혼으로부터 과대 보상을 받으려 했기 때문이다. 그것은 니체적 의미에서 몸에 대한 반작용, 즉 르상티망ressentiment이었다. 니체는 다음과 같은 말을 남겼다. "병자는 신체적 결핍을 보완하기 위해 영혼과 같은 보충재를 필요로 한다." 영혼은 건강의 부재에 대한 엘리트의 변명이라는 것이다.

참고문헌 ···

강성훈, 2015.「플라톤은 심신이원론자였는가?」,『철학』124집, pp. 1-25.
김윤동, 2020.「플라톤의 영혼론의 전개」,『철학연구』155집, pp. 1-34.
니체, 프리드리히, 2004.「몸을 경멸하는 자들에 대하여」,『차라투스트라는 이렇게 말했다』, 장희창 옮김, 서울:민음사.

랭어, 윌리엄 레너드, 2001. 『호메로스에서 돈키호테까지』, 박상익 옮김, 서울:푸른
    역사.

스넬, 브루노, 2002. 『정신의 발견:서구적 사유의 그리스적 기원』, 김재홍 옮김,
    서울:까치.

이상인, 2011. 「플라톤의 '이데아의 가설'. 번역과 해석의 문제」, 『대동철학』 54집
    pp. 57-92.

플라톤, 2020. 『파이돈』, 전헌상 옮김, 파주:아카넷.

하우저, 아르놀트, 2016a. 『문학과 예술의 사회사 1:선사시대부터 중세까지』, 반성
    완·백낙청·염무웅 옮김, 파주:창비

_____, 2016b. 『문학과 예술의 사회사 2:르네상스 매너리즘 바로끄』, 반성완·백
    낙청·염무웅 옮김, 파주:창비.

Arendt, H., 1978. *The Life of the Mind:Volume One, Thinking,* New York:
    Harcourt Brace Jovanovich.

Bremmer, J. N., 2010. "The Rise of the Unitary Soul and Its Opposition to the
    Body:From Homer to Socrates," *Philosophische Anthropologie in der*
    Antike 5(5), Frankfurt:Ontos Verlag, pp. 11-29.

Broadie, S., 2001. "Soul and Body in Plato and Descartes," *Proceedings of the Aris-*
    totelian Society 101, London:Oxford University Press, pp. 295-308.

Burton, E., 1913. "Spirit, Soul, and Flesh," *The American Journal of Theology*
    17(4), Chicago:The University of Chicago Press, pp. 563-598.

Deleuze, G., 1990. *The Logic of Sense,* C. V. Boundas (ed), M. Lester and C.
    Stivale (trans.), New York:Columbia University Press.

Destrée, P. and Herrmann, F. (eds.), 2011. *Plato and the Poets,* Leiden-Boston:
    BRILL.

Dodds, E., 2004. *The Greeks and the Irrational,* Berkeley, CA:University of
    California Press.

Fowler, R. (ed.), 2006. *The Cambridge Companion to Homer,* Cambridge:
    Cambridge University Press.

Frede, D. and Reis, B. (eds.), 2009. *Body and Soul in Ancient Philosophy,* New

York : De Gruyter.

Hamilton, E., 1993. *The Greek Way*, New York : W. W. Norton & Co.

Homer, 1945. *The Odyssey,* 12 Vols, A. T. Murray (trans.), Cambridge, MA : Harvard University Press.

Jaeger, W., 1985. *Early Christianity and Greek Paideia*, Cambridge, MA : Harvard University Press.

Jansen, L. and Jedan C. (eds.), 2014. *Philosophische Anthropologie in der Antike*, Boston : De Gruyter.

Karasmanis, V., 2006. "Soul and body Plato," In E. Zacharacopoulou (ed.), *Beyond the Mind-Body Dualism : Psychoanalysis and the Human Body*, New York : Elsevier, pp. 1–6.

Lan, C., 1995. "Body and Soul in Plato's Anthropology," *Kernos* 8, pp. 107–112.

Notomi, N., 2011. "Image-Making in Republic X and the Sophist : Plato's Criticism of the Poet and the Sophist," In P. Destrée and F. Herrmann (eds.), *Plato and the Poets,* Leiden-Boston : BRILL, pp. 299–326.

Onians, B., 1951. *The Origins of European Thought : About the Body, the Mind, the Soul, the World, Time and Fate*, Cambridge : Cambridge University Press.

Plato, 1961. *The Collected Dialogues of Plato*, E. Hamilton and H. Cairns (eds.), L. Cooper (trans.), New York : Princeton University Press.

Rist, J., 1996. *Man, Soul and Body : Essays in Ancient Thought from Plato to Dionysius*, Hampshire : Variorum.

Toner, J. (ed.), 2016. *A Cultural History of the Senses in Antiquity*, London : Bloomsbury Academic.

Zoller, C., 2018. *Plato and the Body : Reconsidering Socratic Asceticism*, Albany : SUNY Press.

Embodied mind

2. 데카르트와 몸을 가진 정신

이재환

이원론의 신화?

데카르트는 정신mind과 몸body이 각각 하나의 실체로서 독립적으로 존재한다는 '실체 이원론substance dualism' 혹은 '심신 - 이원론mind - body dualism'의 철학자로 널리 알려져 있다. 데카르트에 대한 이러한 이해는 철학사 분야뿐 아니라 영미 분석철학, 특히 거의 모든 심리철학 입문서에 널리 퍼져 있는 해석이다. 예를 들어, 처치랜드Churchland 는 "데카르트가 생각한 것처럼, 진정한 당신은 당신의 물질적 몸이 아니라 공간을 차지하고 있지 않은 생각하는 실체, 당신의 물질적 몸과 구분된 정신으로 가득 찬 개별적 단위이다."(처치랜드 1992, p. 27) 라고 주장한다. 라일Ryle은 유명한 '기계 속의 유령the ghost in the machine' ─ 몸 안을 부유하는 자유로운 정신 ─ 개념을 통해 정신과 몸을 구분한 데카르트를 호출한다(라일 1994, p. 19). 더 나아가, 라일은 "데카르트의 경우, 그가 남긴 철학적 유산의 하나로서 지금까지도 마음의 지도를 왜곡하고 있는 몹쓸 신화를 후세에 남겨 놓았다."(Ibid., p. 11)라고 데카르트의 이원론을 비판한다. 데닛Dennett 역시 정신과 몸을 구분하는 데카르트의 철학을 '데카르트 극장cartesian theatre'(데닛 2013, p. 150)이라고 말하면서 이원론자 - 데카르트를 비판한다.

하지만 이렇게 널리 퍼진 '표준적' 해석인 데카르트의 심신-이원론에도 불구하고 데카르트가 생각하는 인간은 그저 차가운 기계-몸에 들어 있는 감정이 없는 유령-정신의 이원론이 전부가 아니다. 데카르트를 단지 이원론자로 해석하는 것은, 다시 한번 라일의 용어를 사용하자면, '이원론의 신화'이다. 이 글에서는 이러한 데카르트 철학의 '공식적'이고 '표준적'인 해석을 넘어 정신과 몸의 연합체union로서 인간, 즉 '몸을 가진 정신embodied mind'으로서의 인간에 주목하면서 '이원론의 신화'를 넘어서고자 한다.

정신과 몸의 이원론

데카르트는 『성찰』의 「여섯 번째 성찰」에서 '진리의 일반규칙regula generali' — 우리가 명석하고 판명하게 지각하는 것은 참이다 — 과 '신의 진실성veracity 원리' — 신은 속이는 존재가 아니라 진실한 존재이다 — 를 이용하여 정신과 몸(물체)이 따로 존재한다는 것을 증명한다. "내가 명석 판명하게 인식하는 것은 모두 내가 이것을 인식하는 대로 신에 의해 만들어질 수 있음을 알고 있기 때문에, 어떤 것을 다른 어떤 것 없이 명석 판명하게 인식하기만 하면, 어떤 것이 다른 것과 상이하다고 충분히 확신할 수 있다. 왜냐하면, 적어도 신은 이 양자[정신과 물체]를 서로 분리시켜 놓을 수 있기 때문이다. (…) 한편으로 내가 오직 사유하는 것이고 연장된 것이 아닌 한에서 나는 나 자신에 대한 명석 판명한 관념을 갖고 있고, 다른 한편으로 물체가 오직 연장된 것이고 사유하는 것이 아닌 한에서 물체에 대한 명석 판명한 관념을 갖고 있으므로, 나는 내 신체와는 실제로 다르고, 신체 없이 현존할 수 있다고 단언하게 되는 것이다."(AT, VII p. 78; 데카르트 1997, p. 109)[1] 이 구절에서 데카르트는 우리에게 명석하고 판명하게 이해될 수 있는 어떤 것이든 신에 의해서 그렇게 창조될 수 있다고 주장한다. 그런데 우리는 정신이 '생각하는 것 res cogitans'이고 '연장된[공간을 차지하고 있는] 것 res extensa'이 아니라는 것을 명석하고 판명하게 지각할 수 있고, 동시에 몸은 '연장된 것'이고 '생각하는 것'이 아니라는 것을 명석하고 판명하게 지각할 수 있기 때문에, 신은 정신과 몸을 따로 창조할 수 있다. 따라서 정신은 몸 없이, 몸은 정신 없이 존재할 수 있다(또『철학의 원리』1부 60항도 참조). 또 "기하학적 방식에 따라 영혼과 신체의 구분을 증명하는 논증"이라는 제목이 붙은 「『성찰』에 관한 두 번째 반박과 답변」에서도 데카르트는 "둘[정신과 몸] 중 어느 하나가 다른 하나 없이 각각 존재할 수 있을 때, 그 둘은 실제로 구분된다."(AT, VII p. 162; 데카르트 2012, p. 111)라고 주장한다(또 VII p. 132와 VII p. 170도 참조). 따라서 데카르트에 따르면, 정신과 몸은 서로 분리되어 존재할 수 있는 다른 실체이다. 흔히 이 논증을 '분리가능성 논증 separability argument'이라고 한다.

그렇다면 데카르트는 왜 정신과 몸이 서로 분리되어 존재한다는 것을 증명하려고 하는 것일까? 데카르트가『성찰』을 요약해놓은 「시놉시스」를 보면 정신과 몸은 서로 다른 실체이기 때문에 몸이 죽은 후에

---

1 데카르트 저술의 인용은 관례에 따라 Adam과 Tannery 편집본('AT'로 약칭)의 권수와 쪽수를 본문 중에 표기한다. 번역은 국역본이 있는 경우 국역본을 따랐다.

도 정신은 살아남을 수 있고 "이로써 죽음을 눈앞에 두고 있는 사람에게 내세의 삶에 대한 희망을 충분히 줄 수 있기" 때문이다(AT, VII p. 13; 데카르트 1997, p. 30). 왜냐하면, 몸은 "아주 쉽게 소멸되지만, 정신은 본성상 불멸"(AT, VII p. 14; 데카르트 1997, p. 31)이기 때문이다.

하지만 정신과 몸이 서로 분리되어 존재할 수 있다는 사실이 두 실체가 서로 다른 성질을 가지고 있다는 의미는 아니다. 그래서 데카르트는 이렇게 분리된 정신과 몸이 근본적으로 다른 본성을 가진다고 주장한다. 데카르트에 따르면, "실체는 저마다 하나의 주된 고유한 성질을 가지고 있는데, 이것은 실체의 본성과 본질을 이루며 다른 모든 성질은 그것에 연관되어 있다."(데카르트 2002, 1부 53항, p. 44) 이때 실체가 가지는 '하나의 주된 고유한 성질'이 실체의 '속성attribute'이다. 서로 다른 실체인 정신과 몸은 서로 다른 속성과 양태mode를 갖는다. 속성은 실체의 본질essence을 말하며, 양태는 그 본질이 실체를 통해 드러나는 모습way이나 측면aspect을 의미한다. 데카르트는 정신과 몸은 각각 하나의 주된 속성principal attribute을 가지고 있다고 주장하는데, 정신은 사유thought의 속성과 그 양태를, 물체는 연장延長, extension의 속성과 그 양태를 가지고 있다. 이러한 주장은 정신과 몸이 단순히 분리되어 있다는 '분리가능성 논증'과 달리 그 분리된 실체가 근본적으로 다른 속성을 가지고 있다는 측면에서 '실제적 구별 논증 real distinction argument'이라고 할 수 있다(Rozemond 1998, 1장).

그렇다면 몸이 가지고 있는 고유한/유일한 속성인 '연장'은 무엇인가? 데카르트는 연장을 "길이, 넓이, 깊이를 가진 것으로 이해"(AT, X p. 442; 데카르트 2019, 12규칙, p. 110)할 수 있다고 말한다. 말 그대로 물체/몸의 고유한/유일한 속성은 '3차원의 성질three-dimensionality'을 가진다는 의미이다. 그리고 이러한 "길이, 너비, 깊이로의 연장은 물체의 본성"을 이룬다(데카르트 2002, 1부 53항, p. 44). 물체만이 3차원성을 가지고 있다는 점에서 몸은 공간을 차지하고 있고 정신은 공간을 차지하고 있지 않기 때문에 『성찰』에서 데카르트는 "물체는 본성상 언제나 가분적인데 비해, 정신은 전적으로 불가분적이다."(AT, VII pp. 85-86; 데카르트 1997, p. 117)라고 주장한다.

그렇다면 몸의 본질이 '연장'이라는 것이 함축하는 바는 무엇인가? 데카르트는 이러한 개념을 통해 자연 혹은 자연을 이루고 있는 물질적 대상을 수학화하려는 그의 계획을 실현하려고 한다. "나는 사람들이 기하학에서 크기quantitas라고 부르며 기하학적 증명의 대상으로 간주하는 것, 즉 모든 방식으로 나누어질 수 있고 모양을 지닐 수 있고 운동할 수 있는 것 이외의 어떤 것도 물질로 인정하지 않는다는 것을 밝힌다."(데카르트 2002, 2부 64항, p. 121) 더 나아가 연장이라는 속성으로 이루어진 물체 혹은 인간의 몸은 기계(학)적으로 설명될 수 있다고 생각한다. "나는 기하학이나 수학에서 추상한 원리들 이외의 어떤 것도 물리학에서 허용하지 않으며 희망하지도 않는다."(Ibid., 2부 64항, p. 120) 물론 '연장'은 기하학적/수학적인 속성이고 기계학mechanics은 물리적 속성에 기반을 두고 있지만, 데카르트 철학에서 이 둘의 구분은 분명하지 않다(Garber 2002). 데카르트 철학의 가장 중요한 프로젝트 중의 하나는 인간의 몸을 철저하게 기계(학)적으로 설명하는 것이었다. 이 프로젝트는 앞서 살펴본 것처럼 인간의 몸이 세상에 있는 다른 물체들과 정확하게 같은 속성을 가지고 있고 또 같은 원리에 의해 작동하고 있다는 전제에 의존한다.

1630년대에 쓰이고 사후에 출판된 『인간론 Traité de l'homme』에서 데카르트는 인간 몸의 구조, 작동방식, 그리고 몸이 어떻게 생명을 유지할 수 있는지에 대해 철저하게 기계(학)적인 방식으로 설명한다. 또한, 최후의 저작인 1649년에 쓰인 『정념론 Les Passions de l'âme』에서도 윤리학을 다루는 3부를 제외한 1부와 2부, 특히 1부에서 데카르트는 인간의 정념[감정]을 철저하게 생리학적으로 설명하려고 시도한다. 그래서 데카르트는 『정념론』 서문 역할을 하는 편지에서 "[『정념론』을 저술한] 나의 의도는 정념을 수사학자나 도덕철학자로서가 아니라 오직 '자연학자 en physicien'로서 설명하기 위한 것이다."(AT, XI p. 326)라고 말한다. 데카르트는 유작인 『인간 신체에 관한 기술 La Description du corps humain』에서도 "심장과 동맥의 움직임, 위장에서 음식의 소화 같은 것은 오직 몸의 움직임이고 몸은 영혼보다는 다른 몸[의 움직임]에 의해 움직여지는 것이 보다 일반적이기 때문에 우리는 이러한 [몸의] 움직임을 영혼보다는 [몸 안의 다른] 몸 때문이라고 생각할 이유가 있다."(AT, XI pp. 224 - 225)라고 주장한다. 그는 계속해서 "기관의 배치만으로 (…) 우리 안의 모든 운동을 만들어내기에 충분하다는 점을 믿기 어려울 수 있다는 점은 사실이다. 이것이 내가 여기서 이 점을 증명하려고 하는 이유이고 완전한 기계인 우리 몸을 설명하려는 이유이다. (…) 우리는 시계[와 같은 우리 몸] 안에 시간을 말하게 만드는 영혼이 있다고 판단해야만 한다."(Ibid., p. 226) 여기서 데카르트는 나의 몸 안에서 일어나는 생명 기능을 시계의 기능을 설명하는 것과 같은 방식, 즉 기계학적 방식으로 설명할 수 있다고 주장한다. 이것이 바로 데카르트가 『인간론』에서 시도한 프로젝트이자 끝내 미완성으로 남은 『인간 신체에 관한 기술』과 『철학의 원리』 5부와

6부의 프로젝트이기도 했다.

이처럼 기계와 같은 인간의 몸은 세계에 존재하는 '다른 물체'와 동일한 자연법칙의 지배를 받고 있다. 그래서 「여섯 번째 성찰」에서도 데카르트는 시계와 인간의 몸을 비교하면서 다음과 같이 말한다. "톱니바퀴와 추로 되어 있는 시계가 잘못 만들어져서 시간을 정확하게 가리키지 않을 때도 제작자의 의도를 완전히 충족시키고 있을 때 못지않게 자연의 모든 법칙을 정확히 지키고 있듯이, 내가 만일 인간의 신체를 뼈, 신경, 근육, 혈관, 혈액 및 피부로 잘 짜인 일종의 기계로 간주하고, 정신이 이 속에 전혀 깃들어 있지 않아도 지금 내 신체가 의지의 명령 없이 행하는 운동 및 정신으로 야기되지 않는 운동과 동일한 운동을 이 기계가 하고 있다면 인간 신체도 자연의 법칙을 정확히 지키고 있는 것"(AT, VII p. 84; 데카르트 1997, pp. 115 - 116)이다. 인간의 몸에 대한 이러한 기계학적 이해 방식은 데카르트가 아리스토텔레스적 인간 이해와 멀어지고 있다는 것을 보여준다. 아리스토텔레스는 인간의 몸에서 일어나는 생명 활동을 식물적 영혼, 동물적 영혼의 기능으로 돌린다. 하지만 데카르트는 인간 몸의 생명 활동에서 영혼[정신]을 추방하고 더 나아가 인간의 이성적 영혼까지도 추방한다. 그래서 데카르트는 『방법서설』 4부에서 다음과 같이 주장한다. "나는 신이 한 인간의 신체를 그 지체들의 외적인 형태에서나 그 기관들의 내적인 구조에서나 우리 신체들 하나와 완전히 비슷하게 만들어 놓았지만 (…) 태초에 어떠한 이성적 영혼도, 식물적 영혼이나 감각적 영혼으로 쓰일 만한 다른 어떤 것도 그 신체에 넣지 않았고 (…) 내가 그 신체에 있을 수 있는 기능들을 검토하면서, (…) 우리에게 있을 수 있는 모든 기능을, 그런 점에서 사람들이 이성 없는 동물들이 우리와 닮았다고 말할 수 있을 만큼이나 똑같은 기능을 그 신체에서 빠짐없이 발견했다."(AT, VI pp. 45-46; 데카르트 2019, p. 195) 이 구절에서 데카르트는 인간의 몸을 아리스토텔레스의 '식물적 영혼'과 '감각적 영혼', 심지어 '이성적 영혼'도 없는 차가운 기계로 묘사한다.

　여기서 하나의 질문이 제기될 수 있다. 데카르트가 몸을 이처럼 차가운 기계로 설명한다면, 데카르트의 이원론을 '기계 안의 유령'(라일), '데카르트적 극장'(데닛)이라고 비판한 것은 데카르트 철학을 정확하게 이해한 것이 아닌가. 따라서 데카르트는 로티Rorty가 주장한 것처럼 '마음을 발명invention of the mind'(로티 1998, 1장)했을 뿐만 아니라 기계로서의 인간의 몸도 발명했다고 할 수 있지 않을까. 하지만 데카르트의 몸 이야기는 여기가 끝이 아니다.

데카르트의 인간:정신과 몸의 연합체

　정신과 몸이 각각 독립적으로 존재하는 실체라면 데카르트가 생각하는 인간은 "나는 생각한다, 그러므로 존재한다."라는 철학적 언명에서처럼 정신으로 존재한다고 할 수 있을까? 데카르트는 인간을 순수한 정신으로만 생각한 것일까? 데카르트는 「두 번째 성찰」에서 '아르키메데스의 점'으로서 '생각하는 나'를 발견한 이후 이 '나'가 누구인지 묻는다. "나는 무엇인가? 사유하는 것이다. 사유하는 것이란 무엇인가? 의심하고, 이해하며, 긍정하고, 부정하며, 의욕하고, 의욕하지 않으며, 상상하고, 감각하는 것이다."(AT, VII p. 28; 데카르트 1997, pp. 48-49) 또 「세 번째 성찰」에서도 "나는 사유하는 것이다. 즉, 의

심하고, 긍정하고, 부정하며, 약간의 것을 이해하고, 많은 것을 모르며, 의욕하고, 의욕하지 않으며, 상상하고, 감각하는 것이다."(AT, VII p. 34; 데카르트 1997, p. 56)라고 말한다. 여기서 우리가 주목할 것은 '생각하는 것'으로의 정신은 '상상'과 '감각'의 활동을 포함한다는 사실이다. 데카르트에 따르면, 감각이나 상상은 몸의 존재를 필요로 하는 사유 양태이다. 예를 들어, 데카르트는 『정념론』 19항에서 지각 perception을 정신을 원인으로 갖는 지각과 몸을 원인으로 갖는 지각으로 분류하는데("지각도 두 종류다. 하나는 영혼을 원인으로, 다른 하나는 몸을 원인으로 갖는다."(AT, XI p. 343; 데카르트 2013, p. 35)), 상상이 바로 몸을 원인으로 갖는 사유의 양태이다. 왜냐하면, 데카르트에 따르면, 인간이 하는 상상 중에서 의지가 전혀 쓰이지 않는 상상이 있는데, 혈액 속을 흐르는 미세입자인 동물 정기 animal spirits의 운동으로 일어나는 백일몽과 어떤 사람을 만나고 나서 그 사람에 대해서 꿈을 꾸는 것과 같은 것이 그 예이다. "이런 상상은 다양한 방식으로 흥분되고 뇌 안에서 존재했던 다양한 인상의 흔적을 만난 [동물] 정기들이 우연히 하나의 기공을 통과할 때 만들어지는 것이다. 우리 꿈의 환상과 우리가 깨어 있을 때 흔히 갖게 되는 백일몽이 그런 것인데, 그것들은 우리 생각이 자신에게 전념함이 없이 무관심하게 이리저리 옮겨 갈 때다."(AT, XI pp. 344-345; 데카르트 2013, 21항, p. 37) 어떤 감각 경험은 동물 정기를 특정 패턴으로 움직이고 이 움직임은 뇌에 흔적을 남긴다. 그리고 외부 자극이 없지만 동물 정기가 그 흔적을 따라 움직일 때 특정 지각, 즉 상상이 발생한다. 또한 상상 이외에 데카르트 철학에서 감각 sensation, 욕구 appétit, 정념 passion 역시 신체를 필요로 하는 사유 양태이다(데카르트 2002, 1부 48항; 데카르트 2013, 22-25

항). 따라서 정신으로서의 '생각하는 나'의 양태가 '상상'과 '감각'을 포함하는 것이라면 내가 생각하기 위해서, '생각하는 것'으로 존재하기 위해서 몸을 필요로 한다는 점을 보여준다.

앞서 살펴본 것처럼, 데카르트는 「여섯 번째 성찰」에서 인간의 정신과 몸이 서로 다른 실체라고 주장하지만, 흥미로운 점은 이후 정신과 몸이 결합된 연합체union로서의 인간을 더 많이 이야기한다는 사실이다. 우리가 주목해야 할 부분은 「여섯 번째 성찰」에 등장하는 다음의 구절이다. "나는 머리, 손, 발, 기타 지체를 갖고 있음을 감각했다. 이런 것은 내 신체를 구성하고 있으며, 나는 이것을 마치 나의 한 부분mei partem 혹은 심지어 나의 전체me totum로 간주했다."(AT, VII p. 74; 데카르트 1997, p. 105) 또 데카르트는 "내 신체, 아니 정신과 신체의 합성체로서의 내 전체meum corpus, sive potius me totum"(AT, VII p. 81; 데카르트 1997, p. 113)라고 말하기도 한다. 이 구절들에서 알 수 있듯이 데카르트는 몸이 '전체로서의 나'의 한 부분이라고 주장하고, 더 나아가 정신과 몸의 합성체가 '내 전체'라고 주장한다. 또한, 데카르트에게 내 몸은 정신과 긴밀하게 연결되어 있다. 그래서 "나와 아주 밀접하게 결합되어 있는 신체corpus, quod mihi valde arcte conjunctum est"(AT, VII p. 78; 데카르트 1997, p. 109)라고 말한다. 이를 통해서 데카르트에게 '나'는 몸과 정신이 아주 '긴밀하게 결합된', 즉 '나'는 나의 '몸과 하나'를 이루고 있는 '신체를 가진 정신embodied mind'으로 존재한다는 것을 알 수 있다. 나의 몸은 '코기토cogito'의 핵심인 '사유하는 실체'를 이루고 있다. 이런 의미에서, 마리옹Marion에 따르면, 우리는 몸을 통해서 '수동적으로 사유'한다.[2] 이제 '데카르트적 자아Cartesian self'는 정신으로서만 존재('res cogitans' 혹은 'ego cogito')하는 것이 아니라 '몸을 가진 자아'로 존재한다. 이렇게 데카르트는 '이원론의 신화'를 넘어선다. 데카르트는 나의 몸은 항상-이미 생각하는 것으로 경험되고, 나의 생각은 항상-이미 신체화되어 있다는 것을 보여줌으로써 '공식적'이고 '표준적'인 정신-몸의 이분법을 넘어선다.

---

2 마리옹은 다음과 같이 주장한다. "모든 감각은 ego sum을 함축하고 있을 뿐만 아니라, ego sum의 수행은 근원적인 감각, 따라서 ego의 궁극적인 형태로 나의 신체를 함축한다."(Marion 2013, p. 133) 한편 마리옹은 감각을 '자기-촉발성auto-affection'과 연결한다. 마리옹은 감각 중에서 특히 고통을 '살의 촉발affections de la chair'(Ibid., p. 86)의 예로 든다. 실제로 데카르트는 「여섯 번째 성찰」에서 다음과 같이 말한다. "고통보다 더 내적인intimius 것이 있을 수 있는가?"(AT, VII p. 77; 데카르트 1997, p. 108) 왜 그런가? 마리옹은 그 이유에 대해 다음과 같이 주장한다. "나는 고통, 나의 고통으로부터 도망칠 수 없다. (…) 왜냐하면 고통은 나와 분리될 수 없기 때문이다. (…) 일상 언어가 그것을 잘 표현하고 있다. '나는 나의 고통을 감각한다, 나는 아픈 나 자신을 감각한다J'ai senti ma douleur, je me sens mal. (…) 나는 **나 자신 안에서 나 자신으로** en moi et comme moi 있다."(Marion 2013, p. 86, 강조는 마리옹) 나는 외부에서 주어지는 고통을 느낄 때 그 고통을 느끼는 나 자신을 감각한다. 이런 의미에서 데카르트의 감각하는 '나의 신체' 혹은 '살'은 '자기-촉발성'이라고 할 수 있다.
한편 미셸 앙리 Michel Henry는 데카르트에게서 '자기-촉발'의 증거로 「두 번째 성찰」의 다음의 구절을 제시한다. "내가 보고, 듣고, 열을 느끼고 있다는 것은 확실한 것처럼 보인다."(AT, VII p. 29; 데카르트 1997, p. 49) 즉 내가 어떤 것을 보고 있는지는 확실하지는 않지만, 그래서 의식의 지향적 대상은 분명하지는 않지만 적어도 "'~처럼 보인다 videor'의 직접성은 (…) 타당하고 의심할 수 없게 남아 있다."(Henry 1985, Généalogie de la psychanalyse(Paris : PUF), p. 24; Marion 1993, p. 60에서 재인용)

데카르트 철학의 '스캔들'

그런데 여기서 하나의 문제가 발생한다. 정신과 몸은 서로 다른 속성을 가진 실체인데 어떻게 '긴밀하게 결합'된 연합체가 될 수 있을까? 물리적 속성을 가진 몸('연장된 것')은 비-물리적 정신('생각하는 것')과 어떻게 교류할 수 있을까? 「『성찰』에 대한 네 번째 반박과 답변」에서 아르노Arnauld 역시 이러한 의문으로 데카르트에게 다음과 같이 질문한다. "만일 당신이 완전히 분리되어 있는 것이라면, 어떻게 당신이 물질과 섞여 하나를 이룹니까? 구성이나 결합이나 합일이란 부분들 간에 존재하는 것이므로, 그런 부분들 간에는 관계라는 것이 존재해야 하는 것 아닙니까? 그런데 물질적인 것과 비물질적인 것 간의 관계로서 우리는 무엇을 이해해야 합니까?"(AT, VII p. 344; 데카르트 2012, pp. 342-343) 마찬가지로 보헤미아의 엘리자베스는 데카르트에게 "의지적 행위를 할 때, 생각하는 실체인 인간의 정신은 몸의 [동물] 정기에 어떻게 작용할 수 있습니까? 왜냐하면, 모든 움직임은 움직이는 것에 의해 움직여질 때 발생하는 것처럼 보이기 때문입니다. (…) [움직이기 위해] 접촉이 요구되는데 이는 비물질적인 것과는 양립 가능하지 않습니다."(1643년 6월 16일 엘리자베스가 데카르트에게 보낸 편지, AT, III p. 661) 데닛은 정신과 몸의 상호작용에 관한 데카르트 시대의 아르노와 엘리자베스의 문제의식을 다음과 같이 현대의 언어로 다시 제기한다. "[정신이 몸에 보내는] 이 신호는 신체적인 것이 아니다. 그렇다고 빛이나 소리의 파동도, 우주에서 퍼져 나온 빛도 아니며, 미립자 흐름도 아니다. 물리적 에너지나 질량과도 관련이 없다. (…) 이원론은 '영구적으로 움직이는 기계'는 물리적으로 있을 수 없다고 설명하는 에너지 보존 법칙을 명백히 위반한다."(데닛 2013, pp. 59‑60) 이러한 반박들을 통해서 알 수 있는 것처럼 데카르트의 '심신 이원론'을 생각하면, 정신과 몸이 상호작용한다는 주장, 그리고 정신과 몸이 연합체를 이룬다는 주장은 데카르트 철학에서 하나의 '스캔들'이라고 할 수 있다(Richardson 1982, p. 24).

이 문제에 대한 가장 잘 알려진 데카르트의 대답은 정신과 몸은 송과선(솔방울샘 pineal gland)을 통해 상호작용한다는 것이다. "영혼이 즉각적으로 기능을 실행하는 몸의 부분은 심장도 아니고 뇌 전체도 아니나 단지 아주 작은 샘이 있는 뇌의 가장 깊숙한 내부라는 것을 분명하게 인정해야 하는 듯이 보인다."(데카르트 2013, 31항, p. 45) 데카르트는 또 중력의 예를 통해서 무거움이 무거운 물체 전체에 퍼져 있는 것처럼 정신 역시 특정한 곳이 아니라 신체 전체에 퍼져 있다고 주장하기도 한다(AT, VII pp. 441‑442; 데카르트 2012, pp. 438‑449). 이러한 대답들을 통해 데카르트는 "나는 누군가가 그 때문에 '인간은 오로지 신체를 사용하는 영혼'일 뿐이라고 믿지 않도록 하기 위해 충분한 주의를 기울였다고 생각한다."(AT, VII p. 227; 데카르트 2012, p. 196)라고 주장한다. 즉 정신은 몸을 단순히 '사용'하는 것이 아니라는 것이다.

그렇다면 데카르트 철학에서 정신과 몸은 어떻게 연결되어 있는가? 데카르트는 다음과 같이 말한다. "자연은 고통, 허기, 갈증 등과 같은 감각을 통해 내가 선원이 배 안에 있는 것처럼 그저 내가 내 신체 속에 있는 것이 아니라, 오히려 신체와 아주 밀접하게 결합 conjunctum 되어 있고, 거의 혼합 quasi permixtum 되어 있어서 오히려 신체와 하나를 이루고 있음도 가르쳐 주고 있다."(AT, VII p. 81; 데카르트 1997,

p. 112; 또 AT, VI p. 59도 참조) 여기서 데카르트는 영혼과 신체의 결합을 배와 선원의 관계로 비유한, 혹은 그렇게 비유했다고 보고하는 아리스토텔레스와 토마스 아퀴나스Thomas Aquinas의 플라톤을 넘어선다.[3] 배를 움직이는 지식과 능력이 선원에게 있다고 하더라도 배가 망가졌을 때 선원은 그 사실을 알 수는 있지만 '느낄 수' 있는 것은 아니다. 하지만 신체화된 정신은 몸과 '긴밀하게 결합된 하나'이기 때문에 인간의 정신은 몸에 문제가 생기면 고통을 느낀다.

  하지만 이런 대답이 충분하지 않다는 사실을 데카르트도 잘 알고 있었다. 또한, 동시에 왜 충분한 대답이 가능하지 않은지도 잘 알고 있었다. 데카르트에게 몸과 정신의 상호작용, 혹은 몸과 정신의 연합은 이해되는 것이 아니라 언제나 경험될 뿐이기 때문이다. 아르노에게 보낸 편지에서 데카르트는 다음과 같이 말한다. "비물체적인 정신이 몸을 움직일 수 있다는 사실은 이성에 의해서나 다른 문제와의 비교를 통해서 우리에게 알려지는 것이 아니라 가장 확실하고 분명한 일상 경험을 통해서 알려집니다."(1648년 7월 29일 아르노에게 보낸 편

---

3 "지성적 영혼과 육체의 합일에 대한 플라톤의 입장"; "플라톤과 그 추종자들은, 지성적 영혼은 형상이 질료에 합일하듯이가 아니라, 단지 움직이게 하는 자와 움직여질 수 있는 것이 합일하듯이, 육체와 합일한다고 주장했다. 그들은 영혼이 육체 안에, "뱃사공이 배 안에 존재하듯이 존재한다."라고 말했다. 앞서 언급되었듯이 영혼과 육체의 합일은 오직 능력의 접촉을 통해서만per contactum virtutis 존재한다는 것이다."(『대이교도대전 Summa Contra Gentes』 2권 제57장; 아퀴나스 2015, p. 511) 아리스토텔레스 역시 플라톤에 대해서 비슷한 증언을 한다. "영혼이 신체의 현실태entelechy라는 것이 선원과 배의 [관계와] 같은지 아닌지는 불분명하다."(『영혼론 De Anima』 413a8-9; 아리스토텔레스 2001, p. 130)

지, AT, V p. 222) 또 1641년 익명의 수신자 Hyperaspistes에게 보낸 편지에서도 "우리는 경험을 통해서 정신이 몸과 아주 긴밀하게 결합되어 있어서 몸이 거의 항상 정신에 작용하고 있다는 것을 알고 있습니다."(1641년 8월 익명의 수신자에게 보낸 편지, AT, III pp. 423-424)라고 말한다. 따라서 데카르트는 정신과 몸의 연합과 상호작용을 이해하기 위해서 철학적으로 생각하지 말고 "삶과 대화의 평범한 일상"으로 돌아가도록 충고한다. "영혼과 몸의 연합에 속하는 것은 지성에 의해서는, 심지어는 상상력의 도움을 받은 지성에 의해서는 단지 불분명하게 알려지지만, 감각에 의해서는 매우 분명하게 알려집니다. 이것이 한 번도 철학을 해보지 않은 사람들이, 오직 감각만을 사용하는 사람들이 영혼이 몸을 움직이고 몸이 영혼에 작용한다는 사실을 의심하지 않는 이유입니다. 그들은 그것 둘[영혼과 몸]을 하나의 것으로 여깁니다. 즉 그것들을 연합체로 인식합니다. (…) 영혼과 몸의 연합체를 어떻게 인식할 것인지 우리에게 가르쳐 주는 것은 삶과 대화의 평범한 일상이고 성찰과 상상력을 사용하는 것들을 연구하는 것으로부터 물러나는 것입니다. (…) 연합의 관념은 모든 사람이 철학함 없이 누구나 자신 안에서 경험하는 것입니다."(1643년 6월 28일 엘리자베스에게 보낸 편지, AT, II pp. 691-692) 이처럼 정신과 몸의 연합, 몸을 가진 정신으로서의 '데카르트적 자아'는 모든 사람에게 너무 명백해서 우리가 명석하고 판명한 관념으로 그것을 이론적으로 설명하려고 하면 할수록 더 불분명하게 될 뿐이다(Alanen 2003, p. 74). "이[정신과 몸의 연합과 상호작용] 문제는, 다른 것들을 통해서 설명하려고 할 때 우리는 그 문제를 점점 더 불분명하게 만들 뿐인, 그런 자명한 것들 중의 하나이다."(1648년 7월 29일 아르노에게 보낸 편지, AT,

V p. 222) 따라서 우리는 정신과 몸의 연합과 상호작용을 '자연의 가르침'을 통해서 경험만 할 수 있다("우리가 끊임없이 경험하는 정신과 신체의 밀접한 결합"(「『성찰』에 대한 네 번째 반박과 답변」, AT, VII pp. 228-229; 데카르트 2012, p. 197)).

그렇다면 몸과 정신의 결합과 상호작용을 우리는 왜 이해할 수는 없고 경험할 수만 있는가? 데카르트는 이렇게 '자명한 것들 중의 하나'인 '정신과 몸의 연합' 혹은 '몸을 가진 자아'의 관념이 '원초적 관념notion primitive'이기 때문이라고 주장한다. 1643년 5월 22일 엘리자베스에게 보낸 편지에서 데카르트는 "우리 안에는 어떤 원초적 관념들이 존재한다고 생각하는데, 말하자면 [원초적 관념은] 그것들의 패턴에 따라 우리의 모든 인식을 만들어내는 원본 같은 것입니다. 그리고 매우 소수의 그러한 관념들이 존재합니다. 가장 일반적으로는 존재, 수, 지속 등등인데 그것들은 우리가 인식하는 어떤 것에든 적용됩니다. 그리고 물체에 대해서는, 오직 연장의 관념만이 있는데, 그 관념에서 모양, 운동 같은 관념들이 따라 나옵니다. 영혼 그 자체에 대해서는, 우리는 오직 사유의 관념만을 가지고 있는데, 그 관념 안에 이성, 의지의 경향성에 대한 지각이 존재합니다. 마지막으로, 정신과 육체 모두에 대해서는, 우리는 연합의 관념만을 가지고 있는데 그 관념에 영혼이 신체를 움직이는 힘, 영혼에 감각과 정념을 일으키는 영혼에 작용하는 신체의 관념이 의존합니다."(AT, III p. 665)라고 말한다. 데카르트는 여기서 엘리자베스에게 한편으로 정신과 몸[물체]은 사유와 연장이라는 원초적 관념 덕분에 지성이나 상상력의 도움을 받은 지성에 의해서 명석하고 판명하게 알려진다고 설명한다. 정신과 몸의 고유한/유일한 속성인 사유와 연장의 원초적 관념은 그것이 속해 있는 실체, 즉 정신과 물체의 본질이나 본성이 무엇인지 우리에게 명석하고 판명하게 알려준다(AT, VIII-A pp. 22-25; 데카르트 2002, pp. 38-44). 반면에, 정신과 몸의 연합은 "지성만으로는, 그리고 상상력의 도움을 받은 지성으로는 모호하게 알려진다." 그래서 엘리자베스에게 원초적 관념을 소개하고 난 후에 데카르트는 그녀에게 정신과 신체의 연합체의 원초적 관념을 다른 원초적 관념들과 혼동하지 말라고 충고한다. "저는 모든 인간 과학은 이러한 세 개의 원초적 관념을 구분하고, 각각의 관념을 그 관념이 적용되는 대상과 연결하는 것에 존재한다고 생각합니다. 왜냐하면, 만약 우리가 어떤 문제를 그 관념이 적용되지 않는 그러한 관념을 통해서 해결하려고 한다면 우리는 잘못을 저지를 수밖에 없을 것입니다. 마찬가지로, 이런 관념 중의 하나를 다른 것을 통해서 설명하려고 한다면 우리는 잘못을 저지를 수밖에 없습니다. 왜냐하면, 그것들은 원초적 관념들이기 때문에 각각은 오직 자기 자신에 의해서만 이해될 수 있기 때문입니다."(AT, III pp. 665-666) 이 구절이 제안하는 것처럼, 데카르트가 관념들을 원초적이라고 간주할 때, 데카르트가 강조하고자 하는 것은 "각각의 관념은 자기 자신에 의해서만 이해될 수 있다."는 것이고 "다른 것과의 비교를 통해서는 이해될 수 없다."(1643년 6월 28일 엘리자베스에게 보낸 편지, AT, III p. 691)는 사실이다. 즉, 우리는 정신과 몸의 연합체를 이해할 수 있는 하나의 관념을 가지고 있다는 것이고, 정신과 몸 각각의 실체에 속하는 것들을 이해하는 다른 관념들이 있다는 것이다. 따라서 데카르트에게 몸에 대한 지식 혹은 정신에 대한 지식은 우리가 이해할 수 있는 영역인 반면에 정신과 몸의 연합체에 대한 지식은 오직 경험만 할 수 있는 영역이다.

데카르트는 '삼원론'자인가?

사유와 연장 이외에 '세 번째 원초적 관념'이 있다는 것은 데카르트 철학에서 사유를 속성으로 하는 정신과 연장을 속성으로 하는 몸[물체] 이외에 '정신과 몸의 연합'이라는 제3의 실체가 있다는 것을 의미하는가? 그렇다면 데카르트는 '이원론 dualism'이 아니라 '삼원론 trialism'을 주장하고 있는가? 이에 대해서 데카르트는 1642년 레기우스 Regius에게 보낸 편지에서, "기회가 생길 때마다, 그게 개인적이든 공적이든, 당신은 인간이 우연히 결합된 존재 [ens] per accidens가 아니라 본래적 존재 ens per se라고, 그리고 정신은 실제적으로 그리고 실체적으로 몸과 결합되어 있다고 고백해야 합니다. (…) 비록 아무도 그것을 설명하지 못한다고 할지라도, 따라서 당신도 그것을 설명하지 못할지라도 말입니다. 하지만 내가 형이상학에서 한 것처럼 당신도 설명할 수 있습니다. 우리는 고통의 감각, 그리고 모든 다른 [감각]을 몸과 분리된 정신의 순수한 인식을 통해서가 아니라 [몸과] 결합된 채 혼란된 지각으로 지각합니다. 왜냐하면, 만약 천사가 인간의 몸 안에 있다면 천사는 우리가 하는 방식대로 감각하지 않고 외부 대상에 의해 야기된 운동만을 지각하고 이를 통해서 진정한 인간과 구분될 것입니다."(AT, III p. 493) 이 구절이 보여주는 것처럼 데카르트는 인간을 '본래적 존재 ens per se'라고 부르지만, 결코 '실체 substantia'라고 부르지 않는다. 따라서 신체화된 정신에 적용되는 '세 번째 원초적 관념'이 있다는 사실이 신체화된 정신이 몸과 정신처럼 하나의 실체라는 것을 의미하지 않는다. 사실 데카르트 철학에서 '정신과 몸의 연합체'로서의 '데카르트적 자아'가 실체가 아니라는 것은 분명해 보인다. 왜냐하면, 앞서 살펴본 것처럼, 데카르트의 '제일속성원리 principal attribute principle'에 따르면, 정신과 신체의 연합체가 실체가 되려면 제일속성을 가지고 있어야 한다. 제일속성 P1(예를 들어, 연장과 사유의 합성)을 가지고 있는 하나의 실체('정신과 몸의 연합체')는 제일속성 P2(예를 들어, 사유)와 P3(예를 들어, 연장)(그리고 P2≠P3)을 가지고 있는 실체(정신과 몸)와 실제적으로 구분되어야만 하고, 따라서 정신과 몸의 연합체는 정신과 몸과 실제적으로 구분되어야만 한다. 하지만 이것은 불가능한데, 왜냐하면 정신과 몸의 연합체는 정신과 몸 없이는 존재할 수 없기 때문이다. 따라서 데카르트 철학에서 정신과 물체 이외에 제3의 실체가 있는 것은 논리적으로 불가능하다. 또한, 텍스트적으로도 데카르트는 신체화된 정신(정신과 몸의 연합체)을 한번도 '실체'라고 부른 적이 없다(Rozemond 1998, p. 165; Kaufman 2008, p. 42).

그렇다면 데카르트는 왜 정신과 몸의 연합체를 마치 정신과 몸과 구분되는 하나의 실체처럼 이야기했을까? 데카르트는 이 원초적 관념을 당시 사람들에게 설명하기 위해서 전통적인 스콜라 철학의 어휘인 '실체적 연결'이나 '본래적 존재' 개념을 사용할 수밖에 없었을 것이다. 그러나 정신과 몸의 연합체 개념은 전통적인 스콜라 철학의 어휘로 도달할 수 없는 것이었다. 따라서 데카르트는 이 '신체화된 정신'을 그 어떤 것으로도 설명할 수 없는 '원초적 관념'으로 생각할 수밖에 없었을 것이다. 이런 의미에서 몸을 가진 인간은 정신으로 이해되는 것이 아니라 일상의 경험 속에서 '체험'될 수밖에 없다. 다시 말하면 데카르트에게 나의 몸과 정신의 연합은 새로운 혹은 복합적인 '실체'를 만들어내는 것이 아니라 지성적 개념으로 파악할 수 없는 선-반성적인 나의 원초적 모습을 지시한다.

몸을 가진 정신과 '수동적 지식'

마지막으로 '정신과 몸의 연합체' 혹은 '신체화된 정신'으로서의 '데카르트적 자아 Cartesian Self'가 무엇을 의미하는지 살펴보자. 앞서 데카르트가 생각하는 정신과 몸의 연합은 플라톤이 생각하는 정신과 몸의 결합과 다르다는 점을 살펴보았다. 예를 들어, 몸을 가지고 있지 않은 천사가 몸의 고통을 이해하는 방식은, 배에 타고 있는 선원처럼, 고통을 정신으로 '능동적으로' 이해하려고 할 것이다. "만약 천사가 인간 몸 안에 있다면 천사는 우리가 하는 방식대로 감각하지 않고 외부 대상에 의해서 야기된 운동만을 지각하고 이런 이유로 진정한 인간과 구분될 것입니다."(AT, III p. 493) 하지만 몸을 가진 인간은 다르다. 외부 대상(외감)에 대해서든 내 몸(내감)에 대해서든 인간에게 감각은 몸을 통해 '수동적으로' 촉발되는 것이고 이를 통해서 자신의 존재를 경험한다. 이처럼 정신과 몸의 연합체인 인간은 의지 volition와 이해 intellect와 같이 정신을 통해 '능동적 사유'를 하는 존재인 동시에 감각 sensation과 정념 passion과 같이 몸을 통해 '수동적 사유'를 할 수 있는 존재이다.

데카르트적 인간, 정신과 몸의 연합체, 신체화된 정신은 몸을 통해서 감각하고 따라서 (천사와 달리) 수동적으로 생각하는 정신이라는 점에서 존재론적으로 고유한 위치를 차지하고 있다. 몸과 결합된 정신은 외부에서 오는 자극을 받아들이는 데 열려 있을 수밖에 없다. 즉 몸이 없는 생각하는 정신 disembodied mind으로서의 자아는 의지와 지성을 통해서 능동적으로만 사유할 수 있겠지만, 내 몸과 긴밀하게 결합된 정신 embodied mind은 감각을 통해서 수동적으로도 사유할 수 있다. 따라서 데카르트에게 생각한다는 것은 몸과 함께 생각하지 않는다면 완전하게 생각하는 것이 아니게 될 것이다(Marion 2013, p. 190).

그런데 데카르트에 따르면 '영혼과 신체의 긴밀한 결합'에 속하는 지각은 감각뿐만 아니라 '정념'도 해당한다. 『철학의 원리』 1부 48항에서 데카르트는 다음과 같이 말한다. "우리 안에서 경험하는 [정신에 속하는 것과 물체에 속하는 것과] 다른 어떤 것들이 있는데 이것들은 정신에만 속하는 것도 아니며 또 물체에만 속하는 것도 아니다. 나중에 설명하게 되겠지만 그것들은 정신과 육체의 긴밀하고 내밀한 결합으로부터 유래하는 것들로 식욕, 갈증 등과 같은 욕구appetitus들이 그러한 것들이다. 영혼의 감정[흥분]commotiones이나 격정은 분노, 명랑함, 슬픔, 사랑 등에 대한 감정과 마찬가지로 사고만으로 이루어진 것이 아니다. 끝으로 모든 감각, 즉 통증, 간지러움, 빛과 색, 소리, 후각, 미각, 따뜻함, 딱딱함 그리고 촉각으로 느끼는 다른 성질들에 대한 감각들 역시 그러하다."(데카르트 2002, 1부 48항, p. 40) 여기서 데카르트가 말하는 것처럼 '정신과 육체의 긴밀하고 내밀한 결합'에 속하는 양태들은 '감각'뿐만 아니라 '욕구', '정념'도 포함한다. 『정념론』에서도 데카르트는 "우리는 일반적으로 정념을 영혼의 지각perceptions, 감각sentiments 혹은 감정[흥분]émotions으로 정의할 수 있는 것처럼 보인다."(데카르트 2013, 27항, p. 42)라고 말한다. 그런데 데카르트에 따르면, 이 중에서 가장 '고유한 수동propres passions'은 '정념passion'이다. "우리는 정념을 '감각'이라고도 부를 수 있는데, 왜냐하면 그것들은 외적 감각의 대상과 같은 방식으로 영혼에 받아들여지고 영혼은 그것들을 다르게 알 수 없기 때문이다. 하지만 영혼의 '감정[흥분]'이라고 정념을 부르는 것이 더 나은데, 이 용어가 영혼에서 일어나는 모든 변화에 적용될 수 있기 때문만이 아니라 보다 특정하게는 영혼이 가질 수 있는 모든 종류의 사유 가운데서 정념만큼 영혼을 그토록 강하게 영향을 주고 방해하는 것은 없기 때문이다."(데카르트 2013, 27항, pp. 42-43) 데카르트의 주장처럼, 만약 '정념'이 그 말의 의미에서 가장 '고유한 수동[정념]'이라면 '정념'은 가장 고유한 의미에서 '수동적 사유'라고 할 수 있다. 왜 그런가? 정념은 하나의 '사건'으로 나에게 발생하는 것, 예상할 수 없게, 그리고 내밀하게 나에게 주어지는 것이기 때문이다. 정념은 나 자신의 바깥에서 와서 나를 압도하고 따라서 나를 수동적으로 만들기 때문에 이때 나는 순수한 수동성으로 환원된다. 이처럼 정념은 자아를 수용하는 자의 위치에 놓으면서 선-반성적인 사태나 우리 고유한 능동적 정신에 포착되지 않는 현상을 이해할 수 있는 가능성을 열어준다.

한편 데카르트에게 신체화된 정신이 수행하는 '수동적 사유'는 무용하고 무능한 것이 아니고 명석하고 판명한 능동적 사유가 파악할 수 없는 '수동적 지식'을 준다. 사실 데카르트도 인정하는 것처럼, '수동적 사유'를 가능하게 하는 조건인 감각과 정념은 대상과 세계를 객관적으로 이해하는 데는 무능하다. 데카르트는 "일반적으로 감각은 어떤 물체가 (…) 그 자체로 어떤 성질을 가지고 있는지는 다만 가끔씩 그리고 우연히 알려줄 뿐이다."(데카르트 2002, 2부 3항, p. 69)라고 주장한다. 정념 역시 마찬가지다. 데카르트는 정념이 "자신이 표상하는 나쁜 것이나 좋은 것을 실제보다 거의 항상 크고 중요하게 보이게 만든다."(데카르트 2013, 138항, p. 127)라고 주장한다. 따라서 모든 정념은 "그것들이 관심을 쏟는 대상을 실제보다 훨씬 더 멋지게 표상한다."(1645년 9월 1일 엘리자베스에게 보낸 편지, AT, IV p. 285) 그리고 "가끔 정념은 어떤 것이 실제보다 훨씬 더 좋고 훨씬 더 가지고 싶게 만든다."(AT, IV p. 284) 왜 그런가? 데카르트가 정신과 몸의 연합체에 속하는 감각과 정념을 '애매하고 모호한confuses et obscures' 관념이라고 부른 것은 잘 알려진 사실이다.(AT, VII pp. 80‑81, p. 83; AT, VIII‑A p. 317) 데카르트에게 자연적 물체에 대한 지식 혹은 지성적 정신에 대한 지식은 우리가 명석하고 판명한 지식을 가질 수 있는 영역에 속한다. 반면에 정신과 몸의 연합체에 대한 지식은 근본적으로 '애매하고 모호한 관념'만을 가질 수 있는 영역에 속하기 때문에 우리가 명석하고 판명한 지식을 가질 수 없다.

하지만 이론적·객관적 지식을 얻을 수 없다고 해서 몸을 통해 가지게 되는 '수동적 지식'이 무용한 것만은 아니다. 데카르트는 오히려 감각과 정념의 기능을 '유용성'에서 찾는다. 그리고 이러한 유용성의 지식은 객관적 지식을 주는 이론적 지식이 아니라 세계와의 접촉을 통해서 얻어지는 경험적 지식이다. 감각의 경우, 데카르트는 「여섯 번째 성찰」에서 "감각적 지각의 고유한 목적은 본성적으로 [정신과 몸의] 연합체를 위해 무엇이 이롭고 이롭지 않은지를 그것의 일부인 정신에 알리고자 자연적 본성이 제공한 것이다."(AT, VII p. 83; 데카르트 1997, p. 114) 또 정념의 경우, 데카르트는 『정념론』에서 정념의 "자연적 기능은 몸을 보존하거나 몸을 어떤 방식으로 더 완벽하게 하는 데 사용될 수 있는 작용에 영혼이 동의하고 동참하도록 자극하는 데 있다."(데카르트 2013, 137항, p. 126)라고 주장한다. 이 구절들에서 볼 수 있는 것처럼, 몸과 정신의 연합체로서 인간이 감각과 정념을 통해서 갖게 되는 지식은 몸과 정신의 연합체인 인간을 보존하는 데 유용하다고 주장한다. 따라서 '수동적 지식'은 명석하고 판명한 지식은 아니지만, 우리 몸의 보존에 있어서 좋은 것과 나쁜 것, 적합한 것과 적합하지 않은 것을 알려주는 기능을 한다는 점에서는 믿을 만하다. 그래서 데카르트는 다음과 같이 주장한다. "신체에 이로운 것에 대해 모든 감각은 거짓된 것보다는 참된 것을 지시하는 경우가 훨씬 더 많다는 것을 확실히 알게"(AT, VII p. 89; 데카르트 1997, p. 121) 되었고, "이런 한에서는 감각적 지각들은 충분히 명석 판명하다."(AT, VII p. 83; 데카르트 1997, p. 114) 이처럼 몸을 가진 정신에게 주어지는 수동적 지식은 데카르트가 『성찰』에서 추구한 명석하고 판명한 이론적 지식과 다르다. 이 지식은 유용성의 관점에서 만나는 세계의 경험이다. 동시에 몸을 가진 자아를 세계와 만나게 하고, 따라서 자아를 세계 경험에 개방한다는 점에서 능동적이기도 하다. 즉 '수동적 지식'은 그 자체로 인간에게 가능성의 개방이라고 할 수 있다. 그래서 『정념론』을 마무리하는 마지막 212항에서 데카르트는 "영혼과 몸에 공통적인 기쁨은 전적으로 [수동적 지식인 감각과] 정념에 의존하고, 그러므로 정념에 의해 크게 움직여질 수 있는 사람이 이 삶에서 가장 큰 달콤함을 맛볼 수 있다."(데카르트 2013, 212항, p. 186)라고 말한다. 데카르트에게는 우리가 몸을 통한 이러한 사유의 기쁨을 가지지 못하면 "우리의 영혼은 한순간도 몸과 연결된 채 머물러 있기를 바랄 이유가 없다."(1646년 11월 1일 샤뉘 Chanut에게 보낸 편지, AT, IV p. 538)

참고문헌 ···

데닛, 대니얼, 2014. 『의식의 수수께끼를 풀다』, 유자화 옮김, 서울: 옥당.

데카르트, 르네, 1997. 『성찰: 자연의 빛에 의한 진리탐구 프로그램에 대한 주석』, 이현복 옮김, 서울: 문예출판사.

____, 2002. 『철학의 원리』, 원석영 옮김, 서울: 아카넷.

____, 2012. 『성찰1. 〈성찰〉에 대한 학자들의 반론과 데카르트의 답변』, 원석영 옮김, 파주: 나남.

____, 2013. 『정념론』, 김선영 옮김, 서울: 문예출판사.

____, 2019. 『방법서설: 정신지도규칙』, 이현복 옮김, 서울: 문예출판사.

라일, 길버트, 1994. 『마음의 개념』, 이한우 옮김, 서울: 문예출판사.

로티, 리처드, 1998. 『철학 그리고 자연의 거울』, 서울: 까치.

아리스토텔레스, 2001. 『영혼에 관하여』, 유원기 옮김, 서울: 궁리.

아퀴나스, 토마스, 2015. 『대이교도대전 II』, 박승찬 옮김, 경북: 분도출판사.

처치랜드, 폴, 1992. 『물질과 의식: 현대심리철학입문』, 석봉래 옮김, 서울: 서광사.

Alanen, L., 2003. *Descartes's Concept of Mind*, Cambridge, MA: Harvard University Press.

Descartes, R., 1964-76. *Œuvres de Descartes*, 12 Vols, C. Adam and P. Tannery (eds.), Paris: CNRS and Vrin.

Garber, D., 2002. "Descartes, Mechanics, and the Mechanical Philosophy," *Midwest Studies in Philosophy* 26(1) pp. 185-204.

Kaufman, D., 2008. "Descartes on Composites, Incomplete Substances, and Kinds of Unity," *Archiv für Geschichte der Philosophie* 90(1) pp. 39-73.

Marion, J-L., 1993. "Generosity and Phenomenology: Remarks on Michel Henry's Interpretation of Cartesian Cogito," In S. Voss (ed.), *Essays on the Philosophy and Science of René Descartes*, Oxford: Oxford University Press.

____, 2013. *Sur la pensée passive de Descartes*, Paris: PUF.

Richardson R. C., 1982. "The 'Scandal' of Cartesian Interactionism," *Mind* 91(361), pp. 20-37.

Rozemond, M., 1998. *Descartes' Dualism*, Cambridge, MA: Harvard University Press.

Parallelism

3. 스피노자의 철학에서
정신과 육체의 통일성

이근세

감탄하지 마라, 다만 이해하라.

- 스피노자 -

정신을 상위 원리로 삼는 고전 서양철학이 사방에서 비판받고 현대
서양철학에서 육체가 중요한 주제로서 논구된 지 꽤 오랜 시간이 흘
렀다. 이런 흐름에서 스피노자Spinoza의 철학은 항상 주요 자양분이
되어왔다. 스피노자는 육체를 폄하하고 정신을 격상하는 주류 서양철
학의 엄혹한 분위기에서 정신과 육체의 원리적 평등을 주장했기 때문
이다. 나아가 현대 마르크스주의자들은 스피노자에게서 유물론의 선
구적 모습을 발견하려 했고 최근의 뇌신경학은 스피노자에게서 뇌신
경학의 단초와 해법을 발견하고 정신이 육체와 '동일한 바탕'으로 구
성되었음을 강조한다. 예를 들어, 다마지오Damasio는 인간의 감정이
뇌 안에 '끼워 넣어진' 유기체적 반응의 결과임을 강조하면서 감정이
뇌의 작용에 원천을 두며 인간의 결정과 지성적 삶에서 중요한 역할
을 한다고 보았다. 그러나 스피노자는 정신의 감정이 육체 안에서 일
어나는 일에 조응함을 인정했으나 뇌에 대한 어떠한 명확한 논점도
제시하지 않았다.

큰 철학자의 사유를 인간과 세계를 이해하려는 여타 분야에 적용하
는 것은 흥미롭고 유용할 수 있지만, 철학사의 관점에서 볼 때 해석의
왜곡은 오히려 해당 철학의 풍성한 결과를 가로막는 것이 사실이다.
스피노자에 따르면 정신이 육체와 관련짓는 감정은 의식에 부과되면

서 상상의 연쇄로 이어지고 결국 인간을 다양한 정념으로 이끌고 간다. 그리고 그가 제안한 정념의 치료는 다양한 정념에 대한 자유의 결심에 의해서가 아니라 정념의 본성에 대한 인식과 자각에 의해 이루어진다. 즉 스피노자의 철학에서 정신과 육체의 관계는 양자 간의 영향이나 환원이 아니라 사유계와 물질계가 동일한 존재를 서로 다른 방식으로 표현하는 존재론을 통해 정립된 평행의 관점에서 이해되어야 한다. 인간은 분할 불가능한 통합적 존재이지만, 때로는 정신의 양상으로 때로는 육체의 양상으로 표현되는 개체이다. 정신과 육체는 서로 다르면서 하나를 이룬다. 인간은 정신과 육체의 통일성 속에서 정신과 육체의 차이를 드러내는 풍성한 개체이다.

이 글은 스피노자의 철학에서 정신과 육체의 관계를 고찰함으로써 인간 본성을 규정한다. 이를 위해 우선 스피노자 존재론의 기초를 간략히 설명하고 인간 본성의 그릇된 개념과 참된 개념을 차례로 검토할 것이다.

자연주의와 평행론

스피노자는 정신과 육체를 분리하는 이원론을 극복하고 인간의 통일성을 확립하고자 한다. 이런 관점은 데카르트라는 거인의 철학을 극복하면서 형성되기 때문에 스피노자가 제시하는 정신과 육체의 관계는 데카르트의 체계와 차별화되는 '스피노자 체계' 속에서 이해해야 한다.

스피노자는 서구의 전통적 창조론, 즉 선에 따른 신의 계획이나 목적에 맞게 세계가 창조되었다는 관점보다는 신적 의지 및 능력의 무한성을 강조하는 데카르트의 입장을 선호한다. 스피노자는 주저 『에티카』 1부에서 다음과 같이 선언한다.

> "모든 것을 신의 자의적 의지에 종속시키며, 모든 것을 신의 재량에 의존하게끔 하는 이 의견은, 모든 것을 선의 근거에서 행한다고 주장하는 사람들의 의견보다는 진리에 좀더 가까움을 나 역시 인정한다."(스피노자 2007, 1부, 부록)

그러나 데카르트는 신의 계획 또는 세계의 목적성에 대해 불가지론적인 입장이었던 반면, 스피노자는 신이 자연의 광대한 힘이고 자연은 스스로 산출되며 이런 자기 산출 외에 아무 목적도 가지고 있지 않다고 주장한다. 따라서 그는 여러 다른 세계들 가운데 한 세계를 선택하는, 혹은 인간을 위해 세계를 실현하는 창조신의 개념을 선명하게 공격한다.

스피노자에 따르면 선에 의거하는 창조신은 자신의 힘을 억제하거나 자신의 외부에 있는 어떤 규범에 종속되는 존재가 된다. 여러 세계 가운데 최선의 세계를 택한다는 것은 나머지 세계들을 배제한다는 의미이며, 따라서 창조하지 않을 세계들을 생각만 한 셈이다. 이는 신이 자신의 힘을 모두 발휘하지 않는 것이고 소모적인 생각을 했다는 의미이다. 나아가 신에게 목적성을 귀속하는 것은 신 안에 욕구를 도입하는 것이며, 동시에 신에게 결여나 불완전성이 있다고 인정하는 것이다. 신학자들은 필요에 의한 목적성과 동화同化나 호의를 위한 목적성을 구분하며 논의를 복잡하게 만들지만, 달라질 것은 없다. 목적이 있다는 것은 그것이 최선이건 아니건 간에 외부의 무엇인가에 종속된다는 것을 말한다. 즉 신 자신 안에 목적이 있다는 것은 아직 실현되지 않은 상태가 자신 안에 있다는 것이다. 창조신은 **절대적으로 완전한 존재**에 부합하지 않는 개념이다.

그렇다면 스피노자가 인정하는 신의 개념은 어떠한 것인가? 그의 신은 인격신이 아니다. 목적성을 가진 창조 혹은 무로부터의 창조 creatio ex nihilo는 인격신을 통해 이루어지는 것이다. 즉 지성을 통해 창조할 세계를 구상하고 의지와 힘을 통해 세계를 현존케 하는 신 개념을 필요로 하는 것이 창조이다. 스피노자는 인격신 개념에서 신 안의 간극과 결여, 그리고 불완전성을 보고 있기 때문에 세계가 지성에 의해 미리 구상되고 의지나 힘에 의해 논리적으로든 존재론적으로든 나중에 실현되는 방식을 받아들일 수 없다. 달리 말해 그가 인정하는 신은 지성이나 의지를 본질로 갖는 신이 아니다. 이 세계는 여러 세계 가운데 선택된 세계가 아니라 유일무이한 전체이다. 이 세계는 지성에 의해 미리 생각되고 창조된 것이 아니라 계획과 실현 간의 간극 없이 그 자체로 영원으로부터 존재하는 것이다. 신은 바로 이 세계이다. 스피노자 철학의 핵심을 표현하는 신, 즉 자연 Deus sive Natura이 바로 이런 의미이다.

스피노자가 말하는 신이 지성과 의지를 본질로 갖고 있지 않다고 해서 신이 사유를 하지 않는 것은 아니다. 사유는 분명 능동적인 힘이기 때문이다. 다만 전통적 신 개념에서 신의 본질로 인정하는 지성과 의지는 사유라는 근원적인 생산력의 결과일 뿐이다. 지성에 의한 구상과 그 실현 간의 간극이 없으므로 물질도 역시 지성에 의존되는 것이 아니다. 물질도 역시 신의 완전성이며 사유와 동급으로서 신의 본질을 구성한다.

여기서 우리는 데카르트의 흔적과 동시에 그것을 극복하려는 스피노자의 모습을 볼 수 있다. 주지하듯이 데카르트는 사유 실체와 연장 실체가 구분되는 이원론적 세계관을 구축했으며 두 실체의 창조자인 신을 절대적 실체로 상정했다. 그리고 창조된 세계를 철저하게 세속화해 보았기 때문에 결국 신의 목적과 작용에 대해서는 인식이 미치지 못한다는 불가지론적인 입장을 취했다. 자신의 결정적 체계 형성전에 스피노자는 데카르트에 반대하여 사유와 연장을 유일실체의 '양태'(결과)들로 간주했다. 이 점에서 스피노자가 범신론의 직관에서 출발했으며 어떤 값을 치르고라도 자연의 궁극 원리로서 신의 통일성을 유지하려고 했다고 말할 수 있다. 데카르트가 행한 사유와 연장의 실질적 구분에서 자신의 사상을 위해 유익한 점을 보기 시작한 것은 나중의 일이다. 스피노자의 논의에 따르면 사유와 연장은 그 자체로 생각되며, 따라서 실체적인 어떤 특성, 즉 무한성과 비인과성을 드러낸다. 그것들은 실체의 '속성'들이다. 그러나 속성들이 있는 만큼 실체들도 있다면, 신은 자신이 창조한 다른 실체들과 근원적으로 다른 실체가 될 것이며 비인과적인 것이 원인의 작용을 받게 될 것이다. 이는 불합리할 수밖에 없다. 따라서 모든 속성이 하나의 동일한 실체에 귀속한다는 것을 받아들이는 것이 더 정합적이다. 게다가 이 속성들을 유일실체에 통합한다고 해서 모순을 도입하는 것도 아니다. 왜냐하면, 속성은 무한하므로 속성들은 서로 제한하지 않기 때문이다. 속성들의 실질적 구분은 유일실체의 긍정을 방해하기는커녕 오히려 유일실체의 긍정을 가능케 하는 것이다. 왜냐하면, 속성들의 실질적 구분은 속성들을 서로 대립할 수 없도록 하기 때문이다. 이렇게 스피노자는 데카르트를 이용하여 데카르트와 거리를 두는 결론, 그리고 그가 가졌던 최초의 범신론적 직관을 강화하게 해주는 결론을 도출해낸 것이다.

결국, 스피노자의 체계에서 사유 속성과 물질(연장) 속성은 유일실체의 본질을 상호 제한 없이 평행하게 표현한다. 이것이 스피노자의 평행론이다. 달리 말하면 사유의 명령에 의해 물질이 작용하는 것이 아니다. 사유 영역은 사유 질서에 따라 실체의 힘을 그대로 표현하고 물질계는 물질 질서에 따라 실체의 힘을 그대로 표현한다. 그리고 이런 실체, 즉 신의 힘의 익명적 발현, 또는 '신의 절대적 본성'의 질서를 스피노자는 필연성이라고 명명하는 것이다.

세계에 대한 자연주의적 관점은 세계가 냉혹한 필연성에 따라 전개될 뿐 인간의 개인적 욕망의 실현을 위해 구성되지 않았다는 점을 알려준다. 이와 같은 보편적 필연성의 관념을 갖추었을 때 우리는 독립적이고 자기중심적이며 자유로운 실체로서의 자아에 대한 거짓 개념에서 해방될 수 있다. 또한, 이런 주관적 관점에서 벗어날 때 인간의 본성을 이루는 정신과 육체의 관계가 정립될 수 있다.

인간 본성의 비결정성

스피노자가 기획한 윤리학의 출발점은 자기보존 욕망과 관련 활동에 대한 의식이다. 그러나 욕망의 의식이 곧 욕망의 인식은 아니다. 인간의 원초적 조건을 고려할 때 자기보존 욕망과 이에 대한 의식은 재앙의 씨앗을 감추고 있다. 즉 유용성의 추구를 결정하는 원인들에 대한 무지를 내포하고 있다. 욕망주체 conatus를 자신이 전적으로 독립적이고 자율적이며, 간단히 말해 모든 것으로부터 자유로운 존재로서 간주하도록 이끄는 것은 무지를 동반한 반半 의식적 욕망이다. 그래서 욕망주체는 모종의 근본적인 능력으로 자신의 행위를 결정할 수 있다고 믿으며 이 능력에 자신의 결정을 실현하는 후속 능력이 잇따라 적용된다고 믿게 된다. 이런 환상이 행위의 근거를 오직 자기 고유의 행동 능력에서 찾는 성급한 정신 체제에서 작동할 경우 욕망주체는 자신의 '자유로운' 결정과 행동으로 인한 기쁨이나 슬픔, 자신에 대한 과신, 오만, 후회, 불안, 착란 등 갖가지 정념을 겪고 상반되는 감정들이 부딪치는 '영혼의 동요fluctuatio animi' 상태에 빠질 수 있다. 자신이 자유롭다는 환상에서 벗어날 때 우리는 끊임없는 정념의 연쇄로부터 해방될 수 있다.

그러나 자유롭다는 느낌은 계속해서 다시 생겨나므로 우리는 통상적으로 인간에게 부여되는 절대적이고 독립적인 자유의지를 인정하려는 유혹에 끊임없이 빠진다. 감정의 구체적 메커니즘에 대한 인식이 결여되었을 경우 우리는 세계가 필연적인 자연법칙에 의해 결정되었다는 관점이 확립되었음에도 자유의지를 그 타당성을 인정하거나 부정할 수 있는 특정한 이미지처럼 여기게 된다.

자유롭다는 느낌은 어디서 생겨나는가? 왜 우리는 통상적으로 절대적인 자유를 자신에게 부여하는가? 자유와 관련하여 필연성에 대한 일반적 관념을 거칠게 적용하기보다는 우선 경험적 사태를 주의 깊게 관찰할 필요가 있다. 먼저 주목해야 할 것은 인간이 자신의 유용성을 욕망하고 이에 대해 의식하고 있다는 사실이다. 그런데 이런 욕망을 의식할 뿐 그 원인에 대해서는 무지하므로, 우리는 매번 어떤 것을 수행할 때마다 자신의 수행된 행위가 결정되지 않은 자신의 일반적 능력, 즉 자유의지에 의해 이루어졌다고 믿는다. "인간들은 자신의 의욕과 욕구를 의식하고 있기 때문에 자신이 자유롭다고 믿는다. 반면 그들로 하여금 욕망하고 의욕하게 한 원인들을 모르기 때문에, 꿈에서조차 이 원인들을 생각하지 않는다."(스피노자 2007, 1부, 부록)

반4 의식적 욕망은 우리가 자유의지라는 능력 자체를 갖추고 있다는 느낌과 쉽사리 연결된다. 나아가 의식이 존재보존에 맞게 욕망활동을 작동하도록 해주는 동기에 대한 명석 판명한 관념을 결여하기 때문에 욕망활동이 저하될 때, 자유의지의 느낌은 더더욱 커지게 된다. 마치 행동 근거의 비결정이 자유의 확정적인 표시인 것처럼 말이다. 스피노자는 이와 같은 대중의 믿음을 냉소적으로 그러나 섬세하게 분석한다.

> "우리는 열의 없이 추구하는 것에 대해서만 자유를 가지고 행동한다. 왜냐하면, 이런 것에 대한 욕구는 빈번히 상기된 다른 대상의 기억에 의해 쉽사리 저지될 수 있기 때문이다. 또한, 이런 자유는 우리가 다른 대상들의 기억에 의해 경감될 수 없는 강렬한 욕망에 의해 대상들을 추구할 때 취약하다고 사람들은 믿는다."(Ibid., 3부, 정리2, 주석)

인간은 자신이 자유롭고 결정되지 않았으며 욕구가 없을 수 있다고 상상함으로써 자의적 선택의 능력에 의해 자신의 행위를 결정할 수 있다고 믿는다. 그러나 이런 능력이란 암묵적인 타협에 의해, 달리 말해 자신의 욕망 활동의 의미를 이해하지 못한 채 발명된 것일 뿐이다.

그럼에도 불구하고 자유의지의 믿음을 고수하려는 이들에게 이 믿음이 야기하는 재앙적인 결과를 제시하는 것은 어려운 일이 아니다. 실제로 우리는 유용성의 추구를 의식하며 따라서 이미 완수된 행위의 결과에 관심을 두는바, 자유롭다고 믿는 주체는 자기 자신을 행위 결과의 원인으로 간주한다. 구체적으로 말하면, 행위가 자기의 바람대로 이루어졌을 때는 자기 자신을 기쁜 감정의 원인으로 여기고, 반대의 경우는 자신의 무능력을 원인으로 삼는다. 그런데 자유에 대한 이런 의식에 의거할 때 욕망주체는 자유롭고 유일하며 절대적이라고 상상된 능력에 의해 자신이 타인들과 구별된다고 믿게 되지만, 곧이어 감정의 불안정성에 빠지게 된다. 왜냐하면, 기쁨은 빠르게 오만으로 변질되는바, 욕망주체는 다양한 경험을 겪으면서 자신의 욕망을 박탈당할 불안으로 애초의 기쁨에 슬픔을 섞게 마련이기 때문이다. 반대의 경우 욕망주체는 자유롭게 완수된 행위에 대한 후회로 인해 무능한 자신이 곱으로 불행하다고 여기게 된다. 이런 논리를 스피노자는 간명하게 다음처럼 표현한다.

> "후회는 원인으로서의 자신에 대한 관념이 수반된 슬픔이고 자기만족은 원인으로서의 자신에 대한 관념이 수반된 기쁨이다. 이 감정들은 극도로 격렬한데 이는 사람들이 스스로를 자유롭다고 믿기 때문이다."(Ibid., 3부, 정리51, 주석)

자유의지의 믿음을 고집스럽게 추종하는 이들은 자유의지를 입증하기 위해 정신과 육체의 관계를 끌어들인다. "인간 정신이 사유할 능력이 없을 경우 육체는 무기력하고" 우리가 "말하거나 말하지 않는 것"(Ibid., 3부, 정리2, 주석)은 정신의 결심에 의한 것이라는 점이 확인된다는 것이다. 그러나 정신과 육체가 인과관계에 있지 않다는 존재론에 따라 심신평행론을 언급하지 않더라도, 경험은 많은 반대 사례를 알려주지 않는가? 실제로 육체가 잠이나 마취 등으로 둔화되어 있을 때 정신은 깨어 있을 때만큼 선명하게 사유할 능력이 없다. 심지어 깨어 있을 때조차도 우리는 동일한 대상을 계속 생각할 수 있을 정도로 우리의 사유를 충분히 지배하지 못한다. 오히려 "이런 대상이나 저런 대상의 이미지에 의해 자극되는 육체의 능력에 따라 정신은 이런 대상이나 저런 대상을 고찰할 능력을 더 갖거나 덜 갖는다."(스피노자 2007, 3부, 정리2, 주석) 말과 관련해서도 마찬가지이다. 경험이 알려주는 바에 따르면, 주정뱅이에게 말을 참는 것보다 어려운 일도 없다. 주정뱅이는 술에서 깨고 나면 숨기고 싶어 할 일을 자유롭게 말한다고 믿는다. 잠에서 깨어 있을 때 감출 일을 꿈속에서 내뱉는 자, 착란자, 수다쟁이, 아기 등 자신의 충동과 욕구를 통제하지 못하는 모든 이들도 마찬가지이다. 나아가 단어 하나를 말하는 것도 그것을 우선 기억하지 못하면 불가능하며 어떤 것을 기억하거나 망각하는 능력 자체도 정신의 자유로운 힘에 속하는 일이 아니다.

정신이 육체에 명령을 내릴 가능성을 가정함으로써 자유의지의 실재를 입증하려는 이들은 관념을 이미지, 낱말 또는 '칠판 위의 소리 없는 그림'으로 간주함으로써 관념 질서와 육체 질서를 혼동하고 있다. "관념들이 육체들의 마주침으로 인해 우리 안에 형성될지 모르는 이미지라고 믿는 사람들은 우리가 그것들에 대해 어떤 유사한 이미지도 형성할 수 없는 사물들의 관념들은 관념들이 아니고 단지 우리가 자유의지를 통해 창조해내는 허구라고 확신하고 있다."(Ibid., 2부, 정리49, 주석) 그러므로 사람들은 자유의지를 참된 관념이든 거짓 관념이든 간에 모든 관념에 관해 판단을 보류하고 마치 관념이 고정된 이미지이거나 선택할 수 있는 낱말인 것처럼 관념을 부정하거나 긍정할 수 있게 해주는 보편적 능력으로 간주함으로써 완고하게 자유의지의 실재를 주장하려는 것이다. 판단을 보류하는 것은 오히려 우리가 대상을 혼란하고 부적합한 방식으로 현재 대상을 지각하기 때문이라고 말해야 한다. 이런 지각은 비록 확실하지는 않을지라도 우리가 그것을 내면에서 느끼는 그대로 이미 인정되거나 인정되지 않는 방식으로 긍정되고 있는 것이다. 각각의 긍정이 개별적인 행위인 한에서, 각각의 긍정들은 각기 조응하는 관념이 내포하는 긍정이기 때문에 각 긍정은 다른 긍정과 차별화되는 것이다. 이 점에서 스피노자의 핵심 테제가 이해된다. "원의 관념이 삼각형의 관념과 다른 만큼, 원의 관념이 내포하는 긍정은 삼각형의 관념이 내포하는 긍정과 다르다."(Ibid., 2부, 정리49, 주석) 따라서 자유의지는 추상작업의 공상에 불과하다. 자유의지는 의미를 결여한 낱말이고 관념대상ideatum이 없는 관념에 불과하다. 즉 자유의지는 실재가 아니다. 자유의지를 주장하는 것은 결국 무엇을 말하는지 모르는 것이고 눈을 뜨고 꿈을 꾸는 것과 같다.

그러나 보편적 필연성과 자유의 부정은 행위의 귀책성과 선악의 구분을 무효화하므로 도덕의 파괴를 낳지 않는가? 모든 것이 필연적이라고 말하는 것은 모든 것이 그 자체로 허용될 수 있다고 인정하는 것이 아닌가? 자유에 대한 논의는 스피노자가 보편능력으로서의 자유를 인정하는 데카르트의 관점에 대해 자신의 체계 전체를 걸고 벌이는 쟁점이며, 이미 스피노자 당대에 여러 학자의 논박이 그에게 전해졌다. 『스피노자 서간집』은 이 논쟁의 의미를 다채롭게 보여준다. 영국 왕립학술원의 초대 사무총장인 헨리 올덴부르크Henry Oldenburg는 논쟁의 핵심을 적절히 요약한다.

"선생님께서는 만물과 그 작용을 숙명적 필연성에 종속시키시는 듯
합니다. 이런 점을 인정하고 주장하면, 모든 율법과 모든 덕, 그리고
종교의 힘을 이루는 것이 무너지며 보상과 벌은 헛된 것이 된다고
독자들은 평가합니다. 달리 말하면 그들은 강제적이거나 필연성을
포함하는 것은 모두 용서 가능한 것이 된다고 생각합니다. 결과적
으로 누구도 신 앞에서 용서받지 못할 자가 없는 셈입니다. 우리가
운명에 의해 이끌리고, 마치 거역할 수 없는 손의 압력이 우리에게
행사되듯이 사물의 진행이 전적으로 결정되고 불가피한 것이라면,
잘못과 벌의 여지가 있을 수 있겠습니까? 바로 이런 점이 그들이 파
악하지 못하는 것입니다. 어떤 도구로써 이런 매듭을 끊을 수 있을
지 말하기가 어렵습니다. 저는 선생님께서 이와 같은 난점을 완화
할 수단을 찾으시고 저희에게 알려주시기를 바라마지 않습니다."
(스피노자 2018, pp. 384 - 385)

이런 논박에 다음과 같이 답할 수 있다. 즉, 관념이 그 자체로 평가
되듯이 도덕적 행동도 그 자체로, 달리 말해 그 행동을 실현하는 주체
의 능력이 아니라 그것의 질質 자체에 따라 평가된다. 그래서 "행동을
따르는 보상은 삼각형의 본성으로부터 그 세 각이 두 직각과 동일하
다는 것이 도출되듯이 필연적으로 따라 나온다."(Ibid., p. 159) 또는
성서에서 무분별한 자의 형벌은 그의 무분별 자체라고 강조했듯이,
"덕의 보상이 덕 자체이고 반대로 어리석음과 무능력의 벌이 어리석
음 자체"(Ibid., p. 274)이다. 모든 행위가 보편적 필연성을 근거로 용

서 가능하며 무엇에 대해서든지 불평을 해서는 안 된다고 해서 모두가 동일한 수준과 본성의 상태를 누리는 것이 아니다.

"불경한 사람들은 신을 인식하지 못하기 때문에 단지 장인의 손에 있는 도구로서 자신도 모르게 사용되고 또 사용되면서 파괴되는 도구일 뿐인 반면, 정의로운 사람들은 자신들이 사용된다는 것을 알면서 사용되며 또 그렇게 하면서 더욱 완전해진다."(Ibid., p. 126)

마지막으로 자유의지의 실재를 입증하기 위해 범죄 같은 악행이나 자기파괴를 고의로 범할 수 있다는 근거를 댈 수도 있을 것이다. 그러나 스피노자가 보기에 이는 거기서 자유의지를 확인하거나 못 하는 일이 중요치 않을 정도로 모순되고 어리석은 태도일 뿐이다. 그래도 이런 논박에 답을 해야 한다면 다음처럼 말할 수 있을 뿐이다:

"이 문제를 제기하는 것은 마치 어떤 존재의 본성에 그가 목을 매 죽는 것이 적합한지 또는 그가 목을 매 죽지 않을 이유가 있는지 묻는 것과도 같아 보입니다. 그럼에도 이와 같은 본성이 가능하다고 인정하겠다면, (제가 자유의지를 인정하든 그렇지 않든 중요치 않습니다만) 만일 어떤 사람이 식탁에 앉아 있는 것보다 사냥에 매달려 더 편하게 살 수 있다고 생각한다면 목을 매고 죽지 않는 것이 무분별한 일일 것이라고 답하겠습니다. 마찬가지로 어떤 사람이 덕을 실행할 때보다 범죄를 저지를 때 더 좋은 삶이나 본질을 누릴 수 있음을 명확하게 확인한다면 그 역시 범죄를 저지르는 데 주저하는 것은 무분별한 일일 것입니다. 이 정도로 부패한 인간 본성의 관점에

서 범죄는 덕일 것이기 때문입니다."(스피노자 2018, pp. 186-187)

자유에 관한 주장과 관련된 이 모든 부조리는 도덕가들에게 정죄의 명분을 제공할 뿐이다. 인간 본성에 대해 "그들은 통탄하고 조롱하며 업신여기거나 또는 가장 빈번하게는 증오를 퍼붓는다."(스피노자 2007, 3부, 서론) 도덕가들은 인간에게 자유의지를 부여함으로써 인간 본성에서 태생적인 불의를 확인한다. 이와 반대로 스피노자에 따르면 윤리적 기획은 우리 자신에 대한 과소평가도 과대평가도 없이 자연의 보편적 인과성의 인식에 우리 본성에 대한 인식을 맞춤으로써 우선 자유의지라는 거짓 개념에서 벗어나게 하는 데 그 의미가 있다. 자유의지의 관념이 외부 원인의 영향에 대한 무지에서 비롯한다면, 무슨 이유로 외부 원인을 겪지 않을 수 없는지 살펴보기 위해서 어떤 방식으로 인간 존재가 구성되는지 설명해야 한다. 이런 작업이 바로 윤리적 기획의 기본 토대이다. 참된 자유는 공들이고 단계적인 절차에 의해서 획득해야 하는 것이지 자유의지라는 마술봉에 의해 단숨에 얻는 것이 아니다.

인간 본성의 정립

인간의 존재에 대한 상상적 규정에서 벗어나면서 이제 인간 존재의 참된 개념을 정립해야 한다. 인간 존재의 실재는 본질은 무엇인가? 인간을 자유롭고 독립적이며 원인이 없는 존재, 한마디로 말해 **실체**로 보는 그릇된 개념에서 벗어나야 한다면 우리는 인간 존재를 **절**

대적으로 무한한 실체와 혼동하지 말아야 한다. 절대적으로 무한한 실체는 자기 본성 안에 복수성의 원인을 가질 수 없으므로 그들의 현존에 대한 외적 원인을 필요로 하는 유한한 존재들과 달리 그 본질이 필연적으로 현존을 내포하는 존재이다. "본성상 개체들의 복수성의 현존을 허용하는 모든 것은 이 개체들을 현존케 하는 외적 원인을 필연적으로 포함해야 한다."(Ibid., 1부, 정리8, 주석2) "여러 인간이 현존할 수 있기 때문에 인간의 형상을 구성하는 것은 실체의 존재가 아니다."(Ibid., 2부, 정리10, 주석)

어떤 인간이 현존하는 반면 다른 인간은 현존하지 않는다는 것, 즉 인간이 자신 안에 현존의 필연적 근거를 내포하지 않는다는 것은 자명한 일이다(Ibid., 2부, 공리1). 달리 말하면 인간의 본질은 실체의 존재를 구성하기는커녕 신적 실체를 표현하는 속성들의 특정한 양태로 구성된다(Ibid., 2부, 정리10과 계). 인간이 실체의 특정한 양태 또는 변용이라는 것, 이것이야말로 인간 존재의 원리적 본성에 속한다. 상상과 정념의 체제에서 벗어나기 위해 우선으로 자각해야 할 인간의 본성이 바로 실체를 구성하는 속성들의 양태라는 사실이다. 인간이 실체가 아니라는 것은 그가 전체 체계의 부분이며, 달리 말해 절대존재 없이는 존재할 수도 생각될 수도 없는바, 절대존재의 본성을 개별적이고 규정적인 방식으로 표현하는 양태나 변용이라는 의미이다. 인간은 세계의 전체적 힘을 개별적이고 한정된 방식으로 분유한 힘으로 자기 존재 안에 무한정 머무르려는 성향을 가진 존재이다.

인간의 본성을 보다 구체적으로 정립하기 위해서는 경험적 차원에 의거하면서 동시에 정합적인 존재론 체계에 경험적 차원을 통합해야 한다. 우선 인간이 '사유'하고 실체가 아닌 한에서 인간의 본질은 "사랑, 욕망 또는 영혼의 감정이라는 이름으로 지칭된 모든 것"(스피노자 2007, 2부, 공리3)처럼 사유의 양태로 구성된다는 점에 주목해야 한다. 그런데 이 사유 양태의 양상들이 그대로 유지되려면, 이 양태들은 이들이 지시하는 사물의 관념을 항상 요청해야 한다. 즉 사랑이나 욕망의 대상에 대한 의식 없이 우리는 이 대상을 사랑할 수도 없고 욕망할 수도 없다. 따라서 이런 의식 또는 사유 양태에 선행하는 관념이 바로 인간 본질의 현실적 존재의 으뜸 요인을 구성한다.

그러나 인간의 본질이 관념이라고 할 때, 이는 부분적인 관찰이나 그 빈번한 귀결에 의해 우리가 형성한 보편개념과 같은 추상작업의 산물이 아니다. "예를 들어 인간의 키에 가장 감탄한 이들은 인간이라는 이름으로 직립 동물을 이해할 것이다. 그러나 다른 특징들을 고찰하는 습관을 가진 이들은 인간의 공통된 이미지를 웃는 동물, 깃털 없는 두 발 동물, 이성적 동물 등 다른 방식으로 형성할 것이다. 그리고 다른 존재들에 대해 각각은 자신의 육체의 성향에 따라 마찬가지로 보편적인 이미지를 형성할 것이다."(Ibid., 2부, 정리40, 주석1) 나아가 현실적으로 현존하는 관념대상 없이 오직 실체의 속성들로부터 이해된 관념도 아니다. 예를 들어, 우리는 어떤 물체가 현존하지 않아도 그것이 물질의 특정 변용이라는 것을 생각할 수 있듯이, 그 물체의 관념이 실체를 구성하는 사유의 변용이라는 것을 알 수 있지만, 여기서 스피노자가 말하는 인간 본질의 관념은 그런 것이 아니다. 인간 본질은 실질적이고 현실적인 체험과 더불어 지금 여기에 현존하는 개체이다. 인간은 현실적으로 현존하는 관념대상이 있는 관념이며, 이 관념대상 및 관념은 무한한 실체와 달리 현존을 필연적으로 내포하지 않는 양태인 것이다. 결과적으로 인간의 활동을 우선으로 조건 짓는 것은 모든 유한한 존재들이나 양태들이 따르는 현존의 인과성이다. 현존의 인과성은 무한한 실체인 절대존재가 자기 안에서 변용되며 각각의 현존하는 존재는 절대존재가 무한한 한에서가 아니라 다른 현존하는 존재에 의해서 변용된 것으로 고찰되는 한에서 절대존재에 의해 작용을 받는 사태를 나타낸다. 달리 말하면 인간은 현존자들의 무한정한 인과연쇄 속에서 다른 원인들에 의해 작용 받는 동시에 다른 원인들에 작용을 가하는 현실적인 존재이다.

그러나 인간의 본질이 현실적으로 현존하는 관념이라는 점은 아직 인간을 온전히 나타내지 않는다. 인간을 구성하는 관념의 대상 ideatum, 현실적으로 현존하는 관념대상이 무엇인지 살펴야 한다. 그것은 개별적 육체이다. "인간 정신을 구성하는 관념의 대상은 육체, 즉 연장/물질의 현실적으로 현존하는 특정 양태이며, 다른 그 무엇도 아니다."(Ibid., 2부, 정리13) 한편으로 현존의 인과성과 심신평행론에 따르면, 개별적 관념의 대상에서 일어나는 모든 일에 대한 관념은 무한 실체가 이 대상의 관념을 가진 한에서 무한 실체 안에 주어진다. 다른 한편으로 부인할 수 없는 경험에 따르면, 우리는 육체의 변용들에 대한 관념들을 가지는바, "특정 육체가 여러 양상으로 변용된다."(Ibid., 2부, 공리4)는 것을 느낀다. 특정 육체의 변용에 대한 관념들은 절대존재가 인간 정신을 구성하는 한에서 절대존재 안에 발견되며, 달리 말해 인간 정신의 대상은 육체, 즉 연장 속성에 속하는 현실적으로 현존하는 양태인 것이다. 그리고 인간에게는 육체의 변용 및 이에 조응하는 정신의 변용만이 발견되는바, 결국 인간 정신의 유일한 대상을 구성하는 것은 육체이다.

이제 인간의 본성은 명확히 규정된다. 인간은 한 개체이며, 이 개체 안에 정신, 그리고 정신이 느끼는바 그대로의 육체가 병존한다. 인간은 육체의 관념이자 육체로서 통일적 존재인 동시에 이원적 존재이다. 사유 양태인 관념과 연장 양태인 육체가 동일한 자연법칙을 따르면서 두 속성하에 표현된 하나의 동일한 존재를 구성한다. 이는 원의 관념과 원이 함께 그리고 구별되는 방식으로 원의 존재를 표현하는 것과 같다.

> "정신과 육체는 때로는 사유 속성하에 때로는 연장 속성하에 파악되는 하나의 유일하고 동일한 개체이다."(스피노자 2007, 2부, 정리 21, 주석)

인간의 본성을 구성하는 정신과 육체의 통일성은 보편적 평행 체계의 특수한 사례이다. 이 통일성 안에 한편으로는 인간 육체를 구성하는 다수의 육체가 있고 다른 한편으로 이들에 조응하는 관념들이 정신을 구성하면서 작동한다. "인간 육체의 관념은 구성 부분들의 매우 많은 관념으로 조합된다."(Ibid., 2부, 정리15, 증명) 인간의 본성은 자유의지처럼 규정 없는 추상적 실체가 아니다. 인간은 다른 모든 개별적 존재와 마찬가지로 전체의 한 부분이다. 인간은 이 전체의 조직을 조건으로 존재하고 생각되는 부분이다.

정신과 육체, 동일성 속의 차이

우리의 욕망을 참된 기쁨으로 인도하는 윤리적 기획은 인간 본성에 대한 이해를 전제로 실현된다. 스피노자의 철학이 자연주의적 평행론을 확립하는 존재론과 윤리학의 종합 체계라고 할 때 통일성과 차이를 동시에 나타내는 정신과 육체의 역설적 관계는 인간 본성의 이해를 통해 사유와 연장의 평행론을 인간 안에 구현한다.

이 글에서 스피노자의 인간 이해를 통해 살펴본 평행론은 아마도 오늘날까지 스피노자 철학 해석의 새로운 가능성을 끊임없이 열어놓는 출구일 것이다. 사유 속성과 연장 속성이 동일한 실체를 표현하고 정신과 육체가 동일한 인간을 표현한다는 스피노자의 언명은 원리적으로는 이해 가능하지만, 구체적으로 파악하기가 쉽지 않다. 우리가 그린 삼각형과 삼각형의 관념이 동일한 삼각형의 존재를 표현한다는 것은 나름 이해가 가능하겠지만, 인간처럼 복잡한 존재의 경우 정신의 특정 상태와 육체의 특정 상태가 동일한 인간의 상태를 다르게 표현한다는 것은 어떤 의미일까? 라틴어 'Jam'이라는 단어를 사용하여 동일한 개체가 '때로는' 사유의 속성하에, 그리고 '때로는' 연장 속성하에 표현된다고 스피노자는 말한다. 프랑스의 탁월한 스피노자 연구가인 샹탈 자케 Chantal Jaquet는 인간에게 일어나는 특정 사태들은 어떤 경우는 사유(정신)와 관계시킬 때 이해가 가능하고, 또 다른 경우는 연장(육체)과 관계시킬 때 이해가 가능하다는 점을 엄밀한 분석을 통해 밝힌다(Jaquet 2012, pp. 74-78). 예를 들어, 우리는 태양의 진짜 거리나 크기에 대한 참된 관념을 알고 있어도 태양이 가까이 있고 실제 크기보다 작다고 표상한다. 즉 진리를 알고 있어도 진리와 반대되는 관념을 계속 갖는다. 진리의 현전에도 불구하고 사라지지 않는 이런 상상적 표상은 사유 속성에만 의거할 경우 이해되지 않는다. 그러나 이 현상을 연장 속성에 관계시킬 때 우리는 이를 쉽게 이해할 수 있다. 이 현상은 육체의 상태와 공간에서의 위치로 인해 육체가 변용되는 방식과 연관되기 때문이다. 반대로 계산의 오류 같은 경우 우리는 사유 속성에 의거할 때 이 현상을 이해할 수 있다. 우리가 계산에서 틀리는 것은 종이 위의 숫자와 다른 숫자를 정신에 갖고 있기 때문이다. 만일 누군가가 우리의 정신을 들여다볼 수 있다면 사실 우리는 틀리는 것이 아니다. 그래도 그 누군가가 우리의 오류를 인정한다면 그것은 우리가 종이 위의 숫자와 같은 숫자를 정신 속에 갖고 있다고 그가 믿기 때문이다. 근본적으로는 아무도 오류를 범하지 않는다. 따라서 내가 오류를 범하는 어떤 개인을 고찰할 경우 나는 내 정신이나 그 개인의 정신에, 즉 오직 정신에만 의거해야 오류라고 여겨지는 사태가 이해 가능해진다.

달리 말하면 인간에게 발생하는 특정 사태는 사유와 연장 두 속성 중 어느 하나에 더 의거할 때 이해할 수 있거나 더 구체적인 이해가 가능해진다. 물론 스피노자의 철학에서 평행론은 원리적으로 타당하지만, 평행 관계는 한 쪽의 복사나 재현 또는 반복을 말하는 것이 아니다. 『에티카』는 평행론이 사유와 연장 두 질서에 남겨둔 미지의 내용을 논구하고 나아가 상상해내기 위해 다시 읽어야 한다. 평행론은 스피노자 체계의 논리적 결함을 나타낸다기보다는 동일성 속에서 차이를 표현하는 인간 본성의 풍부함을 보여준다.

참고문헌 ···

스피노자, 2007.『에티카』, 강영계 옮김, 서울: 서광사.
____, 2018.『스피노자 서간집』, 이근세 옮김, 서울: 아카넷.
Jaquet, C., 2012. "Corps et Esprit: la logique du tantôt, tantôt chez Spinoza," In *Intelletica* 57, Paris: Association pour la Recherche Cognitive, pp. 69–79.

4. 몸, 무의미에서 의미로: 메를로-퐁티의 몸 이론을 중심으로

정지은

몸의 역량

상탈 자케Chantal Jaquet는 자신의 저서『몸Le corps』에서 정신이 지닌 힘과 구별되는 몸의 역량을 서술한다. 탄생의 순간에 인간의 몸은 능력보다는 무능력을 타고났으나, 그렇기 때문에 몸은 더욱더 발전하고 개발되어야 하는 것이 된다. 가령 태어날 때부터 크고 강한 개체가 있다면, 그것은 몸을 개발하고 그 역량을 키우려는 노력을 하지 않을 것이다.

> "요컨대 태생적 무능력은 추후 큰 역량의 가능성의 조건이다. 따라서 인간의 몸은 언제나 형성 중인 형태로 나타나며, 그리하여 훈련의 한계가 정해져 있는 동물들의 몸과 구분된다."(Jaquet 2001, p. 187)

그렇게 인간의 몸은 무능력을 보충하기 위해 역량을 발달시킨다. 다시 말해, 역설적이게도, 몸의 무능력은 몸의 역량 발달 가능성의 조건이 된다. 만일 태생적으로 크고 강한 개체가 있다면, 그것은 자신의 몸의 역량을 키우기 위한 노력을 하지 않을 것이기 때문이다. 그런데 인간의 몸은 무조건적으로 개발되는 것이 아니다. 몸은 환경이나 세계와 관계하며, 그 안에 몸에 적합한 형태나 의미를 만들어낸다. 몸은 때로는 문화 속에서 몸 테크닉을 구성하고, 때로는 예술적 표현의 도구나 매체처럼 기능하면서 작품을 만들어낸다. 건축이나 사물 디자인에서도, 몸과 몸짓이 보이지 않게 새겨져 있다. 손을 얹고 기대거나 내려갈 수 있는 계단의 난간, 고개를 수그리고 들어가야 하는 동양의 절의 낮은 문, 커피잔의 손잡이나 문고리는 모두 몸짓의 의미를 음각처럼, 간접적으로 품고 있다. 만일 우리가 객관적이고 불변하는 대상들이나 세계에 익숙해 있다면, 우리의 사고는 주변의 대상들과 세계가 눈에 보이지 않는 몸짓의 흔적들을 간직하고 있다는 것을 잘 보지 못할 것이다.

몸짓은 몸이 가진 역량을 외적으로 표현한다. 지향하는 사물과 세계, 또는 타자에 대해서 몸짓은 정신보다도 먼저 응답하며, 이런저런 몸짓을 끌어낸다. 몸은 마치 '보초병 sentinelle'처럼 말이나 명령이 있기 전에 가장 먼저 사물이나 세계를 포착한다.

현대철학자들은 정신보다는 몸과 감각에 더 많은 관심을 가진다. 이러한 관심은 서구의 전통철학 안에서의 이성의 지배에서 벗어나기 위한 노력에서 비롯된다. 들뢰즈 Deleuze, 푸코 Foucault와 같은 프랑스 현대철학자, 그리고 이보다 앞서 허무주의자 니체는 모두 이성 철학에 반기를 들고 몸과 감각을 강조한다. 그들은 각자의 방식으로 몸과 감각의 철학을 전개한다. 하지만 몸 그 자체, 주체의 가장 근본적인 존재 방식으로서 몸에 대한 이론을 전개한 철학자로서 모리스 메를로-퐁티 Maurice Merleau-Ponty를 이야기하지 않을 수 없다.

메를로-퐁티는 프랑스의 현상학자, 실존주의자로 후설 Husserl의 현상학을 프랑스로 도입한 몇 명의 철학자 가운데 한 사람이다. 특히 그는 후설의 후기 이론에 주목하고 그것을 발전시켜서 자신의 몸 철학을 전개하고, 이후 감각적인 것의 존재론이라고 할 수 있는 '살 존재론 l'ontologie de la chair'을 전개한다. 후설 현상학에서 중요한 지각의 경험은 메를로-퐁티의 현상학에서 한층 더 탐구되고 지각의 주체로서 고유한 몸이 중심 주제로서 다뤄지게 된다.

그가 강조하는 몸은 생물학이나 의학에서 다루는 객관적 몸이 아니고, 근대 재현 철학자들이 다루는 대상으로서의 몸도 아니다. 그것은 '나'와 가장 밀착되어 있는 몸, 너무나 밀착되어 있어서 그것에 대한 관점을 가질 수 없는 몸, 오히려 그것과 더불어 세계에 대한 관점을 가질 수 있게 되는 몸이다. 메를로-퐁티는 그러한 몸을 '고유한 몸 le corps propre'이라고 부른다. 고유한 몸은 무엇보다 살아 있는 몸이고 감각하고 지각하고 표현하는 몸이다. 몸은 사물과 세계와 만나는 첫 번째 장소이며, 그런 만남에서 즉각적으로 생겨나는 몸짓은 그 자체로 의미를 가진다. 따라서 이 글에서는 무엇보다 메를로-퐁티에게서 몸이 어떻게 의미 발생의 장소가 되는지를 몸짓과 연관해서 다루게 될 것이다.

몸 도식

현상학에서 핵심 개념 가운데 하나가 '지향성'이다. 지향성은 의식과 대상이 분리된 채로 존재하지 않는다는 것, 의식과 대상은 늘 상관관계를 가지고 있음을 의미한다. 의식은 늘 무언가에 대한 의식이며,

대상은 지향의 성격에 따라 의미가 구성된다. 그리고 여러 지향적 의식 가운데 가장 근본적인 것은 지각적 의식이다. 지각적 의식에 대해서 사물은 그 자체로서 현출된다. 메를로-퐁티는 지각의 중요성을 인정하면서도 지각의 주체를 의식으로 삼는 것에 반대한다. 의식에 의해서 대상으로 세워지고 대상으로서의 의미를 얻기 전에 사물과 세계는 보다 생생한 의미와 함께 나타난다.

　다시 말해 의식의 지향성과 구별되는 몸의 지향성이 있으며, 몸의 지향성의 특징은 몸 전부가 대상을 향하면서 조직화된다는 것이다. 멀리 있는 물건을 가져오려고 할 때 나는 팔만을 움직이지 않는다. 팔과 함께 어깨가, 허리가 움직이고, 다른 몸의 부분들도 그에 맞춰 긴장 상태가 된다. 커피잔을 드는 간단한 행동조차 손과 팔과 함께 몸의 나머지 부분들이 동원된다. 대상으로 향하는 이러한 몸의 지향성의 바탕에는 '몸 도식'이 있다. "나는 나의 몸을 나눌 수 없는 소유물로서 유지하며, 나는 나의 팔다리 각자의 위치를 그것들이 모두 감싸여 있는 **몸 도식** le schéma corporel에 의해 안다."(Merleau-Ponty 1945, p. 114) 도식이라는 용어는 철학에서 익숙하지 않은 표현으로서 메를로-퐁티는 이 용어를 심리학에서 빌리고 있다. 『지각의 현상학 Phénoménologie de la perception』(1945)을 집필하면서 그는 당시 새로운 심리학적 경향인 형태심리학으로부터 많은 영향을 받았고 또한 그 결과물들을 공유했다.[1] 우선 그는 심리학의 결과들로부터 몸 도식이 갖

1　메를로-퐁티가 형태심리학의 이론을 무조건 수용한 것은 아니다. 그는 『지각의 현상학』과 같은 해에 출간된 또 다른 주요 저서인 『행동의 구조 La Structure Du Comportement』에서 형태심리학의 한계를 지적한다.

는 세 가지 의미를 구분한다.

우선 몸 도식은 우리가 몸에 대해 갖는 즉각적 앎이다. 이 앎은 의식의 앎이 아니라 자발적이며 경험과 동시적이다. 예를 들어, 우리는 일상적으로 행동할 때, 그리고 행동하고 있는 바로 그 순간에 팔이나 다리, 허리나 머리가 어디에 있는지를 곧바로 안다. 즉 우리는 외부 세계를 경험하면서 우리 자신을 동시에 경험한다고 할 수 있다. 심리학자들이 '내수용성 interoceptivité 감각'이나 '고유수용성 proprioceptivité 감각'이라고 명명하는 자기 몸의 감각은 우리가 몸 도식을 장착하고 있기 때문이다.

두 번째로 몸 도식은 경험 이후에 만들어지는 것이 아니라 경험을 가능하게 하는 조건으로서 몸의 통일성이다. "몸의 시간적 – 공간적 통일성, 몸의 상호감각적 통일성이나 운동 – 감각적 통일성은 원리상 당연"(Ibid., p. 116)한 것이며, 이러한 통일성이 경험들의 연합이나 결합을 가능하게 한다. 그리고 이것이 "게슈탈트심리학 Gestaltpsychologie 적 의미에서의 '형태 forme'이다."(Ibid., p. 116) 이 두 번째 정의를 이해하기 위해서는 우선 몸적 공간이나 몸짓이 향하고 있는 공간은 기하학적 공간과 같은 객관적 공간과 다르다는 것을 이해해야 한다. 몸적 공간은 한번에 동시적으로 있는 공간이 아니라 시간성을 함축한 공간이다. 커피잔을 잡기 위한 팔의 움직임은 현재의 몸의 위치 안에 이전의 모든 몸의 위치들을 포함하고 있다. 메를로 – 퐁티는 이러한 시간성을 함축한 공간성을 겹겹이 포개어진 상자로 비유하기도 한다. 살아 있는 몸짓의 공간은 점점이 나열된 객관적 공간, 이미 오래된 영화인 「스타워즈」의 로봇 C-3PO의 움직임처럼 분절된 행동에 적합한 공간이 아니다.[2] 이러한 몸의 공간은 환상지 현상을 통해서도 간접적으로 드러난다. 환상지는 팔이나 다리를 절단한 환자들이 잘린 팔이나 다리에서 통증을 느끼는 현상으로서 심리학에 의해서도, 신경생리학에 의해서도 잘 해명되지 않는 수수께끼로 남아 있다. 심리학에서는 실제로 없는 팔이나 다리의 표상의 잔존으로 환상지를 설명하고, 신경생리학은 절단된 팔이나 다리의 신경의 말단에 전달된 자극이 뇌로 전달돼서 일어나는 것으로 설명한다. 하지만 우리의 구체적 몸을 고려할 때, 위의 두 설명은 불충분하고 자의적이다. 그래서 메를로-퐁티는 몸의 현상학적 체험 구조에 기반해서 환상지를 설명한다. 몸의 공간성은 "그의 몸의 존재의 펼침이고, 그가 몸으로서 자신을 현실화하는 방식이다. 몸의 공간성을 분석하려고 애쓰면서, 우리는 몸적 종합 일반에 대해 말해야 하는 것을 예상할 수밖에 없다."(Merleau-Ponty 1945, p. 174) 따라서 환상지는 주체의 몸 안에 기입된 통일성의 몸적 공간이 새로운 몸적 공간으로 대체되지 않았을 때 일어나는 현상이라고 할 수 있다.

여기서 우리는 몸 도식의 세 번째 정의를 끌어낼 수 있다. 그것은 몸 도식은 역동적이라는 것이다. 몸은 지향하는 것에 따라서, 몸에 주어진 과제에 따라서, 요컨대 상황에 따라서 몸짓의 통일성을 만들어낸다. 몸의 공간성이 통일의 형태를 만들어내는 것은 '상황'에 따라서이지 객관적 공간 가운데 한 장소에 스스로를 정립하는 '위치'에 따라서가 아니다.

---

2 최근 로봇 개발의 패러다임 변화에는 살아 있는 몸의 도식이 큰 역할을 한 것처럼 보인다. 즉 기하학적 공간에 근거한 움직임에서 벗어나 과제를 수행하는 움직임으로 바뀐 로봇 개발이 그것이다.

"심리학자들은 종종 몸 도식이 **역동적**이라고 말한다. 정확한 의미에서, 역동적이라는 표현은 나의 몸이 현행적이거나 가능한 어떤 과제를 위한 자체처럼 내게 나타난다는 것을 의미한다. 그리고 실제로 몸의 공간성은 외부 대상들의 공간성이나 '공간 감각들'의 공간성처럼 **위치**position**의 공간성**이 아니라 **상황**situation**의 공간성**이다."(Ibid., p. 116)

다시 한번 강조하는데, 메를로-퐁티가 말하는 몸은 객관적 몸이 아니라 살아 있고 움직이는 몸이다. 이 몸은 사물과 세계를 향해, 나아가 타인을 향해 몸짓을 끌어내고 몸 도식을 형성한다. 메를로-퐁티는 고유한 몸에서 우리의 원초적인 주체성을 본다. 그리하여 그는 데카르트의 "나는 사유한다ego cogito"를 "나는 할 수 있다je peux"(Ibid., p. 160)로 대체한다. 사유의 주체가 대상과 인식 관계를 맺는다면, 고유한 몸 역시 몸의 운동성에 의해 대상을 인식하는데, 이러한 앎은 의식에 의한 앎과는 다른 것이다. 몸에 대한 대상은 정신에 의한 대상처럼 관념적 대상이 아니기 때문이다. 나의 몸의 운동적 경험은 인식의 특수한 경우가 아니며, 그것은 "세계와 대상에 도달하는 어떤 방식"이며, "본래적인 것으로서, 그리고 아마도 발원적인 것으로서" 인식되어야 한다. 몸에 의한 앎을 의식적 앎과 구별하기 위해서 메를로-퐁티는 "실천지praktognosie"(Ibid., p. 160)라는 용어를 사용한다.

무엇보다 몸 도식이 역동적이라는 점을 잊지 말아야 한다. 몸적 공간은 상황에 따라서, 몸짓의 스타일에 따라서 달라질 수 있다. 우리는 걷는 스타일, 팔을 드는 동작 등을 통해 얼굴을 보지 않고도 그 사람이 누군지 알아볼 수 있다. 몸짓, 행동거지는 그 사람이 세계와 관계하는 방식이고, 우리가 누군가의 행동 스타일을 알아본다는 것은 곧 그가 세계와 관계하는 방식을 알아본다는 것이다.

습관

몸의 공간성에 관해 좀 더 생각해보자. 몸의 공간성을 생각하려면 객관적 공간 관념을 버리고 행동의 측면에서 공간을 생각해야 한다. 메를로-퐁티는 데카르트가 『굴절광학 La Dioptrique』에서 시각을 해명하기 위해 빌려온 맹인의 지팡이 비유를 놀라운 방식으로 바꿔놓는다. 데카르트는 생리학과 기하학에 기초한 시각이론을 내놓는다. 그에 따르면, 시각은 빛의 선과 같아서 장님의 두 지팡이의 각도가 대상과의 거리를 만들어내듯이 두 눈의 빛의 선의 각도가 대상을 가늠한다. 장님의 지팡이 비유에서 지팡이는 시각을 만들어내는 광선을 의미한다.

메를로-퐁티에게 본다는 것은 전혀 다른 식으로 이루어진다. 본다는 것은 고정된 대상의 윤곽을 정하는 게 전혀 아니다. 본다는 것은 구조를 포착한다는 것이고, 이 구조는 형상 figure과 바탕 fond으로 이루어진다. 형상이 되는 사물은 다른 봄 vision에서 바탕으로 물러나고 또 다른 사물이 형상이 된다. 하지만 지금은 데카르트의 시각이론과

『굴절광학』내 동판화 이미지

다른 메를로-퐁티의 시각이론을 이야기하는 자리가 아니므로, 다시 장님의 지팡이로 돌아가자.

장님의 지팡이는 장님에게 세계와 만나고 세계를 체험하며 세계의 의미가 나타나는 장소이다. 따라서 장님의 지팡이는 몸적 공간을 연장한다. 지팡이가 닿을 수 있는 곳까지 몸적 공간이 확장되는 것이다. 하지만 이렇게 지팡이를 셈한 몸적 공간이 단번에 획득되는 것은 아니다. 지팡이가 셈해진 몸적 공간은 반복되는 행위, 즉 습관에 의해 이루어진다. 가령 챙이 넓은 모자를 늘 쓰고 다니는 여인은 좁은 골목길에서 자신의 모자의 폭과 거리의 폭을 계산하지 않고도 능숙하게 통과할 수 있는데, 이는 그녀의 몸적 공간 안에 모자가 셈해지기 때문이다. 걸어 지나가는 곳이라는 좁은 골목길의 의미는 모자를 포함한 몸짓으로 표현된다. 이와 같은 경험은 내 몸과 밀착되어 있으면서 몸의 운동을 수반하는 것들, 가령 자전거와 자동차를 이용할 때에도 마찬가지다.

습관과 몸적 공간의 확장 내지 변형은 우리가 도구나 악기를 다룰 때도 이루어진다. 콘서트를 준비하기 전 피아노 연주자는 자기가 평소 사용하지 않는 악기에 대해서 의자에 앉아 건반을 두드려 보는 등 연주를 위한 몸 자세 전반에 대한 검토를 수행한다. 이것이 단지 자신의 몸의 숙련성에 대한 검토일까? 메를로-퐁티는 그런 몸짓의 조정은 몸짓이 향하고 있는 의미와 연결되어 있다고 생각한다.

"습관의 모든 문제는 여기서, 오르간 연주자가 전적으로 음악에 속해 있으면서 그 음악을 구현하게 될 파이프들, 페달들과 정확히 합류할 정도로까지, 어떻게 몸짓의 음악적 의미가 일정한 장소 안에서 파열될 수 있는지를 아는 것이다. 그런데 몸은 탁월한 표현적 공간이다. 나는 어떤 대상을 붙잡기를 원하는데, 이미, 내가 생각하지 않았던 공간의 어느 점에서 나의 손이 존재 자체인 잡기의 역량이 대상을 향해 일어난다."(Merleau-Ponty 1945, p. 170)

우리는 앞에서 몸짓이 표현한다고 말했는데, 몸과 세계의 의미적 상관관계를 고려해서 정확히 말한다면, 몸짓이 형성하는 표현적 장場은 몸짓이 향하고 있는 대상의 의미가 표현되는 장이기도 한 것이다. 건반악기 연주자가 몇 번의 시도 끝에 쉽게 오르간을 연주하거나, 조각가가 회화에도 능숙한 경우가 종종 있는데, 이는 그들이 의미를 향해 형성하는 몸짓들에 이를테면 '등가성들의 체계système d'équivalences'가 존재하기 때문이다. "우리가 몸 도식이라고 불렀던 것은 정확히 그런 등가성들의 체계, 여러 다양한 운동 과제들이 순간적으로 전치될 수 있게 하는, 직접적으로 주어진 불변항이다. 이는 그것이 나의 몸의 경험만이 아니라 세계 안에서의 나의 몸의 경험임을 [⋯] 의미한다."(Ibid., p. 165)

어린아이는 부모의 행동을 모방할 때 겨냥하는 것이 단지 움직임만은 아니다. 아이는 부모의 행동을 모방하면서 행동이 겨냥하는 의미를 이해한다. 이는 몸짓은 하나의 통일된 구조를 이루며 그로부터 의미를 추출하기 때문이다. 몸짓의 의미는 한 마디로 재현 철학에서 내세우는 의미를 극복하며, 정신의 작용이 아니라 보다 원초적인 세계와의 관계 속에서 의미를 끌어낸다.

잠시 샛길로 빠져보자. '사물의 시인'이라고 알려진 프랑스의 시인, 프랑시스 퐁주Francis Ponge는 인간의 말이 대상을 재현한 회화나 조각

보다 더 대상을 닮았으며, 인간의 몸에 더 어울리는 것이라고 주장한다. 그의 산문시 일부를 보자.

"왜인지는 모르겠으나 나는 인간이 자신의 상상력이나 자신의 몸의 (또는 자기가 속한 사회나 지역의 상스러운 풍습의) 기괴한 불균형만을 증언하는 거대한 기념물들 대신에, 그리고 제 키만 하거나 살짝 더 큰 조각상들(미켈란젤로의 다비드상을 생각한다)의 단순한 재현 대신에, 둥지 같은 것을, 자기 크기에 맞는 조개껍데기 같은 것을, 연체동물의 것과는 형태가 매우 다르더라도 균형 잡힌 것을 짓기를 원할 것이다. [⋯] 이런 관점에서 나는 특히 바흐나 라모, 말레르브나 호라티우스나 말라르메와 같은 몇몇 균형 잡힌 작가나 작곡가들에게 감탄한다. 작가들은 다른 모든 사람보다 우위에 선 자들이다. 왜냐하면, 그들의 기념물은 인간 연체동물의 진정한 분비물로 만들어졌으며, 자신의 몸에 가장 적합하고 균형을 이루었으나, 그럼에도 우리가 생각할 수 있는 몸과 가장 다른 것으로 만들어졌기 때문이다. 내가 말하고자 하는 것은 바로 **말** Parole이다."(Ponge 1942, pp. 76-77)

외부의 대상을 정신의 능동적 능력으로 재현하는 대신, 인간의 몸은 대상과의 직접적, 감각적 접촉을 통해 말을 분비해낸다. 시인 퐁주의 언어관은 메를로-퐁티의 언어 현상학과 유사한 점들이 있다. 이제 우리가 추상적이고 관념적이라고만 알고 있는 단어가, 말하는 몸짓으로 어떻게 또 다른 의미를 포함할 수 있는지를 알아보자.

몸짓과 말

언어에 대해 이야기하기 전에, 지금까지 이야기한 몸짓의 의미의 특징을 두 가지로 정리해보자. 이 두 가지 특징은 역설적으로 나타날 수도 있다. 첫째, 몸짓의 의미는 몸짓 자체와 분리해서 생각할 수 없다. 둘째, 몸짓의 의미는 자의적일 수 있다. 첫 번째 특징을 살펴보자. 몸짓은 그 정해진 의미에 따라 목록표를 만들 수 있는 기호가 아니다. 몸짓은 행해짐으로써만 그 의미가 전달된다. 이는 마치 콘서트를 듣지 않고 악보의 기호만으로 음악적 의미를 알 수 없고, 그림을 보지 않고 전달받은 말만으로 그림의 회화적 의미를 알 수 없는 것과 같다. 감각적, 지각적 현상으로 몸짓은 몸짓과 함께 의미를 생산한다. 그런데 그렇게 생산된 몸짓의 의미는 자의적일 수 있다. 이는 의미가 자연적 세계와 문화적 세계에 걸쳐 있기 때문이다. 강한 빛에 의해 눈썹을 찡그리는 몸짓과 보다 선명한 시각을 위해 뚫어져라 쳐다보는 시선의 방식은 문화적 세계에서 성찰의 표시가 된다. 즉 자연적 세계에서 지각과 감각의 대상인 몸짓의 원초적 의미는 문화적 세계에서 자의적 의미를 얻게 된다. 그리고 그것이 바로 자연에서 문화로의 이행이다.

그렇지만 몸짓이 풀어내는 이 두 가지 의미는 분리될 수 없다. 메를로-퐁티는 사람들이 언어에 대해 갖는 통념을 문제시한다. 사람들은 음악은 음악에 대해 연주할 수 없고, 회화는 회화를 그릴 수 없지만, 언어는 언어에 대해 말할 수 있다고 생각한다. 즉 사람들은 언어를 몸짓과 분리된 객관적 대상으로 취급하는 경향이 있다. 하지만 악기의 건반이나 현에도 우리 몸의 흔적이 남아 있는데, 하물며 우리의 음성과 결합된 언어가 그렇지 않다고 말할 수 있을까. 프랑시스 퐁주는 특히 말에 주목하면서 언어적 의미를 몸과 단단히 결합한다.

메를로-퐁티는 실어증 환자를 대상으로 한 심리학자들의 실험 결과들을 통해, 언어의 본질이 기호의 표상 및 이 기호의 표상과 추상적 의미의 결합 능력에만 달린 것이 아니라는 것, 표상보다 더 근본적인 층위의 언어가 있다는 것을 증명한다. 즉 그것은 세계 속에서 체험의 구조를 생산해내는 몸의 능력과 연관된다. 색의 이름을 말할 수 없는 실어증 환자는 다양한 명도의 동일한 색을 묶을 수 없었다. 색의 이름을 말할 수 없는 실어증 환자는 선명한 빨강과 희미한 빨강을 빨강이라는 범주로 묶는 대신, 그는 희미한 파랑이 옆에 놓였을 때, 희미한 빨강과 희미한 파랑을 같이 묶는 실수를 범한다. 이는 색을 일정 범주로 구조화할 수 없는 그의 몸의 능력이 그 색을 명명할 수 없는 무능력으로 이어지고 있음을 보여준다. 이렇듯 "내 몸의 행동이 나와 타인에 대해서 나를 둘러싼 대상들에게 어떤 의미작용을 투자하듯이, 음성적 몸짓은 말하는 주체와 듣는 주체에 대해서 경험의 어떤 구조화, 실존의 어떤 변주를 구체화한다."(Merleau-Ponty 1945, p. 225)

하지만 언어와 언어적 의미는 여전히 해명하기가 어려운 문제이다. 어떻게 사물에서 사물의 이름으로, 그리고 그 의미로 이행할 수 있을까? 우리는 언어의 발생을 말할 수는 없다. 자연적 세계에서 감각적 소여들이 이미 주어져 있듯이, 언어적 세계에서 단어들은 이미 주어져 있기 때문이다. 다만 그런 언어를 포착하고 발화하는 방식, 그런 방식에서 발생하는 의미에 관해서는 이야기할 수 있을 것이다.[3] 메를로-퐁티는 언어의 발화, 그 자체의 기적에 관해 이야기한다.

"목구멍의 수축, 혀와 이 사이에서 휘파람 소리를 내는 공기의 방출,

우리의 몸을 연출하는 어떤 방식은 갑자기 **형상화된 의미** sens figuré 의 투자를 받게 되며, 그것을 우리 바깥으로 알린다. 이것은 욕망 안 에서의 사랑의 출현이나 생애 초기에서 조정되지 않은 움직임 속에 서의 몸짓의 출현만큼이나 기적적이다."(Merleau-Ponty 1945, p. 225)

그리고 이런 기적은 우리의 몸이 세계를 향해 열려 있을 때, 타인들 을 향해 열려 있을 때 가능하다. 세계와 타인들을 향해 열려 있는 몸 의 체계로부터 생겨나는 말에 대해 메를로-퐁티는 용액 안에서의 기 체의 발생, 용액의 끓음의 비유를 들어 설명한다.

"말하기 지향은 오로지 열린 경험 안에서만 발견될 수 있다. 말하기 지향은 용액의 끓음처럼, 존재의 두께 안에서, 비어 있는 지대들이 구 성되고 바깥으로 이동할 때 나타난다. 인간이 그 자신과의 살아 있는 관계나 유사한 자들과 살아 있는 관계를 확립하기 위해 언어를 사용 하게 되자마자, 언어는 더 이상 도구가 아니고, **더 이상 수단이 아니 며, 어떤 표명이 되고, 내밀한 존재의 드러냄이자 우리를 세계나 우리와 유사한 자들과 결합하는 심리적 연결의 드러남**이 된다."(Ibid., p. 229)

---

3 데리다 Derrida의 『그라마톨로지 De la Grammatologie』에 의해 주목받게 된 루 소 Rousseau의 책, 『언어의 기원 Essai sur l'origine des langues』에서는 실제로 언 어의 발생이 주장되고 있다. 루소는 북방언어와 남방언어를 비교하면서, 필요 충족이 무엇보다 중요했던 열악한 환경이었던 북방에서 언어는 몸짓과 구별 되지 않았던 반면에, 본래적 의미에서의 '말'이라고 할 수 있는 남방언어는 정 념에서 유래한다고 주장한다.

언어는 아직 존재하지 않는 의미를 나타내기 위해 음성을 분절시키는 기적의 몸짓이며, 이러한 몸짓은 말하는 주체가 먼저 세계와 타인들에 대해 열려 있어야 한다. 하지만 이러한 기적이 일어나기 위해서 말하는 주체는 이미 주어져 있는 알파벳을 사용해야 한다. 지각 세계에서 각자 끌어내는 의미가 다를지언정 그 의미들이 공통의 지각 세계를 전제하는 것처럼, 언어는 공통의 알파벳을 전제해야 한다. 다만 '진정한 말'은 이미 획득된 알파벳의 이미 획득된 의미에 기대지 않고, 마치 자연적 세계에 처음으로 의미를 부여하는 첫 몸짓처럼, 주어져 있는 언어적 의미들 속에서 새로운 의미가 생겨나게 한다. 사실 이미 획득되었다고 하는 언어의 의미도 과거에는 새로운 의미였을 것이다. 우리가 아기의 분절된 첫 말에 왜 열광할까? 그것은 아기의 발화의 몸짓이 세상에 처음 의미를 생성하는 인간의 몸짓과 닮아서일 것이다.

그래서 메를로-퐁티는 말을 둘로 구분한다. 하나는 의미를 현출하는 몸짓과 구분되지 않는 말이며 다른 하나는 말하는 말이 침전시켜 놓은 의미들을 사용하는 말이다.

> "우리는 **말하는 말**la parole parlante과 **말해진 말**la parole parlée을 구분할
> 것이다. 전자는 의미작용적 지향이 탄생하고 있을 때 나타나는 말
> 이다. 여기서 실존은 어떤 자연적 대상에 의해서도 정의될 수 없는
> '의미' 안에서 성극화된다. […] 말은 자연적 존재 위에서의 우리의
> 실존의 초과다. 그렇지만 표현 행위는 언어적 세계와 문화적 세계
> 를 구성하고, 너머로 향하고 있던 것을 존재로 다시 떨어뜨린다. 그
> 결과 말해진 말이 있게 된다. 말해진 말은 획득된 행운처럼 사용가

능한 의미작용들을 누린다. 그런 획득들에서 출발해서 다른 진정한 표현 행위들—작가, 예술가, 또는 철학자의 표현 행위—이 가능해진다. 존재의 충만함 안에서 늘 재창조되는 그런 열림은 작가의 말처럼 아이의 첫 말의 조건이 되고, 개념들의 구축처럼 단어의 구축의 조건이 된다."(Merleau-Ponty 1945, p. 229)

우리가 예술가에게서, 또는 시인에게서 볼 수 있듯이 표현의 몸짓은 의미를 창조하고, 그렇게 만들어진 새로운 의미는 몸을 가지고 몸짓의 능력을 가진 주체에게 이해가능한 것이 된다. 메를로-퐁티는 세잔 Cezanne의 회화 작품에서 진정한 표현의 가치를 알아보았고, 세잔 자신이 평생에 걸쳐 고민했던 문제들이 바로 감각적 세계를 표현할 수 있는 수단의 발견, 즉 표현과 연관되어 있다는 것을 확인한다.[4] 그런데 단지 예술가의 언어 안에서만 우리는 화가의 붓 터치와 비교할 만한 의미 창조의 몸짓을 발견할 수 있는 것일까? 평소 우리가 사용하는 언어의 의미에 몸짓의 의미가 잔존하지는 않을까?

현대의 일부 언어학자들, 그리고 인지심리학자들은 현상학을 적극적으로 끌어들여 연구의 방법론으로 삼는다. 그 가운데 마크 존슨 Mark Johnson과 조지 레이코프 George Lakoff는 새로운 은유 이론을 정립

---

4 표현이 단지 주관적인 것을 드러내는 것도 아니고, 그렇다고 객관적 세계의 표상도 아니라면, 표현은 바로 실재가 우리의 시선과 몸짓을 매개로 그 자신을 드러내는 것이라고 할 수 있다. 그래서 그런 진정한 표현에 도달한 예술가들은 서로에게 자극을 준다. 세잔은 자서전에서 발자크 Balzac의 『나귀 가죽 La Peau de chagrin』에서 묘사한 식탁의 풍경을 자신의 방식으로 그리는 것을 평생 과제로 삼았음을 고백했다고 한다.

하면서 현상학적 결과들을 일부 받아들인다.

몸과 은유

"내 마음은 호수"는 우리가 가장 잘 알고 있는 은유적 표현 가운데 하나다. 여기서 호수는 내 마음의 은유다. 아리스토텔레스에 따르면 은유는 유비적 관계에 의해 성립한다. 그러니까 "내 마음은 호수"에서 유비적 관계는 '내 마음 – 잔잔함'과 '호수 – 잔잔함' 간에 이루어진다. 그리고 내 마음의 잔잔함은 호수의 잔잔함과의 유비에 의해서 의미가 보충된다. 다시 말해 아리스토텔레스의 은유, 또는 우리가 일반적으로 알고 있는 은유는 본래의 개념을 보충하는 장식적 의미를 가진다.

하지만 존슨과 레이코프는 그러한 은유 이론에 반대한다. 은유는 필요한 경우에 의미를 보충하거나 장식하기 위해 동원되는 게 아니다. 은유는 우리의 언어 곳곳에 들어와 있으며, 의미 형성에 본질적이다. 그들은 진리 추구에 관련해 객관주의와 주관주의 모두를 비판하면서 '체험주의'라는 새로운 용어를 도입한다. 객관주의는 절대적이고 객관적인 진리가 있다고 믿는 것이고, 낭만주의가 대표적인 주관주의는 객관적 진리 따위는 없으며 오로지 주관적 감정, 정념에서 나오는 상상력이 중요하다고 믿는다. 이에 존슨과 레이코프는 둘 다를 부정하면서 진리에 대한 체험주의적 접근을 제시한다.

"객관주의 신화와 주관주의 신화가 둘 다 간과하고 있는 것은 우리가 이 세계와의 **상호작용**을 통해서 세계를 **이해하는** 방식이다."(존슨·레이코프 2006, p. 317) 세계와의 상호작용이란 바로 우리의 몸이 세계와 조우하고 세계를 경험하는 방식이다. 우리의 언어 사용은 세계를 체험하는 우리 몸에 깊이 뿌리를 내리고 있다. 그리하여 존슨과 레이코프는 아리스토텔레스의 은유 이론에서의 자기동일적 의미와 은유적 또는 보충적 의미의 관계를 뒤집는다. 가령 '내 마음은 호수'에서 호수의 의미는 마음의 개념을 보충하는 것이 아니다. 오히려 호수라는 '원천 영역'이 있고, 이 원천 영역과의 관계에 의해 마음이라는 표적 영역(또는 추상적 개념)이 이해될 수 있게 된다. 이렇듯 추상적 개념인 표적 영역은 그 자체로는 의미를 가질 수 없으며 우리의 체험에 뿌리를 내리고 있는 원천 영역에 의해서만—또는 은유에 의해서만—이해될 수 있다.

　이 글의 목적은 몸의 의미가 얼마나 언어의 세계에 깊숙이 관여하고 있는지를 보여주는 것이기 때문에, 이 자리에서 존슨과 레이코프가 서술한 여러 가지 은유의 종류를 모두 다룰 수는 없을 것이다. 다만 그 가운데 지향적 은유만을 살짝 소개하려고 하는데, 이것이 다른 은유보다 언어적 개념이 얼마나 몸이 세계와 관계하는 방식과 연결되어 있는지를 잘 보여주기 때문이다. 지향적 은유는 "어떤 개념을 다른 개념의 관점에서 구조화하는 것이 아니라, 오히려 상호 관련 속에서 개념들의 전체 체계를 조직하는 은유적 개념"(존슨·레이코프 2006, p. 37)이다. 지향적 은유는 몸의 경험 및 이 몸의 경험을 결정하는 물리적, 문화적 경험에 뿌리를 두고 있는데, 이러한 지향성은 의도적으로 만든 것이 전혀 아니다. 여기에는 자연과 문화가 동시에 녹아들어 있다.

　예를 들어 보자. 우리는 보통 행복을 위로 슬픔을 아래로 생각하고, 의식을 위로, 무의식을 아래로 생각한다.

　"나는 기분이 들떠 있다. / 나는 사기가 올랐다. / 그녀를 생각할 때마다 의욕이 솟는다. / 나는 기분이 가라앉아 있다. / 나는 우울증에 빠져들었다."(Ibid., pp. 38-39) "깨어나라. / 그는 잠에 빠졌다. / 그는 곯아떨어졌다. / 그는 혼수상태에 빠졌다."(Ibid., p. 39)

또한, 예견할 수 있는 미래의 사건은 위나 앞이다.

"다가올 모든 행사가 그 신문에 실려 있다. / 앞으로 무슨 일이 일어날까 걱정스럽다."(Ibid., p. 43)

이성적인 것은 위, 감정적인 것은 아래다.

"그 토의는 감정적인 수준까지 떨어졌지만 나는 그것을 이성적인 수준으로 다시 끌어올렸다. 우리는 우리의 감정을 제쳐놓고 그 문제에 대해 고차원의 지적 토의를 했다. / 그는 자신의 감정 너머로 올라설 수 없었다."(Ibid., p. 46)

이처럼 존슨과 레이코프의 새로운 은유 이론은 몸의 경험이 언어적 개념 속에 얼마나 깊이 관여하고 있는지를 잘 보여준다. 물론 레이코프가 말하는 은유는 메를로-퐁티의 현상학 안에서의 몸짓 자체가 만들어내는 의미 탐구와 거리가 있다. 후자가 의미 발생에서의 몸의 역할을 강조했다면, 전자는 그런 암묵적인 체험적 의미와 추상적 개념과의 연관성을 강조하고 있기 때문이다. 하지만 『삶으로서의 은유 Metaphors We Live by』가 함축하고 있는 철학은 메를로-퐁티의 현상학과의 유사성을 나타내고 있는데, 그것은 우리의 언어적 개념의 소통 가능성을 우리의 몸의 경험에 두고 있다는 점이다. 다시 말해 언어를 통한 소통이 가능한 것은 우리가 머릿속에 개념적 의미의 목록들을 저장하고 있으면서 필요에 따라 그것을 끄집어낼 수 있기 때문이 아니라, 우리가 모두 몸을 가지고 있고 몸과 더불어 세계와 관계하고 있기 때문이다. 나아가 우리의 살아 있는 몸은 세계를 남김없이 다 해명할 수 없으며, 세계는 우리에 대해서 늘 새롭게 나타난다. 그렇게 새롭게 나타나는 세계를 어떻게 감각적으로 조직해낼 것인가, 어떻게 단어들로 조직해낼 것인가? 이 질문에 대답하는 것이 은유의 기능이라고 할 수 있다.

몸과 세계

우리는 몸에서 몸짓으로, 몸짓에서 언어로, 언어에서 은유로 이동했다. 그리고 다시 몸과 세계로 돌아왔다. 이러한 과정을 선택한 이유는 몸짓을 그저 자연적이고 무의미한 것으로, 언어와 언어적 개념을 오로지 문화적이고 정신적인 것으로 놓는 이분법적 사고를 벗어나서, 몸짓은 침묵하지만—말로 표현되지 않는다고 할지라도—의미를 가지며 언어는 기호이면서도 몸짓을 함축한 기호임을 밝힘으로써 몸짓과 언어의 분리될 수 없는 연속성이 존재한다는 것을 보여주고 싶었기 때문이다.

몸짓이 갖는 의미는 곧 세계와 타인으로 향하는 실존의 방식이며, 관념적 의미보다 원초적이다. 때로 우리는 타인의 말을 들으면서 그가 하는 말들 하나하나의 사전적 의미보다는 그가 단어를 조합하는 방식, 그의 말투나 억양, 그의 빠르거나 느린 어조를 통해서 그의 생각을 더 잘 이해한다. 왜냐하면, 그런 그의 몸짓으로서의 말들 속에는 그의 세계가, 그가 자신의 세계를 대하는 방식이 녹아 들어가 있기 때문이다. 몸은 하나의 의미체이고, 단지 한 고유한 인격을 표현하는 게 아니라 내가 이미 그 속에 있는 세계의 또 다른 모습을 표현한다. 몸을 가진 나는 세계와 분리되어 세계 전체를 관조할 수 있는 위치에 있지 않다. 나는 나의 몸과 함께 세계 속에 있으며 세계의 한 측면과 관계한다. 그리고 타인은 나와 마찬가지로 세계의 또 다른 측면과 관계한다. 나의 세계와 타인의 세계는 각자 세계의 일면들이다. 하지만 나의 세계와 타인의 세계는 완전히 분리된 것은 아니다. 나는 타인의 몸짓과 말을 통해 그의 세계를 보고 이해하고, 그 역시 나의 몸짓과 말을 통해 나의 세계를 보고 이해하기 때문이다. 즉 나의 세계와 타인의 세계는 이 둘을 아우르는 세계를 지평으로 가지고 있다. 메를로-퐁티는 그것을 세계의 깊이 또는 세계의 미결정성이라고 명명한다.

이 글에서는 주로 메를로-퐁티의 전기 사상을 다루었다. 여전히 현상학의 영향권 아래에 있으면서 동시에 실존주의적 경향을 지녔던 이 시기에 그는 고유한 몸을 철저히 탐구하면서 가장 원초적인 경험을 끌어낸다. 하지만 이후 그는 의식 철학이 지닌 한계를 인정하면서 감각적 존재론으로 향하게 된다. 이제 원초적이라고 할지라도 우리의 경험을 가능하게 하는 것은 몸에 단단히 결합된 의식이 아니라 감각적 존재의 방식 자체다. 이 후기의 감각적 존재론―이것을 메를로-퐁티는 살 존재론이라고 부른다―은 풍요로운 은유와 비유의 언어들로 가득 차 있다. 안타깝게도 그의 후기의 살 존재론은 갑작스러운 죽음으로 인해, 마치 전기 사상에서 나타났던 미결정적인 세계처럼, 미결정적이고 미완의 상태로 남게 되었다. 그렇지만 미결정적이고 미완이라는 말은 여전히 이해해야 할 것들이 남아 있다는 것이고, 그 점이 그의 사상에 깊이를 주고 있다.

참고문헌 ···

레이코프, G.·존슨, M., 2006.『삶으로서의 은유』, 노양진·나익주 옮김, 서울:박이정.

메를로 퐁티, 2002.『지각의 현상학』, 류의근 옮김, 서울:문학과지성사.

퐁주, 프랑시스, 2019.『사물의 편』, 최성웅 옮김, 서울:인다.

Jaquet, C., 2001. *Le corps*, Paris:PUF.

Merleau-Ponty, M., 1945. *Phénoménologie de la perception*, Paris:Gallimard.

Ponge, F., 1942. *Le parti pris des choses*, Paris:Gallimard.

Government

5. 푸코 : '법이 없는 성, 왕이 없는 권력'으로 몸의 정치성을 상상하라

도승연

푸코의 핵심 주제는 권력이 아닌 주체의 문제

우리는 이제 권력을 이해할 때 더 이상 군대와 경찰, 정부와 국가가 행사하는 억압적이고 지배적인 방식의 권력을 상상하지 않는다. 이러한 이해는 권력이 우리의 일상에 작용하는 방식에 대한 지나치게 단순화된 접근이며 오히려 권력에 대한 질문은 그것의 일면적 이해나 개념적 정의를 묻기보다는 권력이 어떠한 관계와 상황에서 행사되는 것인지의 효과를 통해 접근하는 것이 보다 생산적인 질문임을 알고 있다. 권력은 소수의 특정 집단이나 개인에 의해 소유되는 것이 아니라 미세한 모세혈관처럼 무수한 중심으로부터 행사되는 것이라는 것을, 더 나아가 과거 권력의 중립지대라고 오인되었던 지식의 영역이야말로 권력과 연동하는 상호 필수적인 요소임을 알게 되기까지 그리 오랜 시간이 걸리지 않았다. 권력에 대한 이러한 새로운 이해는 갈등과 대립 안에서 저항을 조직해야 했던 일상 세계에서는 과거와 다른 대항의 전략을 준비하게 하였고, 해당 주제를 다루는 학문 영역에서도 마르크스로 대변되는 주류적 권력관을 수정해야 하는 거대한 영향력을 행사하였다.

도대체 무엇이 권력에 대한 새로운 이해와 실천의 가능성이라는

'변화'로 우리를 이끌었을까. 적어도 이 모든 변화의 원인은 아니었을 지라도 미셸 푸코 Michel Foucault의 저서 『감시와 처벌 Surveiller et punir』 (1975)과 『성의 역사 1권 : 지식의 의지 Histoire de la sexualité 1 : La volonté de savoir』(1976)가 촉발의 중요한 계기가 되었음은 분명하다. 『감시와 처벌』을 통해 푸코는 근대적 주체는 인식과 경험의 선험적 토대가 아니라 특정한 역사 안에서 만들어지고 구성되는 규율적 권력의 효과, 즉 역사의 산물에 불과하다는 것을 보여주었다면 『성의 역사 1권 : 지식의 의지』에서 그는 부르주아들에게 주로 행사되던 성적 욕망에 대한 억압 가설에 대한 거부는 물론 억압으로부터의 해방 담론 역시 권력의 내부적 효과라고 보았다. 그리하여 궁극적으로 성적 욕망에 대한 특정한 방식의 해석과 이해라는 지식의 효과를 통해 자신을 정상, 혹은 비정상의 성적 주체로 인식하게 하는 일련의 인식과 경험의 작용이야말로 권력 – 지식의 작동임을 주장하였다. 이처럼 근대 이후 폭발적으로 양산된 인간에 대한 지식 체계가 인간의 몸을 관통하여 각인되고, 더 나아가 그의 영혼으로 내재화함으로써 근대적 주체를 구성한다는 것을 주장함으로써 억압적 권력이 아닌 생산적 권력의 작동을 주장하는가 하면 이후 통치의 전략적 차원을 통해 지배가 아닌 권력 관계 안에서 저항의 조건을 인식하게 하였다. 이것이 지난 50년간 푸코가 우리의 삶과 학문에 미친 가장 뚜렷한 기여이며 그러한 이유에서 그는 늘 권력의 철학자, 미셸 푸코라는 이명으로 불렸다. 하지만 푸코는 매우 분명한 어조로 자신의 일관적인 연구 주제는 '권력이 아닌 언제나 주체였다'고 밝힌 바 있다. "나의 목표는 권력의 현상을 분석하려는 것이 아니며 또한 그러한 분석의 형식을 정교화하기 위함도 아닙니다. 대신에 우리의 문화에서 인간이 주체로 만들어지는 다양한 양식의 역사를 창조하기 위함입니다."(Foucault 1982, p. 209)라고 말이다. 권력의 철학자로 그를 접한 이들에게는 이것은 다소 의외의 답변일 수 있겠지만, 실제 푸코가 죽음 전까지 평생 천착해온 연구 주제를 상기한다면 이것은 너무나 자명한 답변이기도 하였다.

푸코의 연구에서 가장 중요한 것은 언제나 주체의 문제, 더 구체적으로 말하면 인간이 특정한 방식의 주체가 되어 가는 예속화 방식에 대한 거부였다. 잘 알려져 있듯이 푸코는 선험적 토대로서의 근대적 주체를 거부하는 반주체주의자이다. 그는 엄격한 의미의 이성적, 자율적, 고정된 방식의 인식과 경험의 선험적 주체로서의 개인은 인간학적 환상에 불과하며 그렇기에 이러한 주체 개념의 거부를 자신의 철학적, 정치적 전략으로 삼는다. 더 나아가 근대적 주체를 거부, 파괴한다는 것은 근대적 주체가 특정한 역사적, 사회적, 권력적 맥락 안에서 '구성되는' 것임을 설명할 수 있는 분석을 제시할 수 있어야 하므로 이를 위해 그가 사용한 두 가지 방법론이 바로 고고학과 계보학이다.

그러한 의미에서 푸코가 자신의 사상을 전개하면서 정신이 아닌 몸에 대한 분석을 주체에 접근하기 위한 일차적 주제로 삼는다는 것은 매우 중요한 학문적 도전성을 가진다. 그는 결코 실체로서의 개인 혹은 장구한 서구 인식론의 역사가 주체의 본질이라고 간주해온 정신의 해명이 아닌, 그동안 간과해온 인간의 몸, 생리학적 차원의 몸을 분석의 대상으로 삼기 때문이다. 즉 권력-지식의 장치, 개인적이면서 집단적인 권력의 효과, 모세혈관처럼 퍼져 있는 권력 관계가 어떻게 인간을 특정한 방식의 주체로서 이끄는가를 보여주는 가장 직접적이고 가시적인 공간인 몸을 겨냥함으로써 근대적 주체의 예속화 과정을 폭로하려 하였고, 이를 통해 선험적 토대로서의 근대적 주체를 거부하는 방법을 선택한다. 또한, 이는 주체를 거부하고 파괴하는 일차적 작업이 이루어졌을 때 비로소 새로운 저항의 가능성이 각자의 다른 관계와 자리에게 만들어질 수 있으리라 믿기 때문이기도 하다. 이처럼 푸코에게 몸은 권력의 효과가 표적하는 대상이며 그 효과의 작동을 이끄는 수단으로의 중요성을 가진다. 그러한 맥락에서 푸코의 몸에 대한 분석은 그의 모든 시기의 저작들로부터 발견할 수 있지만, 특히 권력-지식의 효과와 흔적이 새겨져 있는 몸에 대한 분석은 권력의 시기라 불리는 중기, 그의 계보학적 저작들에 집중되어 있다. 하지만 분석 대상으로서의 몸이 함축하는 중요성에도 불구하고 역설적이게도 푸코는 몸의 문제를 광기의 문제나 감옥의 역사, 혹은 섹슈얼리티의 주제처럼 단독으로 다루지 않았으며 다수의 저작에서 매우 중요한 분석의 소재로서만 취급할 뿐이다. 또한, 몸에 대한 분석의 내용 역시 다른 핵심적 연구주제-권력, 주체-들과 마찬가지로 일관성을 지닌 것도 아니다.

따라서 본 글은 푸코 사상의 특정 시기나 쟁점에 집중하는 것이 아니라 그의 사상 체계 전체에서 푸코의 몸의 논의가 어떤 전략에 따라 등장하는지, 그 전략이 궁극적으로 어떠한 의의가 있는지를 중심으로 살펴볼 것이다. 여기서 주목해야 할 사항은 푸코는 근대적 주체의 방식을 대표적인 주체의 예속화로 간주하고 이를 거부하고자 했던 반주체주의자인 것은 분명하지만, 그가 주체 일반을 거부한 것은 아니라는 사실이다. 그렇기에 사회적 구성물로서의 몸에 대한 고고학적 탐구와 계보학적 추적을 통해 주체의 파괴를 선언하는 그의 전략을 푸코의 반주체주의적 전략으로 명명할 수 있다면, 근대적 주체가 파괴된 그 자리에 새로운 주체화의 가능성을 타진하기 위한 교두보로서의 탈주체주의적 전략 또한 앞선 전략과 동일하게 중요하게 검토되어야만 할 것이다.

물론 푸코의 반주체주의와 탈주체주의에 관한 입장을 구분하는 일은 그의 주체의 문제를 통한 그의 사상적 의의를 이해하기 위한 명목적 접근일 뿐 내용적으로는 두 개의 전략은 결코 배타적인 것은 아닌, 상호 연결되어 있음을 전제하면서 다음의 세 가지 내용을 중심적으로 다룰 것이다.

첫째, 반주체주의자로서 푸코가 몸의 분석을 활용하는 방식에 대한 것이다. 푸코에 따르면 역사를 지배하고 언어를 창조하는 근대적 개인은 인간주의적 환상에 불과하다. 따라서 이는 권력-지식의 표적으로서의 몸이 어떻게 각종 권력-지식의 효과와 의도가 각인된 사회적 구성물, 역사의 흔적을 폭로함으로써 궁극적으로 주체의 파괴를 시도하는 작업에 대한 것이다. 이때 주목할 점은 근대적 주체를 구성하는 권력-지식의 효과는 소위 '이성의 빛'이라는 시각중심적 인식론에 토대를 두고 발휘되었다는 점이다.

둘째, 탈주체주의자로서의 푸코가 몸의 분석을 활용하는 방식에 대한 것이다. 반주체주의자로서 주체의 예속화를 설명했던 앞선 시기와 달리 푸코는 다양한 권력의 기술과 효과(규율권력, 생명관리권력)들이 오직 인간을 대상화하는 일면적 차원에 머물러 있었다는 비판을 극복하기 위해 『성의 역사』 2, 3권과 『주체의 해석학L'Hermeneutique du sujet』 이후 강의록들에 다른 수준의 권력적 효과를 고민해야 하였다. 하지만 근대의 섹슈얼리티에 의한 예속화된 현재로부터 탈주하여 새로운 주체화의 가능성을 타진하는 일이 쉬운 일은 아니었다. 이유는 크게 두 가지인데, 첫째는 섹슈얼리티와 주체성, 이 양자를 분리하여 상상하는 것에 대한 어려움, 다른 하나는 생명관리권력 Bio-power이 가진 이론적 한계 때문이었다. 상기된 어려움의 배경을 설명하고 이를 해결하기 위한 푸코의 분투, 그의 전략을 검토하는 작업이야말로 몸에 관한 푸코 사상의 핵심을 다루는 일이 될 것이다.

그리고 마지막으로 생명관리권력을 넘어 새롭게 도입된 통치의 개념, 드디어 최종화한 권력의 이름을 통해 그는 철학적 작업이라고 명명한 자유의 조건을 언급하고 있다. 이 자유의 조건을 통해 우리는 푸코와 몸의 관계에 대해 다시 물어야 할 것이다. 푸코에게 가장 중요한 철학적 질문은 지금과 달리 존재할 수 있는 가능성에 관한 탐구였고 실천이었고, 더 나아가 윤리의 실질적 조건으로서의 자유의 가능성에 관한 타진이었다면 그에게 과연 몸은 무엇이었는가 하고 말이다.

보이는 몸 : 시각중심적 인식론의 역사가 만든 구성되는 몸, 『임상의학의 탄생』을 중심으로

서구 인식론의 역사가 시각을 통한 지각과 이성적 사유와의 상관관계라고 했을 때 이는 곧 '이성적 앎의 빛'을 지향하는 시각중심적 인식론이라고 개념화할 수 있을 것이다. 고대 플라톤의 동굴의 비유로부터, 시각의 우월성을 설파한 아퀴나스, 공평무사한 듀이Dewey의 관조의 시선, 칸트Kant의 미성숙을 밝히는 이성의 빛에 이르기까지 서구 인식론의 시각중심적 역사는 실로 장구하며 이에 대한 비판적 문제의식이 비단 푸코만의 독자적인 지적도 아니다.

『임상의학의 탄생 Naissance de la clinique』에서 발견되는 푸코의 특이성은 고고학적 방법론을 통해 주체의 역사성과 우연성을 폭로함으로써 시각중심적 인식론의 보편성을 무화하려는 반주체주의적 전략에서 찾을 수 있다. 1963년에 출간된 『임상의학의 탄생』은 1961년에 자신의 박사논문을 재구성한 방대한 저작인 『광기의 역사 Histoire de la folie à l'âge classique』의 내용을 다른 측면에서 보강한 것인데, 푸코는 『광기의 역사』에서 광기(미침)라는 개념이 서구에서 시대별로 완전히 다른 인식의 지평 위에서 매우 이질적인 개념으로 이해되어 왔음에 주목한다. 즉, 과거 르네상스 시대의 광기(미침)라는 현상이 신과의 접신 능력으로 간주되었다면, 이후 고전주의 시대에는 괴물성의 증거, 근대가 되면 질병으로 인식되는 과정은 결코 지식의 누적적인 발전의 결과가 아니며 완전히 이질적인 인식의 지평에서 배치된 지식의 역사성을 드러내는 것이라고 보았다. 이처럼 각 시대를 사는 사람들에게 너무나 당연하여 의문시되지 않는 인식의 지평을 푸코는 '에피스테메 Episteme'라고 지칭한다. '이는 특정 시대의 담론의 전제조건으로서 무의식적 차원에서 사유할 수 있는 것의 경계, 인식될 수 있는 것의 경계를 의미한다는 점에서 선험적(아프리오리 a priori)이지만 시대적으로 질적 변환을 하기에 '역사적 아프리오리 Historical a priori'로서 개념화된다. 푸코는 서구 역사에서 에피스테메라는 보편적 토대가 실제로는 르네상스(1500‑1650년대), 고전주의 시대(1650‑1750년대) 근대(1775‑1825년)라는 급격한 단절을 거쳤음을 폭로하고 르네상스 시대에는 유사성이, 고전주의 시대의 특성은 동일성과 차이에 기반한 재현작용이, 근대의 특성은 시간적 존재인 주체로 시대별로 단절적으로 특성화되었음을 주장하였다(Foucault 1996a, p. 20). 그런 점에서

『임상의학의 탄생』은 앞선 푸코의 기본 전제, 특정 영역과 대상을 지식의 대상으로 결정되는 무의식적인 사유와 인식의 지평이 역사적이라는 것, 나아가 근대야말로 인간 시선의 작용이 인식의 결정적 요소로 등장한 시대임을 특징화하는 매우 결정적 요소라는 그의 주장을 바탕으로 고전주의 시대의 분류의학과 근대의 임상의학(임상해부학)의 질적인 차이와 그 구별의 강조를 주된 내용으로 담고 있다. 특히 이때 주목해야 할 사항은 근대에 들어서 비로소 등장하는 '의학적 시선Clinical Gaze'의 효과가 임상의학을 탄생할 수 있게 한 신체에 대한 시선의 가시화로 드러난다는 푸코의 주장이다. 푸코는 의학적 시선에 대한 차이와 대조를 고전적 시기(대략 1650 - 1800년)와 근대적 시기(1800 - 1950년)으로 나누어 구분한다.

그의 구분에 따르면 18세기의 분류의학은 질병을 공간적 분류체계에 따라 이해한다. 분류의학에 충실한 의사의 시선에서 신체는 그 질병이 그저 증상으로서, 몸의 변화가 등장한 부수적 자리에 불과하다. 즉 이때 환자의 신체는 질병이 드러난 신체의 자리를 확인하는 자리일 뿐, "환자의 개별 특성, 이를테면 생활 방식, 연령 등의 개인적 차이는 객관적 실체로서의 질병을 이해하는 데 장애물이 되기에 분류표에서 고려하지 않는다."(푸코 1993, p. 40) 분류의학에서 중요한 것은 증상의 자리로서의 신체가 아니며 오직 표로서 분류되는 질병이라는 실체이며 이는 고전주의 시대의 에피스테메의 특성이라 할 수 있는 재현의 논리, 즉 표상작업의 필연적 반영의 결과이다.

하지만 "18세기 말이 되자 추상적 시각을 가진 의사의 시선은 임상의학자의 신체의 눈에 굴복했다."라고 푸코는 지적하며 분류의학에서 임상의학으로의 전환이 특정한 방식의 의학적 전환과 변동을 초래했다고 주장한다. 이것을 결정하는 핵심적인 용어는 바로 '의학적 시선'이다. '의학적 시선이란 고전주의 시대의 분류의학적 관점이 아니라 '클리닉'에서 제도적 교육을 받은 전문 지식을 갖춘 의사의 시선으로 근대의 임상해부학적 관점에 따라 질병이 발생한 환자의 신체에 경험적으로 집중하면서 질병의 신체를 공간으로 삼아 인식하는 그러한 시선의 작동'(Ibid., p. 164)을 의미한다. 이러한 경험적이며 실증적인 '의학적 시선'에 의해 환자의 몸은 비로소 질병의 변이가 포착되고 관찰되는 가시적 대상이 되며 임상의학이 탐구해야 할 새로운 연구 대상으로 부상한다.

18세기 말 비샤Bichat에 의해 시체 해부학이 임상의학과 전격적으로 결합하였을 때 역사가들은 "인체 해부학의 도입을 가로막았던 것은 종교적 완고함이나 도덕적 가책"이라고 해석했지만, 푸코는 이는 결정적인 요소가 아니며 오히려 중요한 것은 임상의학적 사고 그 자체였다고 주장한다. "진정으로 변한 것은 가시성visuality의 형태이다. 비샤가 처음 의학에 도입한 새로운 정신은 심리학적이거나 인식론적이었기보다는 질병을 구성하는 새로운 방법론"(Ibid., p. 316)이 되었다고 보았다. 이처럼 푸코는 역사적으로 전개되어 오던 서구의 시각 중심적 인식론이 근대성을 통해 새로운 국면으로 접어들었음을, 즉 단순히 앎의 물리적, 은유적 수단과 표현으로서의 시각에 대한 근대적 이해가 환자의 몸을 통해 새롭게 가시화된 사실에 주목한다.

각인되는 몸·권력 - 지식의 효과와 의도가 만든 구성되는 몸,
『감시와 처벌』을 중심으로

고고학적 방법론에 기반한 『임상의학의 탄생』이 분류의학과 완전히 단절된 방식의 의학적 시선에 의한 몸의 가시화를 다룬 것이었다면, 『감시와 처벌』은 '폐쇄된 공간 안의 모든 것에 대한 감시'라는 판옵티콘 Pan-opticon의 시각중심적 인식론은 유지하면서 여기에 계보학적 특성이라 할 수 있는 공간적 질서화의 측면을 추가한다. 규율 권력이라 불리는 근대적 권력은 몸을 부수고 생명을 앗아감으로써 힘을 입증했던 과거의 주권 권력과 달리 감옥이라는 공간을 관통하는 투명한 감시의 시선은 수감자들의 몸을 전면에 드러내고, 그들의 시간과 공간을 관리, 통제, 검사, 보상함으로써 권력의 효과를 몸 안에 깊숙이 각인을 새긴다.

공간이 어떻게 역사의 일부를 이루게 되었는가, 어떻게 한 사회가 권력 - 지식의 결합을 통해 몸이라는 공간에 특정한 가치를 부여하고 사회와 제도를 안정시키고 특정한 주체성을 만들어내고 있었는가의 문제를 분석한다고 했을 때 공간의 조직, 조정을 통해 성립하는 '사건'을 계보학의 특권적 대상으로 취급하는 이유가 바로 여기에 있다. 계보학적 분석은 몸을 특정한 공간으로, 동시에 공간에 의해 변형되는 사건의 표면으로 간주함으로써 거시적으로 권력 - 지식의 효과에 의해 작동하는 사회적 신체의 조직화뿐 아니라 미시적으로는 사건의 표면으로서의 인간의 몸을 가장 유효한 계보학의 분석 대상으로 삼는다.

먼저 사회적 신체라는 거시적 차원에서 푸코는 과거 추방으로부터 감금이라는 새로운 배제의 체제 안에서 17세기 이후 공간에 대한 질서화를 발견한다. 그리스 비극에서 주어진 추방형으로서 형벌은 다의적이고 다형적인 세계, 주변에 알 수 없는 것들로 가득 찬 외부로 일탈자를 내모는 것이었다. 반면 17세기 이후 인구로 가득 차 버린 국가라는 정치적 실체가 서구 근대의 공간에 등장하면서 내부에서의 공간의 조직이 본격화된다. 이에 따라 '근대의 형벌은 감금을 통한 배제라는 과거와는 전혀 다른 공간적 질서 안에 편입되어 도시와 국가 공간의 공간이 조직화—도시의 편성, 감시체제, 도로망의 확충, 방랑자의 체포 등—를 통해 안정기에 돌입한다.' (푸코·와타나베 2016, p. 20) 이처럼 근대의 진리의 체제는 다양화된 세계의 공간을 제도로써 확립하여 근대라는 사회적 신체를 합리화의 구조 안으로 이끈다.

미시적 차원에서의 공간에 대한 이해는 몸에 대한 근대적 시선의 효과와 공간적 질서화가 작동하는 방식을 통해 전개된다. 즉 특정한 몸에 대한 인간과학의 담론을 적용, 개별적으로 접근함으로써 영혼을 구속하는 방식을 취한다. 이때 개별화의 작동은 지식의 담론을 통해 생산, 유통, 작동하며 이것이 특정한 주체성을 가능하게 할 때 지식은 권력의 효과가 되며 동시에 권력은 결코 지식 없이는 효과적으로 작동할 수 없다. 물론 근대의 판옵티콘 외에도 전근대에서도 몸은 정치적, 경제적, 종교적 권력 등 다양한 힘들이 작동하는 특정한 기호로서 이해되었다. 이처럼 시각 인식론과 공간의 조직화를 통한 규율 권력의 작동이 과거 주권 권력의 '피의 상징학'을 멈추었다면 이제 서구인의 몸은 새롭게 등장한 '생명관리권력'의 효과를 통해 '섹슈얼리티의 해석학'으로 이동하면서 근대의 주체는 이중의 방식에서 예속화된다. '피의 사회'가 가고 '성의 사회'가 도래한 것이다.

해석되는 몸 : 성에 관한 정상담론에 의해 구성되는 몸,
『성의 역사 1권 : 지식의 의지』를 중심으로

『성의 역사 1권 : 지식의 의지』는 앞선 연구에서 다루어졌던 의학적 시선 아래 가시화된 환자의 몸이나 폐쇄적 공간에 감금된 수감자의 몸을 넘어 마치 서구인의 본성처럼 간주되는 섹슈얼리티의 문제를 통해 주체의 예속화 과정을 다루고 있다. 하지만 수감자의 몸에 대한 푸코의 앞선 연구가 주체의 형성에 작동하는 권력 기술의 예속이라는 일면적 차원으로만 다룬다는 비판(McNay 1994, p. 85)을 받으면서 푸코는 『감시와 처벌』에서 사용했던 규율 권력을 포기하고 『성의 역사』 1권에서 생명관리권력으로 전면적으로 수정한다.

'생명관리권력이란 18세기의 자본주의적인 질서의 팽창과 함께 등장한 개인들을 보다 효과적으로 통제하고 그에 예속시키기 위한 일련의 일관성을 띠는 권력의 기술을 의미한다. 이것은 다음 두 개의 구성 요소로 이루어지는데, 하나는 앞에서 언급했던, 규율 권력이 작동하는 측면, 즉 개인을 과학적 지식의 대상으로 변환시켜 새로운 규범 체제에 따라 예속적인 주체성이 장착된 '유순한 신체 docile body'를 만들어가는 측면과 또 다른 하나로 인간을 종, 혹은 인구, 혹은 기타 성적인 장치들과 관련하여 그들을 과학적인 범주로 나누는 일련의 과정과 제도, 그것에 따른 실천의 측면'(Foucault 1978, p. 143)을 의미한다. 이러한 맥락에서, 섹슈얼리티가 서구 근대 사회에서 과학적 연구와 객관적 분석의 대상이 되는 순간, 이것은 한 개인의 성적 정체성을 판단해줄 수 있는 자연적 본성으로서 작동할 뿐 아니라 인구 종과 생명의 조절과 관계하는 요인으로 작동하면서 주체의 예속화를 이중적으로 강화한다.

푸코는 근대의 섹슈얼리티를 중심에 두고 전개되는 주체의 예속화에 다음의 '억압가설 Repressive Hypothesis'에 기반한 전제와 절차(Ibid., p. 18)들을 통해 작동한다고 보았다. 첫째, 인간 정체성의 비밀을 간직하고 있는 섹슈얼리티는 숨겨져 있거나 억압되어 있다는 것이다. 근대 서구 사회의 섹슈얼리티에 대한 억압은 17세기 영국 빅토리아 시대 이래로 갑작스럽게 증가한 담론들과 실천들의 실증적 예들을 통해 찾아볼 수 있으며, 가깝게는 라이히 Reich와 프로이트의 정신분석학이 이러한 억압 이론에 기반하고 있다. 둘째, 본래적 자기를 알기 위해서는 억압되고 숨겨진 욕망, 섹슈얼리티를 드러내야 하며 이때 가장 공식적이고 효과적인 장치는 제도적 고해 confession이다. 고해를 통해 드러난 진실의 발화는 이를 해석해줄 수 있는 각종 권위자들의 지식을 통해 비로소 본래적 자기로서의 주체성의 구축이 가능해진다. 셋째, 이러한 숨겨진 욕망, 섹슈얼리티에 대한 고해, 점검, 해석을 통해 구축된 주체성의 확립을 자기 해방으로 간주하는 것이다.

여기서 푸코가 억압가설을 비판하는 지점은 17세기 영국 빅토리아 시대 이래 서구 사회의 섹슈얼리티에 대한 억압적 담론과 엄격성에 대한 사실 자체를 부정하는 것에 있지 않다. 오히려 그는 당시 의학적, 생물학적, 정치학적 차원에 이르기까지 성적 욕망에 대한 담론적 실천이 사회의 다양한 영역에서 폭증하는 것에 주목하고 있지만, 담론의 증가를 통해 과도한 검열과 정상에 대한 엄격함의 방식으로 통용된다고 해서 이것을 단순히 '억압'으로 간주하는 태도를 비판하는 것이다. 더 나아가 아직은 억압되었지만, 향후 고해와 해석을 통해 자기의 본래성을 회복할 수 있다는 억압-해방의 도식이 가지는 순진한

낙관론도 말이다. 왜냐하면, 권력-지식의 효과에 기반한 억압-해방의 도식이야말로 고해의 기술을 통해 광범위하게 맺어진 수많은 사회적, 제도적 장치와 연계하여 해방과 자기 이해를 검증받고 해석 받으려는 주체의 예속화, 곧 권력의 효과로 이어지기 때문이다. 이러한 관점에서 푸코가 『성의 역사』 1권의 부제를 '지식의 의지'로 명명한 것은 결코 우연이 아니다. 이제 진리라는 이름 아래 숨겨진 욕망을 알고자 하고, 그것을 해석하는 지식과 권위에 의해 개인을 정상/비정상 주체로서 구성하는 주체의 해석학, '성의 사회'가 도래한 것이다. 하지만 예속화된 현재로부터의 탈주체화를 감행, 새로운 주체화의 가능성을 타진하기 위해서는 구성되는 주체를 넘어서 '구성하는 주체화'로서의 자기 능동적 측면이 필요하다. 하지만 여전히 푸코의 주체에 관한 분석은 '구성되는 몸, 설명되는 주체, 권력의 작동하는 표면'으로서 몸을 활용하는 방식에 머물러 있을 뿐이었다. 그 이유는 크게 두 가지인데, 첫째는 섹슈얼리티와 주체성의 결합은 마치 비역사적인 연동체처럼 간주되어 이 양자를 분리하여 상상하는 것 자체의 어려움, 다른 하나는 생명관리권력이 가진 적용의 한계 때문이었다.

'법이 없는 성, 왕이 없는 권력'을 통해
상상할 수 있는 몸의 정치성

19세기에 이르러 탄생한 섹슈얼리티라는 개념은 심리학적, 공중위생학적, 교육적, 종교적, 사법적인 다양한 영역들과 긴밀하게 연결되어 정상적 근대인의 개념을 강화하고 있었고 그 권력의 작동은 과거

피의 사회로 대변되는 '죽이는' 힘으로서 작동하는 것이 아니라 종으로서 인구의 능력의 최대화를 위해 인간을 '살리는' 방식으로의 전환(Foucault 1978, p. 138) 인구의 욕망, 힘, 건강, 교육 복지의 방향에 부합하는 것이어야 했다. 이처럼 인간과학에 기반하여 성적 주체로서의 자기를 이해하는 서구 근대인들, 종으로서의 인구에 기반한 규범적, 행정적 조치에 따라 자신의 생명을 이해하고 실천하는 서구 근대인들에게 섹슈얼리티와 주체성이라는 양자의 관계는 너무나 치밀하고 정교한 삶의 조직 안에서 전개되었기에 양자를 비역사적 연동체로 간주해온 그들에게 이 둘을 분리한다는 것은 상상 그 자체로 어려운 일이었다.

하지만 푸코는 성적 담론의 확산에 따라 '해석되는 몸을 통해 고백하는 동물'이 되어버린 서구인들의 고착화된 주체의 예속화에서 벗어나기 위해서는 '법이 없는 성과 왕이 없는 권력'(Ibid., p. 91)을 상상할 수 있어야 한다고 주장한다. 더 이상 누군가 해석의 소유권을 가지고 억압하고 금지하는 사법적 차원의 성이 아닌 성에 대해서 상상할 수 있어야 하며, 왕으로 대변되는 피의 사회나, 중심의 작동 없이 다수의 관계로부터 발생하는 기술과 효과로서의 권력의 작용에 대해 설명할 수 있을 때만 반주체주의를 넘어 탈주체주의 길을 건너갈 수 있기 때문이다.

규율권력으로부터 생명관리권력의 수정을 통해 권력의 작동 방식을 특징화하는 명칭은 변화했을지라도 권력에 대한 푸코의 입장, '권력의 작동을 억압과 복종으로 한정하는 방식으로 현재의 권력관계, 절차, 효과에 이르는 권력의 구체적 작동을 충분히 설명할 수 없다'는 기본 전제는 굳건히 유지되었다. 생명관리권력의 두 축은 미시적 차원의 몸의 규율과 거시적 차원의 생명의 조절이라는 목표를 위해 작동한다는 점에서 규율권력을 배제, 대체하는 것이 아니며 오히려 주체의 예속화를 다층적 차원에서 설명할 수 있는 방법론적 장점이 있었다. 하지만 그럼에도 불구하고 푸코는 자신의 주체의 논의가 여전히 대상화 차원에 머물러 있다는 이론적 한계를 분명히 인식하고 있었다. 억압-해방 도식을 전제하지 않으면서 동시에 인간을 특정한 방식의 주체성으로 고착하는 인간과학적 실천들과 거리를 두면서 탈주의 가능성을 모색하기 위해서는 구성하는 주체를 설명할 수 있는 그런 분석의 틀이 필요하였다. 푸코는 앞선 비판을 염두에 두면서 다음의 세 가지 질문―우리는 어떻게 우리 자신에 대한 지식의 주체로서 구성되는가? 우리는 어떻게 권력 관계 안에서 행사하거나 행사를 받는 그러한 주체로서 구성되는가? 우리는 어떻게 자신의 행위의 도덕적 주체로서 구성되는가―을 통해 주체에 관한 자신의 문제의식을 재정비한다. 첫째 질문은 특정한 과학적 담론 안에서 말하고, 살고, 노동하는 주체로서 연구해온 역사적 과정에 관한 탐구로서 초기의 저작에서 다루어졌다. 두 번째 질문, 규율권력에 의해 구성된 주체에 관한 분석은 『감시와 처벌』과 『성의 역사』 1권에서 찾을 수 있다. 푸코 자신도 두 번째 작업까지 지식과 권력의 대상으로서 개인이 구성되는가의 문제에 몰두해 있었다는 것을, 그렇기에 자신을 스스로 구성하는 주체화의 측면을 파악하기 어려웠다는 점을 인정하고 있다.

"20여 년 동안 나의 작업 목표는 어떻게 인간이 그들 자신에 대한 지식을 만들어 나가고 발전시켜 나가는가 하는 데 있어서 우리 문화 안에 존재하는 다양한 방식들의 역사를 그려보는 것이었습니다. 이것의 중요한 점은 그저 지식의 가치를 보이는 대로 그대로 인정하는 것에 있는 것이 아니라 소위, 우리 자신들을 이해하기 위해 사용해왔던 특정한 기술들과 관계하고 있는 특정한 '진실 게임'들로서의 과학들을 분석하는 데 있습니다. 그리고 여기에는 네 가지 유형의 기술(테크니크)들이 존재합니다. 첫째, 생산의 기술들(테크니크), 둘째, 기호체계의 기술들, 셋째, 권력의 기술들, 넷째, 자기의 기술들입니다. 비록 이 각각의 유형들이 서로 분리적으로 기능하지 않는다 하더라도 이들 각각은 특정한 방식의 지배 형식과 연결되어 있습니다. 대개의 경우 앞선 두 개에 해당하는 기술들은 과학과 언어학의 영역에서 사용된다면, 내가 집중하고 있는 마지막 두 개의 경우를 통해, 나는 자아와 지배와 관계에 있어서 어떻게 지식이 형성되는가의 역사를 탐구하려고 합니다. …아마도 나는 지금까지 지배와 권력의 기술에 대해 너무 많은 연구를 해온 것 같습니다. 하지만 나는 이제 자아와 타인들 사이에서 벌어지는 상호작용과 또 개인의 지배의 기술들에 더욱 흥미를 느끼게 되었습니다."(Foucault 1988, pp. 17-18)

위의 언급을 통해서 푸코의 관심이 그동안 천착해왔던 지배의 기술을 떠나 '자기의 기술'로 이행하고 있음을, 그리하여 개인이 자기 자신의 실천을 통해 자신을 스스로 주체로 만드는 역사에 관심을 기울이게 되었다는 것을 알 수 있다. 자기의 기술은 '개인들이 자기 스스로 힘으로, 혹은 다른 이의 도움을 받아 행복, 순결, 지혜, 완전함, 혹은 불사 등의 상태에 도달하기 위해서 자신을 스스로 변형하거나 혹은 자신의 신체, 영혼, 사고, 행위에 대한 일련의 조작 행위를 수행하도록 허용하는 것(Foucault 1988, p. 18)으로 설명된다. 앞서 설명했듯이 푸코는 생명관리권력의 한계였던 주체의 예속화 측면을 넘어서 지배의 기술과 자기에의 기술이 동시에 발휘될 수 있는 권력의 장으로서 바로 통치의 개념을 새롭게 제시함으로써 『감시와 처벌』에서 처음 등장한, 그리고 『성의 역사』 1권에서 본격적으로 논의된 생명관리권력은 사라지게 되고, 1978년 콜레주드프랑스의 첫 강의에서 등장한 '통치 government'로 앞선 논의들을 정비함으로써 그간의 자신의 권력에 대한 용어상의 변화를 최종화하였다.

푸코는 권력 관계의 구성 요소를 통치 개념을 통해 보다 명시적으로 설명하고 있다. "권력의 실천은 행위의 가능성을 인도함으로써, 그리고 가능한 결과를 명령함으로써 구성된다. 권력은 근본적으로 두 적대자 간의 대결이나 연결이 아니라 통치의 문제이다. 통치라는 말은 이 말이 16세기에 가졌던 매우 넓은 의미로 허용되어야 한다. '통치'는 정치적인 구조나 국가의 관리를 의미하는 것으로 국한되지 않으며 오히려 이것은 개인이나 집단의 행위를 이끄는 방식으로 구상되었다:아이들에 대한 통치, 영혼에 대한, 공동체에 대한, 가족에 대한, 병자에 대한 통치들이 있다. 통치한다는 말은 타인의 가능한 행위의 장을 구조화하는 것을 뜻한다(Foucault 1982, p. 221). 즉 한쪽의 일방적인 힘의 행사는 권력 관계의 극단화되고 결정화된 형식으로의 지배라면, 그것이 권력 관계이기 위해서는 필수불가결한 두 가지 구성 요소가 전제된다는 것이다. 하나는 타자(권력의 행사를 받는 측)가 자체의 목적상 행위하는 자로서 인지된다는 점이며 다른 하나는 반응, 반작용, 결과, 가능한 고안 등의 전 영역이 권력의 관계에 직면하여 열려 있다는 점이다. 이처럼 통치가 '행위를 위한 행위', 즉 특정한 행위들을 그들의 의도대로 유도하고 이끌어 가능한 결과를 이루려는 행위의 방식으로서의 전략적 장을 의미한다는 점에서 푸코는 지배의 기술과 자기의 기술이 연결될 수 있는 통치 개념에 기반하여 '왕이 없는 권력'의 작동, 즉 스스로 자신을 구성하는 주체화 방식을 설명할 수 있게 되었다.

이제 남은 것은 '법이 없는 성'의 문제, 즉 섹슈얼리티와 주체성의 분리를 상상하고 그 자리에 주체화의 가능성을 타진하는 일이다. 이를 위해 푸코는 서구인들의 자기에의 기술의 역사를 계보학적으로 탐구하기 위해 성적 욕망이 형성되기 이전의 시대, 섹슈얼리티와 주체성이 결합하기 이전의 시대인 고대로 돌아간다. 그리고 쾌락과 행위, 욕망에 관한 고대인들의 성적 경험이 어떻게 자기에의 기술을 통해 제어되고 통제되는가의 역사를 검토하고 그 특이점과 변종의 지점들을 추적하기 시작한다. 이제 자기의 기술에 관한 주체의 계보학이라고 명명할 수 있는 새로운 문제 제기가 『성의 역사』 1권 이후 8년의 공백 이후 출간된 푸코의 후기 연구인 『성의 역사 2권 : 쾌락의 활용 Histoire de la sexualité 2 : L'usage des plaisirs』과 『성의 역사 3권 : 자기 배려 Histoire de la sexualité 3 : Le souci de soi』, 그리고 이후의 강의록 『주체의 해석학』을 통해 정향되었고 주석가들은 이 시기의 푸코를 윤리적 주제를 다루는 후기의 푸코로서 명명하였다.

자기 배려 vs. 자기 인식의 전략적 차이

섹슈얼리티 없이는 주체성을 사유하는 것 자체가 불가능한 근대적 주체화 양식을 거부하기 위해서 푸코는 경험으로서의 성적 욕망의 개념이 형성되기 이전의 시대인 고대로 돌아가 자기에의 기술에 따라 아프로디지아 Aphrodisia(Foucault 1992, p. 40)와 관계하는 고대인들의 도덕적 주체화 양식에 집중한다. 푸코는 근대인들과 다른 고대인들의 성적 실천을 통한 자기에의 기술의 측면을 보다 명시적으로 비교하기 위해 도덕과 윤리의 개념을 구분하고 후자의 역사성에 주목하고자 하였다. 푸코는 도덕morality이라는 단어의 모호함에도 불구하고 다음의 세 가지 구성 요소로 이를 개념화하고 있다. 그에 따르면 도덕은 "도덕적 코드moral code, 실제 행동real behavior, 자기와의 관계relation to self로 구성되는데 이때 도덕적 코드는 다양한 규칙체제를 통해 개인, 집단에 제시되는 다양한 교리나 명시적 교훈, 때로는 피상적으로 전달되는 규칙의 총체를 의미한다. 실제 행동은 이러한 도덕적 코드, 규칙과 가치와 관계하는 행동을 칭하는 것이며 자기와의 관계는 스스로 그러한 행위의 주체로서 자기와 맺는 관계를 의미한다. 이 중 앞의 두 측면을 도덕의 행동 규약의 측면으로, 마지막 자기와의 관계를 도덕의 주체화 측면, 즉 윤리로 정의한다."(Ibid., p. 25) 이때 주목할 점은 한 개인이 스스로를 도덕적 주체로 형성하면서 도덕적 행동 규약의 측면인 '도덕적 코드'와 '실제 행동'은 비교적 안정되지만, 자기와의 관계를 설정하는 '윤리'의 측면은 상당히 역사적이라는 것이다.

이에 푸코는 도덕적 주체를 구성하는 윤리의 역사적 유동성, 즉 고대적 주체 형성방식과 근대적 방식 사이에 드러나는 변형, 착종을 포착하기 위해 다시 '윤리'를 이루는 4개의 구성 요소—윤리적 실체 ethical substance, 종속의 원리 the mode of subjection, 자기의 실천 practice of the self, 윤리적 목표 telos를 제시하였다. 이때 "윤리적 실체는 '윤리적 주체가 되기 위해서 나의 몸의 어떤 부분, 행동, 습관이 문제가 되는 가?'의 문제이고 복종의 양식은 '왜 나는 이러한 일련의 작업과 관계를 맺어야 하는가?'이며, 자기의 실천은 '어떤 종류의 테크니크를 통해서 나는 윤리적 주체가 되는가?'에 관한 것이며 윤리적 목적은 '이러한 일련의 작업을 통해서 나는 어떠한 종류의 인간이 되려고 하는가?'에 대한 물음"이다(Ibid., pp. 26-27). 자신이 스스로와 맺는 관계의 4가지 요소의 합으로서의 윤리를 구성한다고 했을 때, 푸코는 변화의 핵심에 존재하는 것은 자기 배려와 자기 인식과의 관계설정이라고 주장한다. 즉 고대인들의 윤리의 4가지 양식은 모두 자기 배려의 주제를 관통하며 실천되고 있으며 자기 배려를 위한 도구적 차원으로 자기 인식을 한정하는 반면, 근대에 이르러 자기 배려와 자기 인식의 관계가 역전, 급기야 자기 인식이 자기 관계의 모든 것으로 환원되는 역사적 변화를 추적하면서 근대와 고대인들의 극적인 차이와 변형의 지점에 주목하였다. 이때 고대인들의 윤리를 관통하는 "자기 배려(그리스어로는 epimeleia heauton, 라틴어로는 cura sui로 불림)의 전통은 일반적으로 고대 그리스와 로마에서 고도의 가치를 인정받은 생활의 정언, 나아가 총체적 문화현상으로서 고대철학 전반에 걸쳐 등장하는 근본적인 의무이자 기술, 심사숙고하여 고안된 절차들의 총체"(푸코 2007, pp. 53-55)를 의미한다. 그렇다면 윤리를 구성하는 하부 요소들을 자기 배려의 주제에 따라 자세히 검토할 필요가 있을 것이다.

첫째, 고대인들의 윤리적 실체는 자기 배려하는 대상으로서의 아프로디지아를 의미한다. 이때 아프로디지아가 자기 배려의 대상이 되는 이유는 자기의 비밀을 담지하는 비밀의 창고이거나, 악마화될 수 있는 잠재성 때문은 결코 아니며 오직 자기와의 관계에 관한 판단 기준은 능동 혹은 수동적 태도로 대처하는가를 문제 삼는 태도적 차원에 한정될 뿐이다. 윤리의 두 번째 구성 요소인 종속의 원리는 욕망과 쾌락의 거센 힘을 배분하고 활용함으로써 자신의 삶을 아름다운 실존으로 기억되게 하려는 자발적 선택에 의한 것이었다. 선택의 원리는 "자신의 삶을 하나의 예술작품으로 창조하고자 하는 한 개인의 의지의 발현이라는 점에서 이 일련의 과정을 실존의 미학"(Foucault 1984a, p. 341)로서 지칭된다. 자신의 윤리적 삶을 예술적 질료로 삼아 특정한 양식을 부여하려 했다는 것은 유한한 인간이 자신의 정체성과 역사를 실존의 조건으로 받아들이고 이것의 변형을 통해 진실에 접근하겠다는 일종의 미적 체험을 의미하는 것이다. 즉 이러한 미적 체험을 가능하게 하는 종속의 원리는 자신을 배려하는 작업을 멈추지 않는 한 어떠한 진실도 존재할 수 없다는 구도로서의 실천적 동기를 강조한다는 점에서 이는 푸코가 주목하는 자기 배려의 원리가 가장 직접적으로 드러나는 측면이기도 하다. 셋째, 이를 위한 자기 절제로서의 훈련askesis의 측면은 오직 진실이 인간의 삶에 개입되는 훈련을 통해서만 가능한 것이었다. 훈련의 궁극적인 목적은 "자신의 존재 목적으로 가장 명료하며 강렬하고 계속된 방식에서 자신을 스스로 조율해 나가기 위함"이며 동시에 "일생을 살면서 닥칠 수 있는 위험에 대비"(푸코 2007, p. 59)하기 위함이다. 따라서 훈련은 기독교적 맥락의 자기 발견을 통한 양심과 복종의 문제로 환원되지 않으며 근대의 주체 형성을 위한 자기 해석의 진리 확증의 수단으로서 작용하지 않는다.

마지막으로 텔로스telos로서의 윤리적 주체는 언행일치하는 실존으로서 자신의 스타일을 구축하는 한 인간의 삶에의 이상을 의미한다. 이전보다 성숙한 지덕체의 자기 관계를 구축한 인간, 그리하여 이전과는 다른 방식으로 자기 자신과, 사물과, 타인과의 관계를 구성하고 파악할 수 있는 인간을 이상으로 지칭할 때 이때의 윤리적 이상으로서의 주체는 단지 도덕적 코드나 그에 관한 실제 행위, 혹은 성적 욕망의 해석학이라는 인식론적 접근을 통해 이해된 주체가 아니다.

푸코는 이처럼 고대인들의 윤리적 주체화를 구성하는 각각의 요소를 검토함으로써 근대와 결정적으로 구별되는 변형, 착종의 지점을 포착한다. 이때 포착되는 고대인들의 윤리적 주체화의 특이점은 크게 두 가지이다. 첫째, 고대인들은 자신의 몸, 힘, 욕망을 자기 배려의 주제 아래 능동적 태도로 조절, 제어, 활용할 수 있도록 절제하고 훈련하는 것을 곧 윤리의 문제로 간주하며, 이때 자기 인식은 자기 배려의 도구적 차원에 한정하여 활용하고 있다는 점이다.

> "훈련의 의무는 자기 자신에 대한 배려의 필요성과 결부시킬 것이다. 다른 사람들을 보살피고 인도할 수 있기 위한 선행 조건인 자기 배려epimeleia heautou/cura sui, 즉 자기 자신에의 전념에는 앎의 필요성, 즉 모르는 것을 알아야 할 필요성, 자신의 무지함을 알아야 할 필요성, 자신이 어떤 존재인지를 알아야 할 필요성뿐만 아니라 실제로 자신에게 전념하고 자신을 훈련하며 스스로 변화되어야 할 필요성까지도 내포되어 있다."(Foucault 1992, p. 73)

둘째, 절제와 훈련, 텔로스가 진실과 관계하는 방식에서 고대인들의 진실은 구도의 실천성과 관계한다는 것이다.

"우리가 알게 된 것은 인간 존재의 계급적 구조라는 형태로건, 신중함의 실천이나 영혼이 자신의 고유한 존재를 인식하는 형태로건 진실과의 관계가 절제의 본질적 요소가 된다는 것이다. 그것은 쾌락을 절도 있게 활용하고 쾌락의 격렬함을 제어하기 위해 필요하다. 그러나 분명히 알아야만 하는 것은 이러한 진실과의 관계가 결코 자기에 의한 자기 해독, 혹은 욕망의 해석학이라는 형태를 취하지는 않는다는 것이다. 그것은 절제하는 주체의 존재양식이 된다. 그것은 주체가 자기 자신에 대해 진실을 말해야 하는 의무와는 다르다. 그것은 결코 영혼을, 쉽게 파악되지 않은 욕망이 자취들을 읽어내고 해석해내야 할 가능한 인식의 영역 같은 것으로 열어두지 않는다. 진리와의 관계는 개인을 절제하는 주체와 그러한 삶을 영위하는 주체로 세우기 위한 구조적, 도구적, 존재론적 조건이다."
(Foucault 1992, pp. 88-89)

진실을 위한 절제로서의 실천은 자기 배려의 구도의 정신과 다음의 3가지 차원—구조적, 도구적, 존재론적—차원에서 관계한다는 점에서 결정적으로 자기 인식에 국한된 근대적 방식과 구별된다. 즉 "진실은 인간이 절제를 통해서만 로고스에 도달할 수 있는 존재라는 것을 구조론적으로 정치한다는 점에서, 진실은 언제, 어떻게 해야 하는지 알아야만 절제를 잘할 수 있음을 알려주는 도구적이며, 절제를 통해 로고스와 관계하는 도덕적 귀결을 자신으로 받아들일 수 있다는 차원

에서 존재론적으로 관계한다."(Ibid., p. 86)

푸코는 서구 고대철학에서의 주체와 진실의 관계를 다음과 같이 정리하고 있다. "진실은 주체의 인식 행위를 통해서는 주어지지 않으며, 주체가 진실에 도달할 권리를 갖기 위해서는 현재의 자신과는 다른 모습으로 자신을 변화시키고 변형시켜야만 한다는 것, 마지막으로 주체가 진실에 도달한다는 것은 구도의 절차들의 결과이지만, 동시에 이것은 진실에 접근하려는 주체 자체가 자신의 주체의 존재를 완결시키는 무언가를 가지고 있다."(푸코 2007, p. 59) 즉 바로 이 지점, 고대인들이 자기를 배려하기 위한 쾌락의 활용과 배분은 몸을 매개로 하는 절제와 훈련을 통해 진실로서의 구도의 과정과 관계시킨다는 점에서 진실은 결코 구도를 통한 실존의 변형 없이는 주어지지 않는다는 사실이다.

푸코는 고대철학과 고대인들의 윤리적 주체화에서 일관적으로 발견되는 자기 배려의 중요성에도 불구하고 자기 인식 gnôthi seauton 의 전도, 급기야 자기 배려 epimeleia heauton 의 전통이 철학에서 사라지게 된 이유에 대해 몇 가지 가설 중 가장 결정적인 것은 소위 '데카르트적 순간'에 의한 것이라고 보았다. 비록 '데카르트적 순간'이 다소 상투적이라는 것을 인정하더라도 근대인들이 더 이상 주체가 진실에 도달하기 위해 자기 변형의 훈련이 필요하지 않다고 생각하는 바로 이 순간, "진실에 접근할 수 있게 해주는 것이 오직 인식이라는 것을 용인하는 이 순간, 우리는 근대로 접어든다. 주체의 존재가 진실 접근의 필연성에 의해 재검토되지 않고, 인식이 그 끝을 알 수 없고 무한한 진보의 차원으로 나아갈 때, 이제 진실은 더 이상 주체를 구원할 수 없으며 이때부터 주체성과 진실이 맺는 관계의 역사에 새로운 시대가 도래한다."(푸코 2007, pp. 61-63)라고 푸코는 주장한다.

통치로서의 정치 vs. 자기 지배로서의 통치

자기 인식을 포함하는 상위 개념으로서의 자기 배려의 원리, 실존의 미학을 통해 고대인들의 윤리적 자기 구성의 방식에 주목했던 푸코의 제안은 "고대인들의 미학적 자기 구성양식을 지나치게 단순화함으로써 자유의 의미를 축소했다."(Hadot 1995, pp. 208-209)는 비판을 받는다. 하지만 푸코가 고대인들의 자기 배려적 실천을 미학적 자기 구성으로 간주했을 때, 이를 단순히 그들의 윤리적 '주체화'로서 받아들이지 않았다는 사실을 간과해서는 안 될 것이다. 이때 고대인들의 주체화에 대한 푸코의 거부는 '고대인들은 자기를 주체로서 구성하는 문제 자체를 제기하지 않았다는 주체의 부재로부터 기인한 것이며, 자신의 관심은 고대인들이 스스로에게 가하는 자기 배려의 방식, 즉 "보편적 도덕과 규범, 법의 모델로부터 거리를 두는 복수의 규범과 변형을 '윤리'의 조건으로서 받아들인 그들의 태도"(Foucault 1996b, p. 330)에 있었다는 점에서 그의 주장의 함축적 의미를 보다 진지하게 검토할 필요가 있다.

앞선 단락에서 스스로 자신을 구성하는 주체화가 가능하기 위해서는 '법이 없는 성'으로서의 섹슈얼리티와 주체성과의 분리가 필요하다는 푸코의 주장에 대해 검토하였다. 섹슈얼리티와 주체성의 결합은 근대 국가의 생명관리권력을 통해 이중적으로 강화되어왔기에 양자의 분리를 어렵게 했다고 설명했지만, 사실 이보다 결정적이고 설득력 있는 이유는 16세기 이래 근대 국가에 유입되어 온 통치의 기술, 사목 권력patoral power의 유입에서 기인한다는 사실을 추가해야만 할 것이다. 푸코는 개인의 영혼을 지도하며 전체의 안녕을 책임지는 이러한 이중적 예속화라는 권력의 기술은 생명관리권력의 독자적 특징이 아니며, 중세의 기독교가 제도화된 이후 정착된 사목 권력의 효과가 16세기 이후 정치의 영역으로 들어와 근대 국가의 통치성의 기원이 된다고 지적하였다. 본래 사목 권력의 목적이었던 한 마리 양의 영혼을 구원하여 전체 양 떼의 구원을 이끄는 목자의 활동으로부터 근대 국가의 물질적, 세속적 구원이라는 맥락적 변용이 발생했을 뿐, 그 대상은 소수의 종교인에서 한 국가의 인구로 전체화되었고 고해를 통해 영혼의 죄를 해석하려는 과거의 종교적 장치는 섹슈얼리티를 매개로 개인의 모든 것을 전체화하며 이를 사회 전면에 작동시키는 통치의 기술로서 더욱 정교화되었기 때문이다.

그런 의미에서 섹슈얼리티와 주체성의 결합에 대한 분리의 어려움은 단순히 생명관리권력의 이중적 예속화로부터 기인했다기보다는 이미 중세의 사목 권력으로부터 유입되어 16세기 근대 국가의 통치성에 유입된 오래된 권력의 작동이라는 역사적 맥락이 양자 분리의 보다 결정적인 이유이다. 하지만 역설적으로 이것은 통치성으로서의 정치와 주체성의 형성으로서의 자기 통치가 그 태생에서부터 한 몸이었다는 역사적 현실이 드러날 수밖에 없음을 인정하는 것이다. 영혼의 통치였던 기술들이 이후 18세기 근대 국가의 인구에게 적용될 때, 즉 구원과 법과 진실을 중심으로 형성되는 정치로서의 통치의 효과와 자기 지배의 통치와 동일한 외연 안에서 움직이는 두 개의 역상이 될 때, 18세기 이후 근대 자유주의 국가에서 제기되는 정치적 저항과 윤리적 저항은 결코 분리되어 진행될 수 없는 실천적 과제가 되기 때문이다.

주체화 논의에서 자기 인식의 역전과 자기 배려의 전통의 소거가 발생시킨 난제가 바로 여기에 있다. 푸코는 "현대인들의 '자기 - 윤리, 혹은 자기 자신되기'와 같은 자기 윤리를 복원하기 위한 노력이 댄디즘적인 요소를 일으킨다고 해도 그럼에도 불구하고 이를 포기하기 힘든 것은 자기와의 관계를 소거하고 정치권력에 대해 저항한다는 것은 그 자체로 시작도, 종결도 불가능하기에 자기와의 관계로서의 윤리야말로 매우 시급하고 근본적인, 정치적으로 불가결한 시도"(푸코 2007, pp. 283 - 284)로서 간주하기 때문이다.

푸코가 윤리를 구성하는 네 가지 요소를 검토할 때 윤리의 핵심적 요소는 윤리적 실체와 자기의 훈련, 텔로스가 아닌 종속의 양식임을 강조한 바 있다. 종속의 양식은 단순히 행위에 대한 기존의 규범을 그대로 따르는 순응만을 의미하는 것이 아니며 그것에 대한 의도적인 저항과 거부에 이르는 극단적인 스펙트럼 안에 존재한다. 따라서 "왜 나는 나에 관한 삶의 선택을 이러 저러한 방식의 실천을 통해 나 자신과 연결하려고 하는가?"라는 종속의 양식에 대한 입장이 무엇인가에 따라 실제 드러나는 윤리적 주체화의 다양한 변주가 가능하기 때문이다. 즉 종속의 양식은 특정한 윤리적 실체에 접근하는 자기 - 통치의 논리를 검토하는 문제화의 방식이라는 점에서 자신의 실천과 행위를 자신이 어떻게 이해하고 통제할 것인가에 대한 응답을 재설정할 수 있다. 그리고 이렇게 종속의 양식이 재설정된다면 스스로에게 가하는 윤리의 여타 요소들을 재맥락화하는 것이 가능해질 것이다.

따라서 푸코가 권력 관계가 갖는 유동성, 변형과 역전가능성의 전략적 장으로 통치성을 이해할 때, 통치성에 대한 저항으로서의 그의 핵심은 저항은 통치성의 외부에 있는 것이 아니라, 획일적으로 개인을 포획하는 통치성의 유형에 대항하려는 대항 행위, 품행의 고안과 실천에 있음을 주장하려는 것이다. 그리고 더 나아가 대항 품행은 반드시 자기와의 관계를 이론적이며, 실천적으로 경유할 수밖에 없음을 말하려는 것이다. 푸코가 특정한 정체성을 고착시키려는 통치의 기술들에 저항하는 일은 우리가 누구인가를 밝히는 작업이 아니라, 지금 우리가 무엇인가를 거부하는 일을 통해 가능하다고 역설적으로 주장하는 이유가 바로 여기에 있다. 오늘날 우리가 누구인가를 거부하려는 개인은 스스로를 주체로 만들어가는 권력의 방식들과 자기 자신을 떼어놓는 일이며, 이 거리화가 가능한 분석을 이끌기 위해서는 그것이 발생한 특정한 힘들의 장 안에서, 힘들이 가능했던 역사적 배경 아래서 진행되어야 한다고 푸코는 강조한다. 이처럼 푸코는 근대적 주체의 자명함이 파괴되고 역사성이 드러난 그 자리에서 다시 우리에게 다르게 존재하려는 주체화의 변형을 저항으로 주장했을 때, 그에게 몸은 무엇이었는가.

숭고하게 보이는 것들의 역사성을 드러내는 작업 그 자체가 목적이 아니라 그러한 자명성에 대한 균열이 반주체주의자로서의 푸코의 목적이었다면, 그는 다수의 힘의 대결을 통해 출현한 우연한 사건의 효과인 몸에 대한 분석을 통해 이를 주체 파괴의 전략으로 활용하였다. 그리고 한 걸음 더 나아가 탈주체주의자로서의 푸코가 '어떻게 현재와 다르게 실존할 것인가'의 철학의 문제를 제기하며 통치성에 대한 저항과 실험의 장소로 기능한 것 역시 몸의 분석과 활용을 통해서였다. 푸코는 결코 권력 관계 외부를 상정하는 해방을 말하지 않는다. 우리가 그로부터 얻을 수 있는 희미한 단초는 몸을 매개로 한 몸짓, 행위, 품행 등의 자기 변혁이 가능하다는 것이다. 통치의 핵심적 사안은 정치보다는 도덕이며, 더 정확하게는 도덕을 중심으로 하는 주체의 계보학에서의 윤리, 그로부터 가능한 "윤리로서의 정치"(Foucault 1984b, p. 375)로의 가능성의 타진이다.

푸코는 윤리를 도덕과는 구별되는, 즉 인간 자신의 존재와 자신이 행한바, 자신의 행실에 대한 성찰의 방식을 '사려 깊고 신중한 자유의 실천'(Foucault 1997, p. 284)이라고 지칭하였다. 이처럼 현재와 달리 존재할 수 있는 가능성에 대한 탐구와 실천이 윤리라면 그에게 몸은 결국 현재의 역사를 위한 궁극적 지향, 즉 자유를 향하기 위한 물질성의 조건이 될 것이다. 몸의 역사를 추적하고 탈주하는 윤리의 '가능성'이 비로소 정치의 '가능성'과 조우할 수 있는 변혁의 '가능성'은 반드시 몸을 매개로 하는 우리의 문화적 현실 안에서 실천될 수 있기 때문이다.

참고문헌 ··

도승연, 2012. 「철학의 역할, 진실의 모습」, 『한국여성철학』 18권, pp. 151-176.
벤느, 폴, 2009. 『푸코, 사유와 인간: 푸코의 웃음, 푸코의 신념, 푸코의 역사!』, 이상길 옮김, 서울: 산책자.
푸코, 미셸, 1993. 『임상의학의 탄생』, 홍성민 옮김, 서울: 인간사랑.
___, 2007. 『주체의 해석학: 1981-1982, 콜레주 드 프랑스에서의 강의』, 심세광 옮김, 서울: 동문선.
푸코, 미셸 · 와타나베 모리아키, 2016. 『철학의 무대』, 오석철 옮김, 서울: 기담문고.

플린, 토마스, 2004. 「푸코와 시각의 붕괴」, 『모더니티와 시각의 헤게모니』, 데이비드
마이클 레빈 엮음, 정성철 · 백문임 옮김, 서울 : 시각과 언어.

Foucault, M., 1972. *The Archaeology of Knowledge*, A. Sheridan (trans.), New
York : Pantheon Books.

____, 1973. *The Birth of the Clinic : An Archaeology of Medical Perception*, A.
Sheridan (trans.), New York : Vintage Books.

____, 1977. *Discipline and Punish : The Birth of the Prison*, R. Hurley (trans.),
New York : Vintage Books.

____, 1978. *The History of Sexuality Vol. 1 : The Will to Knowledge*, R. Hurley
(trans.), New York : Vintage Books.

____, 1982. "The Subject and Power," In H. Dreyfus and P. Rabinow (eds.),
Michel Foucault : Beyond Structuralism and Hermeneutics, Chicago :
University of Chicago Press.

____, 1984a. "On The Genealogy of Ethics : An Overview of Working In
Progress," In P. Rabinow (ed.), *Foucault Reader*, New York : Pantheon
Books.

____, 1984b. "Politics and Ethics," In P. Rabinow (ed.), *Foucault Reader*, New
York : Pantheon Books.

____, 1988. "Technologies of the Self," In L. Martin, H. Gutman, and P. Hutton
(eds.) *Technologies of the Self : A Seminar with Michel Foucault*, London :
Tavistock Publications.

____, 1992. *The History of Sexuality Vol. 2 : The Use of Pleasure*, R. Hurley (trans.),
New York : Vintage Books.

____, 1996a. *The Order of Things : An Archaeology of the Human Science*, A.
Sheridan (trans.), New York : Vintage Books.

____, 1996b. "The Return of Morality," In S. Lotringer (ed.), L. Hochroth and
J. Johnston (trans.), *Foucault Live : Collected Interviews, 1961–1984*,
Cambridge, MA : The MIT Press.

____, 1997. "The Ethics of the Care for the Self as a Practice of Freedom," In P.
Rabinow (ed.), *Michel Foucault Ethics : Subjectivity and Truth*, New

York: The New Press.

____, 2005. *The Hermeneutics of the Subject: Lectures at the Collège de France, 1981–1982*, G. Burchell (trans.), New York: Palgrave Macmillan.

Hadot, P., 1995. *Philosophy as a Way of Life–Spiritual Exercise from Socrates to Foucault*, A. Davison (ed.), M. Chase (trans.) New York: Blackwell Publishing.

McNay, L., 1994. *Foucault: A Critical Introduction*, Cambridge: Polity.

Devenir

6. 신체는 생성이다:
들뢰즈와 과타리의 신체 개념

이찬웅

펠릭스 과타리 Félix Guattari : 한국에서는 '가타리'라고 표기되곤 하는데, 이 글
에서는 프랑스인들의 발음에 따라 '과타리'로 표기한다. 프랑스에서 사람 이름
의 발음이 예상 밖인 경우는 적지 않지만, 이 경우는 발음 원칙에도 합치한다.
프랑스어에서 /가/로 발음될 때는 'langage'(/랑가쥬/)에서처럼 'ga'인 경우이고,
'gua'는 /과/로 발음된다.

신체에서 생성으로

들뢰즈의 철학에서 신체의 문제는 한결같이 중요한 문제이긴 하지만, 저서마다 강조점이 약간씩 상이하다. 이 글에서는 그가 과타리Guattari와 함께 쓴 저작 『천 개의 고원』, 그중에서 특히 열 번째 고원 「강렬하게-되기, 동물-되기, 지각 불가능하게-되기」에 집중해서 신체라는 주제를 살펴보고자 한다. 일련의 생성(=되기)을 다룬 열 번째 고원에서 저자들은 인류학, 영미문학, 자연사학, 동물행동학, 음악학, 정신분석학 등을 종횡무진 누비면서 다양한 분야의 지식을 중첩하면서 활용하고 있다.

「강렬하게-되기…」는 일반적으로 통용되는 철학적인 논증과 서술 방식에서 한참 벗어나, 사유의 재료들을 자유로우면서도 횡단적으로 연결하고 있어서, 얼핏 보기에 '이 글을 철학적인 글이라고 할 수 있는가'라는 의문을 불러일으킬 만하다. 『천 개의 고원』이라는 책의 성격을 굳이 철학적인 종류라고 한정하는 것이 불필요할 수도 있겠으나, 그럼에도 다음과 같은 이유에서 근본적으로 그렇다고 말할 수 있을 것이다. 이처럼 다양한 분야에서 통용되고 있는 사고의 바탕에 공통의 도식이 존재한다는 점을 드러내고, 그것이 포착하지 못하고 있는 중요한 존재론적 주제를 부각하고 있기 때문이다. 즉, 그 기존 사고의 공통 도식이란, 상상과 상징, 계열과 구조, 비례와 비례성, 환유와 은유 같은 것들이다. 이러한 것에 기반한 이론들의 성과에도 불구하고, 신체가 생생하게 겪는 생성이 우리의 지각과 사고에서 포착되지 않도록 빠져나가는 일을 방치했거나 그 일에 무능했다는 것이다.

먼저 들뢰즈와 과타리가 신체 개념을 어떻게 새롭게 바라보기를 제안하는지 살펴보고자 한다. 종이나 형상 개념에서 벗어나, 하나의 신체는 역량과 구조, 또는 정동과 속도의 관점에서 포착해야 한다는 점을 이해하게 된다. 더 나아가 두 신체 사이에서 포착하기 힘든 그러나 엄연히 실재적인 생성이 일어난다는 점을 파악하도록 하자. 다음으로, 들뢰즈와 과타리가 이러한 신체 이론을 전개하는 데 참조하는 수많은 사상 중에, 그동안 그다지 주목받지 못했던 두 가지 요소에 대해 특별히 분석하고자 한다. 그것 중 하나는 베르그손Bergson의 형이상학이고, 다른 하나는 레비스트로스Lévi-Strauss 등의 인류학이다. 저변에 깔린 연관 관계를 파악함으로써 들뢰즈와 과타리의 신체와 생성 이론의 의미를 좀 더 분명하고 폭넓게 이해할 수 있게 될 것이다.

들뢰즈와 과타리의 신체 개념

서양철학사 전체를 놓고 볼 때, 들뢰즈와 과타리의 가장 독창적인 공헌은 아마도 생성 개념을 혁신한 데 있을 것이다. 이전의 많은 철학자는 생성을 어떤 것에 종속되거나 부차적인 것으로 간주했다. 반면 이들은 생성에 어떤 것에도 종속되지 않은 그것의 고유한 논리적 일관성과 물리적 현실성을 부여하는 데 집중했다.

신체에 대해 사유한다는 것, 또는 신체를 따라 사유한다는 것은 무엇을 의미하는가? 그것은 여러 의미가 있을 수 있지만, 여기에서 강조할 것은 다양성과 외부성 자체를 긍정하는 것을 의미한다.[1] 플라톤 이래로 다양성을 묶어놓기 위한 다양한 시도들이 있었다. 어쩌면 서양철학사의 큰 흐름에서 이 문제야말로 가장 중요한 문제였다고도 할 수 있을 것이다. 다양체는 그 자체로는 미친 듯 넘쳐나는 것이어서 길들여야만 하며, 이를 묶어놓기 위해 어디에선가 통일성을 끌어와야만 한다. 형상, 신, 주체, 이념 같은 말들이 그것을 대변한다. 신체가 결합과 분해를 반복하고 다양한 것들인 한, 앞서 말한 통일성이 가져야 할 조건은 신체와 뒤섞여 있지 않은 순수한 것이라야 한다. 그런 이유에서 그것은 정신적인 또는 이념적인 층위로부터 오는 것들이다.

순수하게 신체를 따라 사유한다는 것은 다양체를 다양체로서 긍정한다는 것을 의미한다. 서양철학사에서 아주 드물게 루크레티우스 Lucretius, 스피노자, 니체 같은 철학자들만이 이 길을 갈 수 있었다. 이들은 공통으로 입자와 힘의 다원성에 근거해 그러한 이론을 전개했다. 이 다원론자들과 함께 들뢰즈 역시 물체와 관념의 차원 모두를 요소들의 결합과 분해, 공격과 협상, 침입과 탈취의 관점에서 이론화한다. 들뢰즈와 과타리는 스피노자주의의 이름 아래 이들의 사상을 독창적으로 그리고 과격하게 종합하면서 현대적인 신체 개념을 전개한다.

『천 개의 고원』에서 들뢰즈와 과타리가 전개한 신체 개념은 이미

---

1   신체에 대해 사유한다는 것의 여러 의미에 대해서는 이찬웅(2020, 1장) 참조.

어느 정도 잘 알려져 있다. 그러므로 여기에서는 그 핵심만 소개하기로 하자. 들뢰즈는 스피노자에게서 다음과 같은 등식을 발견한다. (1) 한 사물의 본질은 그것의 역량이다. 그리고 (2) 그러한 역량에서는 어떤 특정한 구조가 상응한다(Deleuze 1968b). 예를 들어, 내가 그동안 관찰하기로 우리 집의 로봇청소기는 이런저런 기능이 있지만, 카펫의 경계는 잘 넘지 못하는 역량을 갖고 있다. 그것은 청소기가 다양한 기능을 갖추도록 전자적으로 잘 설계되었지만, 기계적으로는 어딘가 아쉬운 구조로 되어 있기 때문이다. 요컨대 역량과 구조, 이것은 하나의 신체를 이해하는 두 가지 상보적인 관점이다. 자연이 스스로를 표현하는 마디마디마다 어떤 정도의 역량이 한 사물의 본질로서 정립되고, 그리고 그에 상응하는 물체적 구조가 수립된다.

들뢰즈와 과타리는 수직적이고 위계적인 '초월적 구도'에 수평적이고 분화적인 '내재성의 평면'을 맞서 세운다. 전자가 초월적 형상, 신, 국가, 이념 등이 의미와 가치를 부과하는 체계를 의미한다면, 후자는 요소들의 이합집산이 신체와 의미를 생산하고 해체하는 우주를 의미한다. 들뢰즈와 과타리는 루크레티우스의 어조를 담아 바로 수없이 많은 원자들이 날아다니면서 이 내재성의 평면을 구성한다고 설명한다. 그 평면을 바라보는 두 가지 관점 내지 축이 역량과 구조이다. 그러므로 이것은 감각되는 축이긴 하지만, 지성에 의해 충분히 분해되고 추상화된 이후에 우리가 도달하게 되는 세계이다. 하나의 세계를 색채의 배열을 통해 보는 사람과 돈의 흐름을 통해 보는 사람은 전혀 다른 지도를 만들어낼 것이다. 마찬가지로 들뢰즈와 과타리는 우리가 세계를 순수하게 역량과 구조의 관점에서 보도록 요청하는 것이다.

프랑스어 plan에는 수직적 기획과 수평적 평면이라는 뜻이 모두 들어 있고, 들뢰즈와 과타리는 이 말의 이중적인 의미를 활용하고, 후자의 내용을 채우는 더 많은 개념쌍을 제시한다. 이렇듯 순수하게 추상적인(그러나 동시에 완전히 감각적인) 내재성의 평면을 구성하는 두 축은, 지리학과 중세철학의 용어를 빌려 위도와 경도라고 명명된다. 한 사물을 내재적으로 바라보는 두 관점은 역량과 구조라고 말한 바 있고, 이것이 위도와 경도에 상응한다(Deleuze et Guattari 1980, pp. 310-318). 사실 좀 더 정확히 말하자면, 들뢰즈의 『스피노자와 표현의 문제』에서 그가 과타리와 함께 쓴 『천 개의 고원』으로 가면서 이 표현은 조금 더 구체화되어서, 역량은 정동affect들로 표현되므로 위도는 한 신체의 정동들에 해당하고, 경도는 한 신체의 구조를 형성하는 입자들의 빠름과 느림에 해당한다.

이런 식의 관점은 상식에 반감을 가져올 수 있다. 그것은 아마도 들뢰즈와 과타리의 신체 개념이 유기체와 기계체를 구분하지 않는 것 같은 인상을 주기 때문일 것이다. 우리는 상식적으로 유기체와 기계체 사이에 다양한 대립적 구분을 전제하고 있다. 전자는 태어나고 자기목적적인 가치가 있는 존재인 반면, 후자는 만들어지고 특정한 목적에 종속되는 수단이라고 간주된다. 사회적인 층위에서 이러한 일반적 구분을 부정할 이유는 없다. 그러나 들뢰즈와 과타리는 좀 더 근본적인 차원에서 볼 때, 모든 존재자는 욕망과 생산과 배치라는 같은 본성을 갖는다고 말하는 것이다.

다만 우리는 여기에서 스피노자 자체의 문제의식과 이를 활용하고 있는 들뢰즈와 과타리 사이의 차이에 대해서 언급할 필요가 있다. 스피노자는 17세기에 갈릴레오Galileo에서 데카르트로 이어지는 기계론적 세계관의 놀라운 성공을 목격했다. 그에 상응해 아리스토텔레스의 목적론적 우주론은 점점 설 자리를 잃게 되었다. 이러한 시대적 전환기에 스피노자의『윤리학』은 기계론적 세계관 위에 모든 존재자들, 즉 신체뿐 아니라 정신의 활동도 재정립하려는 시도라고 할 수 있다. 그의 저서에서 생명체에 대해 구분되는 관심은 거의 나타나지 않는다. 그의 관심은 반대로 모든 생명을 (통속적인 의미의 기계론은 아니지만) 어떤 종류의 인과성 안으로 예외 없이 포함하는 데 있다.

그에 반해, 들뢰즈와 과타리에게서는 생물학의 중요성이 정당하게 강조되어야 한다. 좀 더 정확히 말하자면, 들뢰즈의 생물학에 대한 관심과 과타리의 기계에 대한 관심이 독특한 방식으로 종합되고 있다고 말할 수 있다. 생명체도 기계적이며, 기계도 생명체적이다. 20세기 중반에 이르러 분자생물학과 사이버네틱스 등에서 유기체와 기계체 사이에 많은 공통점이 발견되었기 때문이다.『안티 오이디푸스』와『천 개의 고원』의 공저자들은 이 저작들에서 이러한 공통점을 정신분석학과 정치경제학 등으로 확장하며, 미시적인 무의식부터 거시적인 사회 구성체까지 모든 존재자를 흐름과 배치의 거대한 체계 안으로 포함할 수 있었다.

『천 개의 고원』에서 아마 가장 흥미로운 부분 중 하나일 10번째 고원에서 들뢰즈와 과타리는 동물의 문제를 논의의 초점으로 삼아 기존 분류의 관념론적 한계에 대해 흥미로운 분석을 제시하고 있다. 인간이 동물의 분류에 많은 노력을 기울였던 것은 세계의 혼돈으로부터 어떤 질서를 수립하기 위해서이다. 그것은 단순히 동물학의 문제가 아니라 그렇게 확립된 분류의 체계는 세계 전체에 적용하는 보편적인 틀이 된다. 사상사에 다양하게 동물을 분류하는 방식이 존재했지만, 궁극적으로 크게 두 가지의 방식이 있었다고 할 수 있다. 상상과 상징,

은유와 환유, 계열과 구조 등이 그것이다. 대표적으로 융의 정신분석학에서 동물들은 상상적 질서에 따라 하나의 계열 내에서 각각 항의 위치를 차지한다. 이를테면 토끼는 개를, 개는 양을, 양은 코끼리와 어떤 관계를 맺으며, 이러한 상상적 연쇄는 최종적으로 어떤 원형의 동물로 수렴한다. 다른 한편, 레비스트로스의 인류학에서 동물들은 상징적 구조 내의 두 개의 계열 안에서 어떤 항의 위치를 차지한다. 예를 들어, 두 부족 사이의 관계는 이들이 각각 토템으로 사용하는 동물들 사이의 관계에 상응한다.

이렇게 동물들을 계열이나 구조 안에서 배열하는 것은 세계 안에 질서를 수립하기 위한 지성적 작업이다. 하지만 들뢰즈와 과타리가 보기에 이것에서 문제는 엄연히 실제로 일어나고 있는 생성이 빠져나가고 있다는 것이다. 생성은 신체들 사이에서 일어나고 있다. 그것은 질서를 수립하기 위한 목표에 반하는 것이므로 없는 것으로 간주되거나, 또는 상상적 환상이나 상징적 질서에 끼워 맞춰 해석된다. 들뢰즈와 과타리가 특히 정신분석학을 강하게 비판하는 것은 바로 이러한 이유 때문이다. 꿈에는 빈번하게 동물들이 등장하는데, 정신분석학자들은 이것을 성적 환상에 대한 상상 또는 도덕적 질서의 상징으로서 폐쇄적으로 해석한다.

아이들은 꿈속에서 동물들에 사로잡히고 밝은 대낮에 동물들을 흉내 낸다. 들뢰즈와 과타리에게 이것은 일종의 동물-되기이다. 어른들은 아이가 실제로 동물이 될 수 없으므로 저것은 상상이나 상징으로서 해석되어야 적당하다고 말한다. '실제로' 동물이 될 수 없다는 말은 사실일 것이다. 다만 외관상 하나의 종에서 다른 종으로 이행할 수 없다는 뜻에서 말이다. 하지만 중요한 것은 무엇이 실재적인 층위인가 하는 것이다. 들뢰즈와 과타리는 우리가 실재적인 수준에서 하나의 신체를 이해한다는 것은 역량과 구조, 또는 정동과 속도의 관점에서 그 신체를 파악하는 것이라고 설명한다. 하나의 신체는 특정한 정동들의 집합, 그리고 그에 상응하는 빠름과 느림의 결합으로 이해된다.

여기에서 이 말의 모든 중요성이 도출된다. "생성은 사이에서 일어난다." 신체의 고유한 특성은 외부적이고 영향 속에 노출되어 있다는 점이다. 하나의 신체는 다른 신체를 만나, 자신의 내적 본질로부터는 나오지 않는 어떤 생성을 겪게 된다. 그것은 다른 말로 하자면, 하나의 신체는 다른 신체로부터 정동을 탈취하고 전유한다. 그것이 의식적이든, 무의식적인 방식이든 그렇다. 들뢰즈와 과타리가 좋아하는 예를 인용하자면, 말벌과 난꽃 사이에는 이중의 생성이 일어난다. 말벌의 난꽃-되기가 있고, 난꽃의 말벌-되기가 있다. 난꽃의 꽃술은 공진화의 과정에서 숫말벌을 유인하기 위해 암말벌의 뒷모습을 닮아간다. 반면 이 과정에서 말벌은 난꽃 사이를 옮겨 다니면서 난꽃의 꽃가루를 여기저기로 퍼지게 만든다. 말하자면 난꽃은 말벌의 성관계 상대가 되고, 말벌은 난꽃의 재생산 기관이 된다(Deleuze et Guattari 1980, p. 17). 여기에서 외관이 닮는다는 것은 중요하지 않다. 그것은 그럴 수도 있고 그렇지 않을 수도 있지만, 중요한 것은 말벌과 난꽃은 상대방의 정동들을 획득한다는 점이다. 들뢰즈와 과타리는 그것을 생성(되기)이라고 부른다. 그러므로 생성이라고 부르는 것은 편의상 그렇게 짧게 말하는 것일 수 있다. 그리고 이 예가 인상적인 이유는 식물계와 동물계에 각각 속한 생명체들 사이에서 일어나는 일이기 때문이다. 종의 폐쇄성과 위계를 전제하는 상식적인 관점에 반한다는 점에서, 생성은 '반反자연적'이고 횡단적이다.

하나의 신체는 바깥의 다른 신체를 또 다른 정동들의 저장소처럼 마주치게 된다. 윅스퀼Uexküll의 선구적인 동물행동학 연구에 따르면, 각각의 동물 또는 종은 자신만의 고유한 환경세계 속에서 특정한 정동들을 갖게 된다. 환경세계와 연동된 정동들의 목록, 그것은 하나의 삶 자체이다(Uexküll 1965). 동물행동학은 각 종이 갖는 절대적인 세계를 이해하고 존중하려는 학문이다. 종달새가 지각하는 세계는 인간이 지각하는 세계와 전혀 같지 않다. 하지만 그렇다고 해서 그것이 종들 사이의 무차별한 상대성을 수용하는 데에서 끝나지 않는다. 적어도 들뢰즈에게는 그렇지 않다고 할 수 있다. 하나의 신체가 다른 신체를 만나 어떤 일이 벌어진다는 것은, 두 개의 환경세계가 부분적으로 겹쳐지는 일이기도 하다. 그 과정에서 어떤 정동이 하나의 신체에서 다른 신체로 전염되는 과정이기도 하고, 심지어 둘 다 가지고 있지 않은 어떤 낯선 정동이 발생하기도 한다.

바깥에 있는 또 하나의 신체가 반드시 이 세계에 이미 실존하고 있는 신체일 필요는 없다. 마주 보게 되는 또 하나의 신체는 문학작품이나 음악작품일 수 있다. 독서나 감상의 마주침 속에서 우리는 매우 낯선 정동을 나의 것으로 만드는 놀라운 경험을 하게 된다. 더 나아가, 또 하나의 신체는 예술가 자신이 창조하고 있는 또 하나의 상상의 세계일 수도 있다. 작가는 자신의 어떤 세계를 창조하면서 동시에 그것과 함께 전혀 예기치 못한 생성을 겪게 된다. 그런 이유에서 들뢰즈와 과타리는 "글쓰기는 하나의 생성이다."(Deleuze et Guattari 1980, p. 293)라고 말하는 것이다.

들뢰즈와 과타리는 이렇게 해서 무한히 열려 있는, 생성으로 가득찬 세계를 긍정할 수 있었다. 여기에는 흄Hume과 니체, 그리고 윌리엄 제임스William James의 '근본적 경험론'의 어조가 강하게 각인되어 있다. 윌리엄 제임스는 이 세계가 'A 그리고 B 그리고 C 그리고…' 식의 연결로 무한히 연결되어 있다고 주장했다. 여기에서 마지막 '그리고and'를 긍정하는 철학적 입장과 그렇지 않은 또 다른 입장은 철학의 지형도에서 서로 가장 멀리 떨어져 있는 것들이다. '그리고' 이후에 연결될 것은 미리 정해져 있지 않으며, 앞에 연결되어 있던 것들의 총합의 성격을 모두 바꿀 수도 있을 것이다. 그런 의미에서 A, B, C는 자신들을 포괄할 어떤 초월적 이념에도 종속되지 않는다. 들뢰즈와 과타리는 흥미롭게 이것을 동아시아의 바둑과 유럽의 체스의 차이로 설명한다. 체스에는 말들 사이에 이미 정해진 위계와 역할이 존재하며, 승부의 기준이 되는 말 역시 정해져 있다. 반면 바둑에는 알들 사이의 어떤 위계도 없지만, 그것들의 놓이는 과정에서 승패를 나눌 결정적인 어떤 한 수가 등장한다. 바둑은 순수한 내재성의 놀이라고 말할 수 있다.

두 가지 주석

베르그손의 형이상학 : 운동과 정서

독자들은 들뢰즈의 생성과 신체 이론을 들을 때, 이것이 상식에서 많이 벗어나 있다는 느낌을 받기도 한다. 그것은 그의 사유 한복판에 강력한 반실체론적 사고가 깔려있기 때문이다. 다시 말해 하나의 신체는 다른 신체와 본성상 구별되는 실체나 형상이라는 전제를 거부하고 있기 때문이다. 이는 단지 한 철학자의 취향의 문제이거나 내지는 선언으로 대신하는 독단론적 사고와는 거리가 멀다.

이 주제와 관련하여, 베르그손이 들뢰즈에게 미친 영향은 넓고 깊다. 들뢰즈에 대해 편파적이었던 한 비판자가 들뢰즈에 대해 말한 것 중 올바른 말이 있다면, 들뢰즈가 무엇보다 베르그손주의자라고 평가한 대목일 것이다(바디우 2001). 위대한 철학자란 기존의 철학사 내내 오해되었던 한 가지 중요한 문제를 발견해내는 사상가라면, 베르그손 역시 그런 수준의 철학자라고 할 수 있다. 그가 발견한 문제란 기존의 형이상학이 운동과 변화를 설명하지 못한다는 난처한 상황에 처해 있었다는 것이었다. 문제는 세계의 변화를 실체와 속성으로 분해해 다시 원래의 모습을 재조립하려는 형이상학적 범주들과 언어에 있다.

제논Zēnōn의 역설은 그러한 사고의 무능력을 반증하고 있다. 아킬레우스와 거북이의 경주가 그것이다. 제논에 따르면, 아킬레우스는 앞에 서서 출발한 거북이를 영원히 따라잡을 수 없다. 베르그손은 운동이라는 평이하고 명백한 경험적 현상을 실체와 속성이라는 형이상학적 개념틀로는 설명하지 못하고 이상한 역설에 빠지게 된다는 점을 지적했다. 그에 따르면, 운동을 포착하지 못한 이유는 운동을 사물의 속성처럼 간주했기 때문이다. 베르그손은 개념과 범주들의 대대적인 재구성을 요구하고 있고, 그것의 핵심은 다음과 같은 말로 요약된다. 운동mouvement을 운동자le mouvant로부터 구분하라.

운동은 어떤 사물이 이동한 궤적과 같지 않다. 운동은 공간이 아니라 시간 속에서 파악되어야 한다. 운동은 질적 변화의 단면과 같다. 점들의 합이 선이 아니듯이, 운동은 점들의 합으로 포착될 수 없다. 점이 선의 극한이고 선이 면의 극한이듯이, 차라리 상태가 운동의 극한이라고 말해야 할 것이다. 우리는 n차원에서 아래로 내려오면서만, 그것의 n - 1차원의 단면으로서만 운동을 이해할 수 있을 것이다. 그러므로 운동자가 운동을 하는 것이 아니라, 운동 속에 운동자가 들어 있다고 말하는 것이 더 적절하다. 베르그손은 현대철학의 핵심적인 과제는 운동을 그 자체로 이해하는 데 있다고 말하는 데 다다른다.

우리는 들뢰즈의 형이상학 기획을 이러한 연장 선상에서 이해할 수 있다. 들뢰즈는 운동, 생성, 사건을 그 자체로 포착하기 위한 존재론적 체계를 새롭게 구성하는 데 대부분의 저작을 바쳤다고 해도 과언이 아니다. 대표적으로 『의미의 논리』에서 세계는 사물의 상태와 순수 사건으로 구획된다. 아리스토텔레스의 실체 - 속성의 존재론에서는 '저 나뭇잎은 붉다'와 같은 문장이 표준적인 상태를 지시하는 말이었다. 반면 들뢰즈에게서 모델이 되는 문장은 '나뭇잎이 붉게 물든다'이고, 이 문장에서 '나무'는 사물의 상태 또는 기반의 물체가 되고, '붉게 물든다'가 순수 사건을 형성한다. 여기에서 베르그손이 요구한 현대철학의 기획은 실현된다. 변화의 사건은 물체의 상태와 구별되어 사유된다(Deleuze 1969).

들뢰즈는 과타리를 만나 쓴 저작들에서 사건의 존재론을 사이의 생성론으로 이끌고 간다. 사건은 물체에 일어나지만, 좀 더 정확히 말해 두 물체가 만날 때 그 사이에서 일어난다. 들뢰즈의 마주침의 유물론에 대해서 스피노자의 영향이 자주 강조되지만, 그에 못지않게 베르그손의 영향이 정당하게 언급되어야 할 것이다. 베르그손에게는 기본적으로 어떤 액체적 사고가 지배하고 있다. 근대철학의 공리 중 하나는 두 물체는 하나의 공간을 동시에 점유할 수 없다는 것이다. 하지만 베르그손의 텍스트 곳곳에선 그런 공리를 무시하는 듯한 대목이 많이 등장한다. 베르그손의 철학에서 지배적인 이미지는 잉크가 물속에서 퍼져 나가는 장면이고, 이처럼 하나의 사물은 또 다른 사물을 만나서, 같은 말이지만 하나의 지속은 또 다른 지속을 만나 서로 뒤섞이고 제3의 지속을 만들어낸다. 베르그손 역시 여러 지속의 마주침과 공존, 그리고 혼합에 대해 여러 곳에서 많은 언급을 했다.[2]

우리는 이러한 베르그손의 '액체적' 사고의 연장 선상에서 들뢰즈와 과타리의 '기체적' 사고의 의미를 보다 더 잘 이해할 수 있다. 이 공저자들은 두 신체 사이의 생성을 분자적 개념어들을 통해 더 분명하게 표현할 수 있었다. 하나의 신체가 예기치 못하게 겪는 생성은 다른 신체가 품고 있는 정동의 분자들이 퍼져 나오기 때문에, 그리고 그것들 중 어떤 것을 자신 것으로 만들기 때문이라는 것이다. 예를 들어, 꼬마 한스Hans는 말의 정동들, 예를 들어, "눈가리개로 가려진 두 눈을 갖고 있음, 재갈과 고삐가 물려 있음, 자부심이 높음, 큰 고추를 가지고 있음, 무거운 짐을 끎, 채찍질을 당함"(Deleuze et Guattari 1980, p. 315) 등등이라는 능동과 수동의 정동들에 매혹되어 어떤 것을 자신 것으로 만듦으로써 말–되기라는 생성을 겪게 된다.

다시 한번 반복해서 말하자면, 운동과 정지, 생성과 상태라는 주제가 베르그손의 사유 전체를 관통하고 있다. 그리고 둘 사이의 차이 역

---

2 Deleuze et Guattari 1980, p. 293 : "바로 이 점을 설명해야만 할 것이다. 어떻게 생성에는 그것과 구별되는 주체가 없을까. 또한, 생성에는 끝항도 없을까. 그 항은 이번에는 다른 생성에 붙잡히기 때문인데, 여기에서 두 번째 생성은 그 항을 주체로 갖게 되고, 첫 번째 생성과 공존하면서 블록을 형성한다. (…) (우리의 지속보다 상위에 있거나 하위에 있는, 그리고 서로 완전히 소통하는, 매우 상이한 '지속'들의 공존이라는 베르그손의 생각)"

시 무시할 수 없지만, 일단 이것은 들뢰즈에게도 마찬가지이다. 인간의 일반적 사유 방식은 정지 상태들을 고정한 다음, 그로부터 출발하여 운동과 생성을 이해하려는 성향이 있지만, 이는 단지 생존과 생활이라는 실용적인 목적에 따른 것일 따름이다. 이러한 태도를 넘어 철학적 사유가 복원해야 할 것은, 중단 없는 운동 상태에 있는 전체에 도달해, 그로부터 다시 현실적인 것들로 내려와 새롭게 분절하는 것이다. 들뢰즈는 이러한 철학적 기획 또는 방법을 '상위의 경험론'이라고 부르고 높게 평가한다.

여기에서 '전체'라고 말할 때, 우리는 이것을 자기실현을 향한 어떤 목적론적인 이념 같은 것을 떠올려서는 안 된다. 이것이야말로 베르그손이 기계론 못지않게 비판하고자 했던 대상이다. 그가 전체라고 말하는 것은 지금 자기 자신과 차이 나도록 만드는 힘, 끊임없이 변화하는 경향성 자체를 의미하며, 그가 다른 말로 지속 또는 시간과 동일시하는 것이다. 따라서 이것은 이상적인 완성된 상태를 전제하지 않으며, (이제는 흔해진 말이지만) 외부로 열려 있으며 잠정적으로만 안정적인 상태를 의미한다.

베르그손이 진화론을 높이 평가하고 동시에 비판하는 대목도 이런 관점 속에서 일관되어 있다. 다윈Darwin은 생명체의 다양성을 시간 속의 진화라는 사실 하나 안에 담아 훌륭하게 설명했다. 그러나 그는 유감스럽게도 그러한 진화의 사실을 하나의 종에서 다른 종으로 이행해 가는 것처럼 항들 사이의 이동으로 이해했다. 베르그손이 보기에, 많은 형이상학이 그랬던 것처럼 다윈의 진화론 역시 정지된 항들의 차원에서 운동을 재구성하고자 했다. 종들은 생명이 전개된 결과들이지 생명 그 자체가 아니다. 이로부터 베르그손이 '생명의 도약'이라고 명명한 것의 필요성이 도출된다. "운동으로서의 생명은 생명이 만들어낸 물질적 형식 속에서 소외된다. (⋯) 따라서 모든 종은 운동의 정지이다."(들뢰즈 1996, p. 145) 운동이 정지의 합이 아니듯, 생명은 종들의 합이 아니다. 생명은 도약하고 변화하는 힘 자체이다.

베르그손에게서 생명의 도약이 종들을 만들어내면서 동시에 그것들을 뚫고 나아간다면, 좀 더 구체적으로 이는 들뢰즈와 과타리에서 종들과 개체들 사이를 뚫고 오가는 것들이 바로 정동과 생성이라는 내용을 얻게 된다. 정동affect이라는 주제와 관련해서는 일반적으로 스피노자가 주요한 원천으로서 언급되고 있고, 또 이는 정당한 사실이지만, 베르그손에게서도 이 주제가 등장하지 않는 것은 아니다. 아니사실 베르그손에게서도 중요한 위치를 차지한다. 어쩌면 베르그손의 그러한 대목으로부터 영감을 받아 들뢰즈는 정동을 중심으로 한 새로운 스피노자 해석의 기원을 열었는지도 모른다.

일반적인 유심론적 해석에 맞서 들뢰즈가 자신의 베르그손 해석에서 강조하는 바는 자유라는 인간의 최고 목표가 어떤 사변을 통해 획득되는 것이 아니라 실천을 통해 달성된다는 것이다. "자유는 정확히 이런 물리적 의미를 가진다. 폭발물을 폭발시키기. 점점 더 강력해지는 운동들을 위해 폭발물을 이용하기."(Ibid., p. 152) '폭발물을 이용한다'는 말은 무슨 뜻인가? 이러한 자유 개념은 정확히 칸트의 개념과 대비해 이해되어야 할 것이다. 자유는 인과적 물질세계와 구분되는 자기 원인으로부터 오는 것이 아니라, 물질세계의 인과적 법칙을 이해하고 그것을 새롭게 활용하는 데에서 온다. 물질 사이에 간격을 벌리고 그 안에서 어떤 미규정성의 여지를 만들어내는 것을 의미한다. 베르그손이 '열림'이라고 강조하는 것은 실천적으로 이런 의미가 있다. 예를 들면, 인간은 유체법칙을 이용해 양력을 만들어내고 이런 저런 장치들을 조립해 비행기를 타고 날 수 있게 되었다. 물체들의 잠재력을 이해하고 그것들을 새롭게 결합해 활용함으로써, 인간은 새로운 자유의 여지를 스스로에게 불어넣었다고 할 수 있다.

베르그손은 이 '간격'의 중요한 기능을 여러 대목에서 다양하게 변주해서 말하지만, 여기에서는 사회와 지성의 간격에 초점을 맞춰보자. 베르그손의 논증에 따르면, 인간의 사회도 다른 동물들의 군집만큼 본능에 근거하고 있다. 반면 지성은 활동을 위한 합리적 조직화를 수행한다. 그렇다면 본능과 이해, 사회와 지성 사이에 어떤 간격이 발생하고, 베르그손은 이것을 채우는 건 무엇인가라는 질문을 던진다. 이 질문은 의미심장하게 제기된다. 왜냐하면, 그것이 인간을 본능에 따르는 동물이면서도, 합리적으로 기획할 줄 아는 지성적인 존재로 만드는 연결고리이기 때문이다. "무엇이 지성 – 사회의 간격에 삽입되게 되는가?"(들뢰즈 1996, p. 155) 이 질문에 대한 대답은 들뢰즈에게 매우 중요하다. "그 간격에 삽입되게 되는 것, 그것은 정서émotion이다." (Ibid., p. 155) 이 대목은 이후 들뢰즈와 과타리의 『천 개의 고원』의 위치에서 되돌아봤을 때, 의미심장한 복선처럼 진동하고 있다. 왜냐하면, 역으로 본능과 지성 사이에서 태어나서 강하게 진동하고 있는 것이 정서이며, 이것이 새로운 물건과 사상의 발명의 원천이기 때문이다.[3]

---

3   들뢰즈가 다른 저서들에서 정서émotion와 정동affect를 구별하는 것은 사실
    이다. 반면 베르그손에 관한 연구서에서 그러한 구별은 아직 나타나고 있지
    않다. 하지만 개념의 내포상 여기에서 베르그손이 정서라고 말하는 것이 이후
    들뢰즈가 과타리와 함께 정동이라고 새롭게 정의하는 것의 내포를 채운다고
    말할 수 있다.

그런데 여기서 말하는 정서는 드라마를 볼 때 생기는 감정 같은 것이 아니다. 다시 말해 이런저런 대상에 대해 자신의 내면 안에 갖는 감정 같은 것이 아니다. 정서는 인간의 내면에 기원을 두고 있지 않다. 자기동일적 주체에 일시적인 속성으로 귀속되거나 또는 대상에 대한 표상으로부터 파생되는 것도 아니다. 정서는 음악적인 조성이나 회화적인 모티프처럼 그 자체로 실재적이며 세상을 구성하는 요소이다. "정서는 실은 모든 표상에 앞서며, 스스로 새로운 관념들을 산출한다. 그것은 적절히 말하자면 대상을 갖지 않으며, 잡다한 대상들, 동물들, 식물들 및 자연 전체에 산재해 있는 본질만을 갖는다."(Ibid., p. 156) 정서는 인간 안에 주관적으로 발생하는 것이 아니라, 자연의 사물들 안에 이미 자신만의 지속을 가지고 내속한다. 숲속의 나뭇잎은 새벽의 물방울을 만나 미묘한 떨림을 지니는데, 그러한 떨림은 음악적인 모티프처럼 자연 내에 앞서 존재하는 것이다. 동물행동학자 윅스퀼은 자연이 이러한 대위법적 주제로 가득 차 있다는 사실을 위대하게 보여주고 있다.

앞서 베르그손에게서 운동이 운동자로부터 구분되었듯이, 정서는 주체나 대상으로부터 구분되고 있다. 베르그손이 정서를 일종의 운동처럼 간주하고 있다는 사실을 우리는 알 수 있다. 정서 역시 운동처럼 자신의 고유한 일관성 또는 실재성을 갖는다. 운동자가 운동 속으로 들어가듯이, 주체나 대상이 정서로 이끌려 들어가는 것이다. 슈베르트가 말년에 작곡한 피아노 소나타들은 외롭게 방랑하는 구도의 정서 속으로 진입한 다음 작곡된 것이며, 감상자들도 그 음악을 들으며 그러한 정서 속으로 이끌려 들어간다. "음악이 이 느낌들을 우리 안으로 들어오게 하는 것이 아니다. 음악은 오히려 그 느낌들에 우리를 들어

가게 한다. 떠밀려서 춤 속에 들어오게 된 지나가던 사람처럼."(들뢰즈 1996, p. 157)

이런 반론을 생각해볼 수 있다. 어쨌든 문학이나 예술작품에 담긴 정서는 많은 사람이 겪는 감정을 재현한 것이고, 따라서 그것은 단지 인간의 주관적이고 내면적인 것 아닌가? 그러나 베르그손과 들뢰즈가 보기에 정서 내지 정동은 그것 너머에 있는 어떤 것이다. 정동은 발명되는 것이다. 루소는 새로운 숲의 정서를, 버지니아 울프는 기이한 도시 거리의 정동을, 팅겔리는 유머러스한 철학자들의 정서를 창조했다. "간단히 말해 정서는 창조적이다."(Ibid., p. 157) 숲과 거리와 철학자들은 그러한 정동에 따라 새로운 속도의 관계를 갖는 것으로 변신한다. 감상자들은 그러한 작품과 함께 새로운 정동을 획득하는 법을 배운다. 기이한 정동을 품고 있는 한, 예술은 인간을 재현하는 것이 아니라 새로운 인간을 예고한다.

> "각각의 새로운 음악에는 새로운 정서들이 결부되어 있는데, 이 새로운 정서들은 이 음악에 의해서, 그리고 이 음악 속에서 창조[된다.] (…) 이 정서들은 예술에 의해 삶에서 발췌된 것이 아니었다. 이 정서들을 말로 표현하기 위해 예술가에 의해 창조된 정서를 삶 속에서 그것에 가장 유사한 것에 접근시켜야 하는 것은 바로 우리이다."(베르그손 2015, p. 57)

이처럼 우리는 베르그손을 깊이 참조하면서 들뢰즈가 전개한 생성과 정동 이론이 갖는 의미를 좀 더 이해할 수 있게 된다. 베르그손은 종들의 형식 안에서 정지하지 않는 생명성 자체, 즉 생명의 도약을 포착하도록 한다. 들뢰즈와 과타리는 그러한 세계관을 정동이라는 개념을 통해 좀 더 구체적으로 분절할 수 있었다. 정동은 종들과 개체들 사이를 횡단하면서 그것들을 생산하고 또한 생성에 진입시킨다. 여기에서 언급되고 있는 것은, 단지 이미 체험된 정서에 그치지 않고, 누군가가 감성의 극한에서 발견하고 발명한 정동, 앞으로 세계에 도래할 생성을 의미한다. 그리고 그로 인해 구체적이고 실천적으로 세계는 더 열린 것이 된다.

레비스트로스의 인류학 : 구체성과 환유

들뢰즈와 과타리가 새로운 신체 개념을 전개하는 데 큰 영향을 미치고 있는 다른 요소, 즉 인류학과의 관계를 살펴보고자 한다. 인류학은 1950 - 60년대 레비스트로스가 결정적인 분기점을 형성한다. 아마도 인류학의 역사는 레비스트로스 이전과 이후로 나뉠 수도 있을 것이다. 레비스트로스가 구조주의 운동의 창시자 중 한 명이지만, 들뢰즈가 그것으로부터 벗어나는 포스트구조주의자라는 일반적인 분류를 굳이 언급하지 않더라도, 『천 개의 고원』에서 들뢰즈와 과타리는 레비스트로스의 인류학의 한계와 문제점에 대해 여러 곳에서 암시하고 이를 비판한다. 그렇지만 우리는 이 지점을 가볍게 지나칠 수 없는 것 같다. 들뢰즈와 과타리의 철학이 레비스트로스의 인류학과 맺는 관계는 미묘해서 좀 더 세밀하게 살펴볼 필요가 있기 때문이다.

들뢰즈와 과타리가 『천 개의 고원』에서 신체를 분류해 가는 방법은 독특하다. 신체들이 겪는 생성에 대한 서술은 개별적이고 파편적이어서 사실상 어떤 도식을 세우기 어렵다. 또한, 아이 - 되기, 여성 - 되기, 동물 - 되기, 분자 - 되기, 지각 불가능하기 - 되기 등 일련의 생성은 특별히 선택된 문학이나 예술작품에 대한 분석에서 또 다른 분석으로 이어지는 방식을 취하고 있다. 독자들은 이러한 사유 방식 또는 서술 방식이 일반적으로 요구되는 철학적 서술의 보편성에 부합하는지 의문이 들 수 있다.

『천 개의 고원』의 저자들은 보편적이기 위해 연역적인 방식을 취하지 않는다. 그렇다고 그것을 단순히 반대로 귀납적이라고 할 수도 없다. 최종적으로 다시 사유의 재료들을 체계적으로 분류할 만한 범주를 만드는 데 도달하는 것이 목표로 보이지 않기 때문이다. 들뢰즈와 과타리는 일련의 구체적인 사례와 에피소드들을 인용하고 분석하면서, 규격화된 도표라기보다는 불규칙한 퀼트처럼 덧붙이듯이 논의를 전개하고 있기 때문이다. 보편과 특수 사이의 일반적 관계에 익숙한 독자라면 이 저작의 독특한 논의 전개 앞에서 당황해할 것이다. 서양철학사 안에서는 칸트의『판단력비판』의 '범례' 같은 것을 유사한 것으로 떠올릴 수도 있을 것이다. 하지만 우리는 다른 영역에서 좀 더 깊은 영향력을 행사한 것을 찾아볼 수 있다.

인류학자 레비스트로스는 자신의 저작『야생의 사고』에서 '구체의 과학'에 대해 언급하며 논의의 첫머리를 연다. 제목이 암시하듯이, 이 작품은 서유럽의 발전론적이고 목적론적 역사관이 그동안 폄하했던 남미와 아프리카의 문화 내에 '구조적으로' 서유럽과 동일한 사유와 지각 체계가 작동하고 있음을 해명하고 있다. 따라서 서유럽과 남미는 선형적인 또는 나선형적인 역사 발전 단계 내에서 위아래 위치에 놓이는 것이 아니라, 구조주의 인류학이 새롭게 전개한 평면 위에 나란히 위치한다. 다만 크게 보아 두 문화는 인간이 가진 사고방식에 있어 서로 다른 측면에 더 발전한 것일 따름이다.

통념과 달리, 제3세계의 원주민들도 필연성과 합리성을 추구한다. 다만 그 방식에 있어서 자기 고유의 경로가 있을 따름이다. 서유럽이 근대 이후에 발전시킨 것이 과학적 사고라고 한다면, 중남미 등의 원주민이 여전히 이어오고 있는 것은 주술적 사고라고 할 수 있다. 주술적 사고가 지각과 상상력을 통해 필연적 연관성, 합리적 질서에 도달하고자 한다면, 과학적 사고란 지각과 상상력을 '벗어나서' 그러한 질서에 도달하고자 한다. 예를 들어, 전자는 독성을 가진 과일을 그것들을 먹어본 경험에 근거해 그 과일의 크기, 색깔 등의 특징을 통해 분류하고자 한다. 그래서 과일의 다양한 내재적이고 감각적 특성을 참조하면서 그러한 분류로 나아간다. 반면 후자는 특정한 유독 성분이 그러한 과일의 독성을 만들어낸다고 생각하고, 별도의 추상적인 수준에서 그러한 성분들로 이루어진 분류와 도표를 찾아내려고 한다. 현대의 과학적 시선에서 볼 때, 제3세계 원주민의 분류는 비과학적이고 심지어 때로 '미신적인' 것으로 보인다. 그러나 레비스트로스는 그러한 시선 자체가 편파적임을 주장한다.

> "그 발견이란 감성적 표현에 의한 감각계의 이론적인 조직화와 탐색을 바탕으로 자연이 허락해준 발견이다. 이처럼 '구체의 과학'의 성과는 본질적으로 정밀 자연과학의 성과와 다른 것일 수밖에 없었다. 그러나 그것은 근대 과학과 마찬가지로 과학적이며 그 결과의 진실성에서도 다름이 없다."(레비-스트로스 1999, p. 69)

인용문에서 알 수 있듯이 레비스트로스가 말하는 "구체의 과학"이란 감각적 성질들을 보존하고 존중하는 방식의 분류와 사고 체계를 의미한다. 말하자면, 사과의 감각적 특성 중 어떤 부분이 신맛과 관련이 있는 것이지, 신맛을 나게 만드는 눈에 보이지 않는 다른 성분 때문에 그런 것이 아니다. 이 말은 여전히 사고의 차이라기보다 사고의 수준차처럼 보일 수 있다. 여기에는 좀 더 많은 설명이 필요하다.

주지하다시피 레비스트로스는 야콥슨의 언어학을 적극적으로 수용하여 구조주의 인류학을 창시했다. 그가 구조주의 언어학으로부터 차용한 가장 중요한 작업도구 중 하나는 은유와 환유이다. 양자는 모두 일견 관련 없어 보이는 두 항을 연결짓는 방식인데, 은유는 유사성을 토대로, 환유는 인접성을 토대로 그렇게 한다. 그런데 레비스트로스에 따르면, 서유럽의 과학적 사고가 일종의 은유적 사고라면, 주술적 내지 신화적 사고는 전형적으로 환유적 사고라고 할 수 있다. 전자가 추상적 차원으로부터 도식적 법칙이나 기계장치를 제작하는 것이라면, 후자는 주위의 사물 안에서 어떤 특정한 힘을 발견하고자 한다. 주술적 사고는 주어진 재료들을 벗어나지 않으며, 그것들이 주어진 방식을 존중하면서 그 안에 특성들을 부여한다.

레비스트로스에 따르면, 신화적 사고도 과학적 사고에 못지않게 인과성에 대한 인식과 분류의 필요성으로부터 나오는 것이다. 다만 그 인과성과 분류를 위해 위치하는 층위가 다를 뿐이다. 그렇다면 인류학의 발견에 따르면, 신화적 사고는 어느 층위에 위치하는가?

> "신화적 사고의 여러 요소가 지각 percept과 개념 concept의 중간 지점에 위치하는 것 역시 마찬가지이다. 지각 내용을 그것이 일어난 구체적 상황에서 분리하는 것은 불가능하며, 개념에 의지하기 위해서는 적어도 잠정적으로는 사고가 그 계획 projet을 '괄호 속에 넣

는'(후설의 표현을 빌리면) 작업이 필요하다."(레비-스트로스 1999, p. 72)

개념과 지각, 또는 개념과 이미지 사이에 위치하는 것은 '기호'이다. 레비스트로스는 소쉬르 Saussure를 원용하면서 기호를 개념과 이미지를 결합하는 단위로 받아들이고 있다. 우리는 여기에서 그가 어떤 이유에서 그리고 어떤 측면에서 현대 기호학을 중요하게 받아들이는지 또 다른 관점에서 이해하게 된다. 기호는 개념과 같은 것이 아니다. 그것은 개념뿐만 아니라 이미지를 한데 담고 있기 때문이다. 대비하자면, 과학적 사고가 개념의 층위에 위치한다면, 신화적 사고는 기호의 층위에 위치한다. 전자에서 개념은 특정한 경험 데이터를 자기 안으로 이전시키지만, 그와 동시에 그것으로부터 자유로워지기 위해 그렇게 한다. 그다음 개념들끼리 형성하는 법칙과 규칙을 발견하고자 한다. 반면 후자에서 개념은 지각이나 이미지와 결합되어 있기 때문에 닻에 묶여 있는 배처럼 마음대로 움직일 수 없으며, 따라서 기호는 그 둘의 결합으로서 어느 범위 내에서만 유효성을 갖는다.

이런 이유에서 신화적 사고 안에서 작업하는 사람은 과학적 사고로 연구하는 사람과는 다른 방식으로 활동하게 된다. 그는 감성과 경험을 통해 주어지는 구체적인 이미지와 물체들을 존중하면서 조금씩 나아간다. "신화적 사고의 특성은 그 구성이 잡다하며 광범위하고 그러면서도 한정된 재료로 스스로를 표현한다는 것이다. 무슨 과제가 주어지든 신화적 사고는 주어진 재료를 활용해야 한다."(Ibid., p. 70) 자연에 있는 재료를 수집해 미술작품을 만드는 어린아이처럼, 주술적 현자는 지각과 결합된 개념, 즉 기호들을 몽타주하면서 사유한다. 레

비스트로스에 따르면, 이것은 일종의 '브리콜라주bricolage'이다.[4]

또는 신화적 사고와 과학적 사고를 다음과 같이 대비할 수도 있다. 전자는 사건에서 구조로 나아가는 반면, 후자는 구조에서 사건으로 나아간다. "신화적 사고는 '손재주꾼bricoleur'처럼 사건이나 사건의 잔재를 갖고 구조를 만드는 데 반해서, 과학은 창조되었다는 사실 때문에 작동을 하여, 그것이 끊임없이 만들어내는 과학적 가설과 이론인 구조의 도움으로 그 수단과 성과를 사건의 형태로 창조해낸다."(레비-스트로스 1999, p. 77) 예를 들어, 신화적 사고는 어떤 인물들이 겪는 사랑과 증오의 사건들을 빌려 천체의 움직임을 설명한다면, 과학적 사고는 구조화된 만유인력 법칙으로부터 달이 지구 주위를 공전하는 것을 이해한다.

레비스트로스는 '인류학은 구체성의 과학이다'라고 말한 바 있다. 이때 구체성이란 무엇을 의미하는가? 그것은 원주민들이 각각의 동물들의 욕구를 구체적으로 이해하고, 그들과 상호적인 관계를, 더 나아가 삶의 문제를 해결하는 방식들을 배우도록 영향받았다는 것을 의미한다.

> "[원주민인] 우리들은 동물이 무얼 하려는지, 해리나 곰이나 연어나 기타 동물들이 무엇을 필요로 하는지를 알고 있다. (…) 오늘날 목사들은 우리가 거짓말을 한다고 한다. (…) 우리는 몇천 년 전부터

---

4 서유럽에도 물론 이런 작품이 없지 않다. 우편배달부였던 페르디낭 슈발 Ferdinand Cheval은 평생 수없이 많은 잡동사니를 모아 기이한 건축물을 만들었다. 이것은 오늘날까지 '이상적인 성 Palais idéal'이라는 이름으로 오트리브 Hauterives에 위치해 있다.

이곳에서 살아왔으며 아주 옛날부터 동물로부터 가르침을 받아왔다."(제네스Jennes의 표현. 레비-스트로스 1999, p. 96에서 재인용)
"[플립퍼라는 돌고래는] 너무도 신선하고 신비하고 또 괴상쩍은 동물이어서 마법에 걸린 사람이 동물이 되어 있는 것이나 아닌가 하는 착각을 일으킨다. 그러나 동물학자의 두뇌는 그것이 학명으로 Tursiops truncatus라 불린다는, 냉정한 그리고 고통스럽기까지 한 사실만을 연상할 뿐이다."(하이데거의 표현. 레비-스트로스 1999, p. 98에서 재인용)

이런 점에서 보자면, 레비스트로스의 구조주의를 합리주의적 전통에 위치시키는 것은 지나치게 단순한 생각일 수 있다. 왜냐하면, 그가 부족들의 공동체적 삶에서 발견하는 것은 구체적이고 경험적인 것에 기반해 있는 어떤 구조를 추출하는 것이기 때문이다. 앞서 말한 것처럼 개념이 아니라 (개념과 이미지의 결합인) 기호를 다루고 있다.

다소 도식적으로 말하자면, 서양철학사의 합리주의와 관념론적 전통은 은유적 사고로 가득 차 있다. 그것을 경험의 다양성과 파편성을 설명해줄 수 있는, 그러면서도 그것으로부터 훼손되지 않을 또 다른 상위의 차원을 수립하기 때문이다. 들뢰즈는 이러한 은유적 사고가 어떻게 초월적이고 신학적인 사고 체계를 낳았는지 맹렬하게 비판한 바 있다. 이 세계의 다양한 삶은 완전한 형상들의 세계에 비추어, 그리고 그것보다 불완전한 어떤 것으로 설명되고 이해된다는 것이다.

반면 레비스트로스가 서술하고 있는 '야생의 사고'는 마주치는 동물과 식물들로부터 구체적으로 어떤 것을 배우고 영향받는지에 관한 개별적인 인식을 확장해가는 것을 의미한다. 이런 점에서 보자면 들뢰즈와 과타리가 여러 인류학의 연구 업적을 자신들만의 방식으로 해석하며 서술할 때, 철학에 새로운 사유 방식을 도입하고 있다는 것을 알 수 있다. 이들은 신체 개념뿐만 아니라 여러 주제를 유사-환유적인 방식으로 전개하고 있다. 이것은 철학에 '구체성의 학문'이라는 문제의식을 들여오는 것으로서 이해해야 한다. 초월성의 철학이 은유적 사고를 전개한다면, 들뢰즈와 과타리는 레비스트로스의 인류학에서 그에 맞설 수 있는 환유적 사고를 발견하고 이를 적극적으로 활용하고 있다.

하지만 조심스럽게 말해야 할 것이다. 은유와 환유는 레비스트로스의 작업틀이지, 들뢰즈의 그것이 아니다. 지금까지 말했던 것은 다만 들뢰즈와 과타리의 사유 전개가 은유보다는 환유에 가깝고, 이것이 내재성, 외부성, 구체성의 사유에 보다 더 적합하기 때문이라는 것이다. 이제 들뢰즈와 과타리가 레비스트로스로부터 멀어지는 지점에 대해 말해야 할 것 같다. 들뢰즈에게 인류학이 인상적인 것은 다음과 같은 이유 때문이다. 다양한 신화에 대한 연구는 모든 사유에 있어서 가장 본질적인 문제가 "사람에 대한 이야기가 동물이나 천체, 그 밖의 자연현상과 결부되어 즐겨 다루어지고 있는지"(레비-스트로스 1999, p. 220)를 이해하는 것이라는 점을 알려준다. 이는 인간의 문제가 인간을 주체로서 그것의 내면에 대한 탐색만으로 전혀 충분치 않다는 점을 함축한다. 오히려 인간과 다른 존재들의 관계가 훨씬 더 중요하다는 사실을 암시한다.

하지만 레비스트로스는 곧장 인간과 동물의 관계, 인간과 천체의 관계가 순전히 지성적인 범주의 문제라고 해석한다. 레비스트로스는 인간과 동물 사이의 관계가 그토록 빈번하게 등장한다면, 그것은 세계에 질서를 부여할 필요성 때문에 나오는 것이며, 그것은 단지 동물뿐만 아니라 세계의 모든 존재나 신체들을 분류할 수 있는 패러다임을 확보하기 위한 것이다. 레비스트로스는 토테미즘 안에 인간과 동물 사이에 "실재적 관계가 있는 것은 아니다."라고 주장한다. 아마도 다음과 같은 대목이 들뢰즈와 과타리가 레비스트로스의 작업이 충분하지 않다고 그를 강하게 비판하는 대목일 것이다.

> "토테미즘이라는 이름하에 임의로 모아놓은 가지가지의 신앙이나 관습은 하나 또는 소수의 사회집단과 하나 또는 소수의 자연영역 사이에 **실재적 관계**가 있어 그것에 기초하고 있는 것은 아니다. 그것들은 자연계나 사회를 하나의 조직된 전체로서 파악하는 것을 가능하게 하는 **분류도식**에 직접 혹은 간접으로 관련된 다른 신앙이나 관습에 결부된다."(Ibid., p. 211. 강조는 인용자)

그러나 들뢰즈와 과타리가 보기에, 생성은 신체적이고 실재적인 층위에서 벌어지는 일이다. 야생의 삶에서 인간이 동물과 맺는 관계는 단순히 지성적인 범주를 세우기 위해서가 아니라 구체적으로 이런저런 영양분, 교훈, 파괴, 회복 등의 관계를 주고받는 것이다. 앞서 말한 은유와 환유가 결국 지성적 작업의 격자망이었다면, 이러한 생성은 횡단적으로 일어난다. 인간과 동물 사이, 동물과 식물 사이, 아이와 식물 사이 등등에서 일어나기 때문이다.

들뢰즈와 과타리는 전염이라는 테마를 통해 이러한 신체적이고 직접적인 생성에 대해 말할 수 있었다. 생성은 전염을 통해 이루어진다는 것이다. 이 테마가 철학에서 낯선 이유는 이것이 지극히 환유적 사유의 성격을 띠고 있기 때문일 것이다. A가 B로부터 영향받을 때, 그러한 영향 관계는 사물 B의 부분으로부터 나온다. 이것은 구체의 사고이고 야생적 사고이다. 들뢰즈와 과타리는 철학 안에 이러한 요소를, 서양 철학이 오래전에 멀어져 온 그러한 사유 방식을 다시 불어넣고자 한다.[5] 그러나 다시 한번 반복하자면, 레비스트로스 등의 인류학에서 이 주제는 매우 약화되어서 다루어진다. 그것이 지성적 범주화의 작업을 위협하기 때문이다. 들뢰즈와 과타리는 이 주제를 중심 개념으로 가져와 생성의 횡단적이고 신체적인 성격을 강조한다.

새로운 사유의 방식

들뢰즈에게 신체에 대해 사유한다는 것은 동시에 신체를 따라 사유한다는 것을 동반한다. 다시 말해, 이것은 철학의 중심 주제를 새롭게 정립하는 것이면서 동시에 철학의 사유 방식을 혁신하는 것이기도 하

---

5   흥미로운 것은 들뢰즈가 이미 베르그손과 관련해서도 비슷한 언급을 한 대목이 있다는 사실이다. 과학도 그렇지만 철학 역시 경험으로부터 출발하여 그것을 그 너머에 있는 어떤 것과 연관 짓는 작업이다. 많은 철학자들은 그것이 어떤 유와 종의 관계에 해당하는 일반적 개념이라고 생각한다. 이를테면 칸트가 그렇다. 그러나 베르그손은 그것과 전혀 다른 방향으로 경험과 철학의 관계를 위치 짓는다. 우리는 다음 대목에서 레비스트로스와 공명하는 어조를 발견할 수 있다. "개념은 칸트적인 방식으로 단지 모든 가능한 경험 일반의 조건만을 정의하기 때문이다. 반대로 여기서는, 그것의 모든 개별자들 속에서의 실제 경험이 중요하다. (…) 경험의 조건은 개념에서보다는 순수 지각에서 결정된다."(들뢰즈 1996, p. 32)

다. 베르그손의 관점에 따라, 종과 개체는 생명성이 지나가면서 만들어내는 매듭일 따름이지, 생명성 자체와는 구별된다. 들뢰즈와 과타리는 종의 형상보다 아래 차원에서 존재자들을 이해하도록 우리를 초대한다. 정동들이 교환되고 탈취되는 사회 속의 비밀, 원자들의 속도가 가속되고 감속되는 자연의 법칙이 우리가 보게 되는 세계이다. 유기체와 기계체가 구별되지 않는 두 신체 사이에서 지각하기 힘든 생성들이 벌어진다. 우리는 이러한 생성을 겪으며 이 세상에 아직 존재하지 않았던 정동들을 창조하고 체험하고 현실화한다.

　생성과 정동을 포착하고 이해하는 작업은 새로운 사유 방식을 요구한다. 그것은 어느 이상의 일반화를 좌절시키고, 그만큼 야생적인 개념들을 끊임없이 창조하도록 요구하는 경험론에 입각하게 만든다. 레비스트로스에 따르면, 그것은 어떤 사물 안에서 그것 고유의 힘을 발견하는 것이니만큼 환유적 사고에 속한다. 철학은 물론 개념의 창조 작업이지만, 들뢰즈와 과타리에게 그것은 일반적 개념이 아니라, 이미지나 지각과 결합된 채로 존재하는 개념들이다. 그러한 개념들은 리좀 rhizome이나 퀼트 quilt처럼 횡단적으로 연결되어 있다. 이것이 지속 가능한 작업 방식인가라고 물을 수 있지만, 들뢰즈라면 감성으로부터 올라온 것만이 진정한 의미의 진리라고 말할 것이다. 이것은 오늘날 철학이 참조해야 할 중요한 교훈 하나를 일깨운다.

들뢰즈, 질 , 1996. 『베르그송주의』, 김재인 옮김, 서울: 문학과지성사.

___, 2004. 『차이와 반복』, 김상환 옮김, 서울: 민음사.

들뢰즈, 질 · 가타리, 펠릭스, 2001. 『천 개의 고원』, 김재인 옮김, 서울: 새물결.

레비-스트로스, 1999. 『야생의 사고』, 안정남 옮김, 파주: 한길사.

바디우, 알랭, 2001. 『들뢰즈-존재의 함성』, 박정태 옮김, 서울: 이학사.

베르그손, 앙리, 2015. 『도덕과 종교의 두 원천』, 박종원 옮김, 서울: 아카넷.

윅스퀼, 야콥 폰, 2012. 『동물들의 세계와 인간의 세계: 보이지 않는 세계의 그림책』, 정지은 옮김, 서울: 도서출판b.

이찬웅, 2020. 『들뢰즈, 괴물의 사유』, 서울: 이학사.

프로이트, 지그문트, 2003. 「다섯 살배기 꼬마 한스의 공포증 분석」, 『꼬마 한스와 도라』, 김재혁 · 권세훈 옮김, 서울: 열린책들.

Deleuze, G., 1966. *Le Bergsonisme*, Paris: PUF.

___, 1968a. *Différence et répétition*, Paris: PUF.

___, 1968b. *Spinoza et le problème de l'expression: Capitalisme et Schizophrenie*, Paris: Minuit.

___, 1969. *Logique du sens*, Paris: Minuit.

Deleuze, G. et Guattari, F., 1980. *Mille Plateaux: Capitalisme et Schizophrenie* , Paris: Minuit.

Uexküll, J. V., 1965. *Mondes animaux et monde humain*, P. Muller (trans.), Paris: Denoël.

Sexual difference

7. 뤼스 이리가레:
몸, 성차로 일렁이는 존재의 지평

윤지영

거울의 사유 — 이리가레

평면거울 앞, 자신의 통합된 신체 이미지의 시각화에 냅다 소리 지르며 환호하는 아이의 모습은 자크 라캉Jacques Lacan이 제시하는 거울 단계 이론의 가장 유명한 장면이기도 하다. 이 아이의 모습은 보편적 준거점마냥 중성화되어 있지만, 이것이 남아의 나르시시즘Narcissism 적 상상계의 주춧돌을 형성하는 장면이란 점을 부인할 수 없을 것이다. 평면거울에 맺힌 자기 동일적인 이미지상에 한껏 도취된 이 아이는 성차에 가로질러진 남아의 몸을 가진 존재라는 점이 곧잘 간과된다. 그러나 페미니스트 정신분석학자이자 철학자인 뤼스 이리가레 Luce Irigaray에게 몸은 성차sexual difference와 떼려야 뗄 수 없는 것이다. 그에게 성차는 부차적인 요소가 아닌 "차이들의 원형"(태혜숙 2000, p. 229)인 "존재론적인 차이ontological difference"(Irigaray 1995, p. 110)에 해당하며, 이러한 의미에서 몸은 성차로 일렁이는 존재의 지평이라 할 수 있다. "세계 내에 존재함은 항시 이미 성차화되어 있음"(Grosz 2012, pp. 91-92)을 뜻하는 것으로 몸적, 물질적 존재의 바탕이 바로 성차이기 때문이다. 성차화된 몸이란 중립적이며 추상화된 몸이 아니라, "살아 있으며, 활성화되어 있는 몸, 위치 지어진 몸"(Gatens 1996,

p. 11)이다. 이러한 관점에서, 성차에 주목한다는 것은 자신의 몸의 물질적 차원에 주목하는 일이자 몸의 실재성을 더 생생하게 지각하고 느끼는 방식이기도 하다.

이리가레에게 성차는 페미니즘 feminism 이론의 섹스 sex 또는 젠더 gender라는 범주로 축소, 환원될 수 없다. 일반적으로 페미니스트 이론에서 섹스는 생물학적 성이자 고정된 것, 인과론적으로 이미 결정된 자연적이며 물질적 영역에 해당한다면, 젠더는 사회문화적으로 구성된 이데올로기적, 심리적 성별 역할이자 특성들로서 언제든 해체 가능하고 변화 가능한 담론적인 것이다. 즉 "섹스는 생물학적 범주로, 젠더는 사회적 범주"(Barrett 1980, p. 13)로 구분되고 있다. 이처럼 육체와 정신, 물질과 담론의 이분법적 틀 속에 기입되어 있는 섹스와 젠더에 대한 구분법은 존재론적 차이로서의 성차를 결코 포착해낼 수 없다. 왜냐하면, 이리가레가 말하는 성차를 이해하기 위해서는 물질이나 자연 개념 자체를 재정초하는 것으로부터 출발해야 하기 때문이다. 필자가 보기에, 기존의 섹스 범주는 17세기 이후의 기계적 자연관을 그대로 수용하는 데 그침으로써, 물질과 자연을 물리적 인과법칙에 순응하는 수동적 요소로만 한정하는 한계를 띤다. 그러나 이리가레가 제안하는 성차는 "고대적 의미의 피지컬 physical이라는 살아 움직이는 자연"(김상환 2019, p. 239)에 가깝다. 여기에서 살아 움직이는 자연이란 "미처 침투할 수 없는 내면적 깊이와 자발적 운동의 원리가 있"(Ibid., p. 239)는 것으로 근대과학의 기계적 인과법칙으로 모두 결정되지 않는 자기 구성력을 지닌 것을 뜻한다. 즉 이리가레에게서 성차는 고대 그리스의 피지스 physis라는 "지속적으로 성장과 생성"(Irigaray 1987, p. 122)하는 역동의 장을 가리킨다. 이렇게 열려 있으면서 생동하는 물질과 자연으로서의 성차화된 몸은 세계를 다르게 경험하고 의미화하며 욕망하는 프로세스라 할 수 있다. 이처럼 물질과 자연을 생성의 장으로 여기는 관점은 물질 페미니즘material feminism 사조와도 상응한다.[1] 이리가레와 마찬가지로 물질 페미니즘 또한 자연과 물질을 전면적으로 재개념화하기 때문이다. 그리하여 물질 페미니즘은 물질과 자연을 이제는 수동적 질료나 부동不動의 본질이 아니라, "행위적 힘agentic force"(Alaimo and Hekman 2008, p. 7)을 가진 행위자로 재정의한다. 이러한 관점에서, 기존의 섹스–젠더 범주는 여성의 몸의 물질성이 지닌 변화 가능성, 생성력, 자기 구성력 등을 간과하거나 여성의 몸의 물질성을 텍스트라는 기호적 요소로 환원해버리고 마는 문제적 체제라고 해석 가능하다. 이에 반해, 이리가레가 제시하는 성차는 이 두 범주의 경계 짓기를 허물고 이를 초과해버리는 것이라 할 수 있다. 필자가 이리가레의 성차에 주목하는 이유는 현재 한국 페미니즘이 직면한 난국—여성을 심리적 지향성이나 여성성이라는 젠더 규범의 수행효과 등으로 축소하는 포스트모더니즘postmodernism 페미니즘 진영과 여성을 기존의 생물학적 섹스 개념으로 환원하는 래디컬radical 페미니즘 진영 간의 격심한 충돌—을 타개

---

1 사회구성주의와 후기 구조조의의 영향력으로 인해 페미니즘 이론에서 몸의 물질성의 문제, 생물학적 몸의 역동적 차원, 인간의 몸과 비인간 물질성의 교직의 문제들이 모두 탈각되어버린 것에 대한 문제의식 속에서, 새로이 등장하고 있는 페미니즘 사조 중 하나가 스테이시 앨러이모Stacy Alaimo와 수잔 헤크먼 Susan Hekman의 물질 페미니즘이다. 물질적, 존재론적 전회로 일컬어지는 이 사조는 다이애나 쿨Diana Coole과 사만다 프로스트Samantha Frost에 의해 신 페미니스트 유물론renewed materialist feminism(2010)으로 명명되기도 한다.

하는 이론적 열쇠가 될 수 있다고 보기 때문이다.

사회구성주의, 포스트모더니즘 계열의 페미니즘은 성차를 생물학적 결정론으로 오인하여 몸의 실재성을 부정하거나 이를 담론효과로만 축소해오고 있다. 이로써, 인과 법칙에 종속된 물질성의 영역으로 여겨지는 섹스 범주를 서둘러 폐기하거나 사회문화적 구성물로서의 젠더 개념에 섹스 개념을 포섭해 젠더 수행성의 효과로만 성차의 문제에 접근하는 데에 그친다. 그리하여 "젠더 범주를 섹스 범주에 비해 더 선호하는 일이 생물학적 환원주의의 위험이라는 이름으로 방어되어 왔"(Gatens 1996, p. 4)으며, 일말의 정치적 변혁 가능성을 열기 위해, 결정론적인 자연에 해당하는 섹스 개념 대신, 변화 가능한 사회적 구성물로서의 젠더 개념에 방점이 찍히게 된 것이다. 이러한 입장에서, 성차는 우연적인 것, 허상인 것, 구성된 것, 부차적인 것, 심리적인 것, 재조합 가능한 것으로 오인되어왔다. 그러나 이리가레가 제시하는 성차는 허상이 아니라, 인간 존재를 구성하는 "가장 근원적이고 보편적인 차이"(Irigaray 2008, p. 77)이자 존재론적 토대에 해당한다. 성차는 "차이화의 힘"이자 "존재론적인 힘"(Grosz 2005, p. 172)이며 역동적인 물질성의 에너지이다. 그러하기에, 성차가 가진 물질성의 차원을 재현의 문제로 국한해버리는 젠더 개념은 한계가 있다고 할 수 있다. 나아가 성차는 한국의 래디컬 페미니즘이 방점을 찍고자 하는 기존의 섹스 개념과도 구분된다. 왜냐하면, 기존의 섹스 개념은 몸의 물질성이 가진 행위역량과 생성, 변화 가능성이라기보다는 생득적인 것, 이미 결정된 것, 해부학적 운명, 생물학적 실체 등으로 한정된다는 점에서, 이리가레가 제안하는 성차와 조응하지 않기 때문이다.

이처럼 섹스 범주 또는 젠더 범주로 여성이라는 존재를 국한하고

자 하는 것은 "여성이란 구성인가? 실재인가?"라는 질문에 대한 각기 다른 파편화된 답변 방식이기도 하다. 섹스 범주가 여성을 생물학적인 실체, 고정된 본질로 본다면, 젠더 범주는 여성을 사회문화적 구성물이자 언제든 해체 가능한 허상으로 규정한다. 필자에게 있어, 이두 답변 방식 모두 불충분할 뿐 아니라 오류로 판단되는데, 왜냐하면 여성은 자기 구성력을 가진 몸의 물질성에 의해 변화, 생동하는 존재론적 실재이기 때문이다. 즉 여성은 구성이자 실재인 것이다. 여기에서 역동적인 생성지대로서의 몸의 물질성과 밀접한 연관성이 있는 성차란 자기 자신과의 관계는 물론, 세계와의 관계, 나아가 의미와 언어, 욕망을 생성하고 창조하는 경로이다. 필자에게 있어, 이리가레의 성차는 수동적 자연과 인위적 문화, 생물학적 결정론과 사회구성주의라는 이분법을 넘어서는 도나 해러웨이Donna Haraway의 자연문화natureculture(Haraway 1990, p. 192) 개념과 공명하는 것이다. 왜냐하면, 성차는 "자연과 문화 사이의 연결성을 매 순간 작동하거나 작동해야만 하는 차이"(Irigaray 2008, p. 77)이기 때문이다. 또한, 이것은 물질 페미니즘에서 제안하는 물질과 의미의 어셈블리지material-semiotic assemblage이기도 하다. 섹스 범주를 수동적 물질의 영역에, 젠더 범주를 능동적 의미화의 영역에 구획해오던 기존의 섹스-젠더 체제로는 도무지 파악되지 않는 것이 바로 물질-의미의 상호교직체로서의 성차일 것이다. 왜냐하면, 존재론적 차이로서의 성차는 더 이상물질과 자연을 "의미화를 기다리는 수동적인 빈 서판이나 표면 또는지대"(Barad 2008, p. 139)로 축소하지 않을뿐더러, 의미meaning 역시성차라는 차이의 몸 역학에 의해 생산되는 것이지 몸의 물질성을 부정함으로써 산출되는 언어적 효과나 "개별적 단어들 또는 단어의 그

룹이 가진 속성이 아니기"(Barad 2008, p. 139) 때문이다.

이리가레에게서 성차란 존재론적인 차이로서 여타의 다른 권력기제에 의한 차이들과도 구분된다. 왜냐하면 "인종, 민족, 종교, 계급 등에 따른 차이들이 사회문화적으로 구성된 차이"(황주영 2015, p. 474)라면 성차는 자연문화를 모두 가로지르는 존재의 토대이자 "다른 자연적, 문화적 차이들의 출현 조건"(Grosz 2012, p. 73)이기 때문이다. 나아가 성차는 한 성을 다른 성으로 축소하거나 동일시할 수 없는 차이의 차이라는 점에서 존재론적 차이이며 개념에 의해 포섭될 수 없는 것이다. 왜냐하면, "존재라는 근본 범주는 모든 일반 범주 속에 포함될 수밖에 없고 실제로 포함되어 있지만, 그 일반 범주에 의해서는 포착될 수 없"(김상환 2019, p. 89)는 것이기 때문이다.

그러나 이성 중심주의적인 사고와 언어체계는 이러한 성적 차이를 동일성의 원리로 환원해왔다. 이로써 차이를 무화해왔고 존재의 지평을 협소하게 만들어왔다. 그리하여 오로지 남성이라는 성만이 존재의 표준형으로 설정되었고 여성은 이러한 남성의 결핍형 또는 남성의 반대면으로 인식, 재현되어왔다. 즉 "두 개의 성은 존재하지 않"(Irigaray 1977, p. 68)으며 오직 하나의 성, 남성이라는 성만이 남성중심적 욕망경제와 언어 질서 속에서 굳건히 뿌리내려져 온 것이다. 그리하여 여성과 남성 간의 성차가 위계화된 서열로 축소되어버림으로써 온전한 남성과 덜된 남성 — 여성 — 이라는 남근 일원론의 세계상만이 메아리칠 뿐이다.

뤼스 이리가레는 이를 "거울 체계"(이리가라이 2000, p. 202)라고 부른다. 왜냐하면, 이 거울은 오로지 남성만을 비추어내는 것이기 때문이다. 유일하게 볼 수 있는 것, 알 수 있는 것이란 남성을 위한, 남성을 향한, 남성의 것으로 한정된다. 여기에서 이리가레가 정의 내리는 거울이란 오직 한 방향으로의 투사만이 가능하며 반복적으로 같은 것만을 되돌아오게 하는 동일성의 체제를 가리킨다. 이러한 평면거울의 질서에서 여성은 남성의 가치와 욕망을 오롯이 투사해내는 남성의 나르시시즘을 위한 투명한 표면으로만 존재할 뿐, 자기 자신이나 다른 여성들과의 관계를 비추어낼 수 없다. 뤼스 이리가레에게 평면거울 plane mirror은 성차를 은폐하고 여성의 쾌락을 침묵시키는 것이자 여성을 고정된 결정체이자 남성욕망의 받침대로 만들어버리는 것이다.

　에두아르 드바-퐁상 Edouard Debat-Ponsan의 「우물 밖으로 나온 진리 La Vérité sortant du Puits」라는 그림에 주목해보도록 하자. 진리를 형상화하는 반나체의 여성이 한껏 들어 올린 저 거울은 과연 무엇을 의미하는가? 이는 평면거울에 맞서 또 다른 거울을 들어 올린 이리가레의

거울인 스펙큘럼 speculum으로 해석 가능하다. 이리가레가 들어 올린 거울은 이제는 편평한 거울이 아닌 오목거울 concave mirror로 신체의 내부나 구멍들을 들여다보게 하는 용도로 주로 사용된다. 지금 이 그림에서는 반나체의 여성이 우물이라는 심연의 구멍으로부터 빠져나와, 남성중심적

에두아르 드바-퐁상의 「우물 밖으로 나온 진리」(1898)

인 동일성의 세계를 통렬히 비추어냄과 동시에 이 세계에 균열과 구멍을 내려 하고 있다. 남근 질서의 자기 동일성의 매끈한 환상을 깨뜨린 후, 이 체제의 구멍과 공백을 감히 들여다보고자 하는 여성, 그리고 이를 저지하고자 안간힘 쓰는 남성들이 이 그림에서 대조적으로 배치되어 있다. 바로 그들의 손아귀로부터 여성은 박차고 나오는 중이다. 또한, 이 여성은 자신의 몸, 그중에서도 제대로 보이지도 제대로 존재하지도 않는 구멍으로 환원되던 여성의 성기를 은폐하던 천 조각들마저 발기발기 찢어버릴 것이다.

이리가레가 평면거울에 대비시켜 가치화하고 있는 오목거울은 반사된 광선을 모두 한 점에 모을 수 있는데 이렇게 수렴된 빛을 모아 불을 점화하는 역할을 할 수 있다. 또한, 오목거울은 물체의 위치에 따라 맺힌 상의 모양과 크기를 다르게 나타낼 수 있다.[2] 이러한 관점에서 보자면, 검경은 성차가 삭제된 남성의 자기 동일적 세계의 허상들에 초점을 모아서 이를 산화시키는 불씨를 지펴내는 도구로 기능할 수 있다. 또한, 검경은 저 멀리 떨어져 있어서 보편적이고 중립적으로 보이던 남성세계의 상들을 상하 반전시켜, 그 이면에 면면히 흐르던 편향성과 폭압성, 편협성 등을 낱낱이 뒤집어 폭로해내는 도구로 작동할 수 있다. 그뿐만 아니라 검경은 시각만이 아니라 촉각이라는 감각을 촉발하는 접촉하는 거울로서의 특성을 갖는다는 점에도 주목해야한다. 이처럼 "오목거울과 스펙큘럼(검경)의 개입은 지나치게 남성적인 기준에 의한 재현의 몽타주를 방해"(Irigaray 1977, p. 150)함으로

---

2   오목거울에서는 물체가 초점 안쪽에 놓이면 물체의 상이 크게 확대되고 물체가 초점 바깥쪽에 놓여서 멀어지면 크기가 작아지고 상하 반전이 일어난다.

써, 남성을 오롯이 비추어내는 표면이자 남성의 그림자로 여성이 남는 것을 더는 불가능하게 한다.

이 글은 이리가레의 도전적인 초기 저작들—『하나이지 않은 성 Ce sexe qui n'en est pas un』(1977)과 『검경 : 다른 여성들에 대하여 Speculum : De l'autre femme』(1974)를 중심으로, 다음 세 가지를 논해보고자 한다. 첫 번째로 하나로 축소되지 않는 여성의 자기 성애적 충족성이 기존의 남근선망 penis envy 구조를 어떻게 해체하는가를 살펴볼 것이다. 두 번째로 거대하고 초월적이며 절대적으로 보이는 남근 질서가 페니스 형태론에서 출발하는 유약한 것임을 드러내는 음순 형태론이 어떠한 측면에서 생물학적 본질론이 아닌 여성의 욕망, 의미, 언어와 이어지는가를 분석할 것이다. 세 번째로 유체적인 여성의 몸이 고체의 질서인 남근체제에 의해 경계 지어지고 추상화되어 남성들 간의 교환대상이 되는 경로를 추적할 뿐 아니라, 남성의 나르시시즘적 자기 증식의 메커니즘 또한 해부할 것이다. 나아가 남성중심적 욕망경제가 허락하지 않은 여성과 여성들의 관계 구축의 함의와 여성 계보학의 창조 가능성에 대해 탐색해볼 것이다. 이를 통해, 가부장제를 부수는 여성의 유체적 몸과 욕망, 언어에 대한 이리가레의 시론이 현재 한국 페미니즘 운동과 물질 페미니즘 material feminism의 교차로에서 얼마나 유용한지, 나아가 몸의 물질성의 문제를 탈각하지 않는 첨예한 사유 경로인지를 살펴보고자 한다.

하나이지 않은 자기 성애적인 몸

"여성의 자기 성애는 남성의 그것과 매우 다르다. 남성이 자신을 만지기 위해서는 도구—그의 손, 여성의 성기, 언어 등… —가 필요하다. 그리고 이러한 자기 애무에는 적어도 최소한의 활동이 요구된다. 여성은 매개물도 없이 능동성과 수동성의 구별이 이루어지기도 전에, 자기 자신 안에서, 그리고 자기 자신과 스스로 접촉한다. 여성이 그렇게 하는 것을 금지하지 않는 한, 여성은 항시 스스로를 만지고 있다. 왜냐하면, 여성의 성기들은 지속적으로 서로를 껴안는 두 입술(음순)들로 이뤄져 있기 때문이다. 그러하기에 여성은 자신의 안에서, 하나 안에서 나뉘지 않은 이미 둘로서 서로를 애무하고 있다."(Irigaray 1977, p. 24)

프랑스 페미니스트 철학자인 이리가레는 음순을 입술로 쓰기도 하는데, 왜냐하면 프랑스어의 레브르lèvre라는 단어는 입술과 음순이라는 의미층위를 중층적으로 갖기 때문이다. 윗입술과 아랫입술이 스치고 맞닿고 벌려질 때야 말이 피어나듯이, 음순 또한 대음순과 소음순들이 끊임없이 접촉하고 움직임으로써 여성의 자기 성애와 자기 충족성의 장이 비로소 열린다. 이리가레에게 여성의 몸은 이미 그 자체로 일렁이는 것이다. 여성의 몸은 이미 항시 스스로의 몸과 맞닿아 있는 것이자 자기 자신과의 접촉을 통한 전율과 파동에 가로질러져 있다. 왜냐하면, 여성은 스스로를 항시 만지고 있을 뿐만 아니라 스스로 만져지는 몸이기 때문이다. 여성의 몸은 만지는 능동성과 만져지는 수동성의 완전한 구분이 적용될 수 없다는 점에서, 주체와 객체, 관찰자와 대상을 상정하는 기존 인식론의 임계점을 구성한다. 다시 말해, 여성의 몸은 이미 그 자체로 자기 성애적이며 자기 충족적인 것이다. 이에 반해 남성의 몸은 어떠한가? 남성은 자기 손을 포함하여 "스스로를 만지기 위한 도구"(Ibid., p. 24) 없이는 결코 자기 성애에 이르지 못하는 결핍된 존재로 그려지고 있다. 이처럼 이리가레는 남성의 자기 성애의 불능성과 도구 의존성을 명확히 통찰해내었다. 그렇다면 이제 우리는 여기에서 한 발짝 더 나아가 남성의 자기 성애의 불능성이 무엇을 낳는가를 고찰할 필요성이 있다. 이는 오나홀이라는 사물화된 여성 신체 이미지의 파편화를 통한 여성의 성적 도구화, 리얼돌 realdoll—섹스돌 sexdoll의 일종으로 머리부터 발끝까지 여성 신체를 고도로 모사해내는 인공물—이라는 사물화된 여성 신체 이미지의 통합화에 의한 여성의 성적 도구화를 정당화하는 것으로 이어진다. 그뿐만 아니라, 여성을 성착취(성매매)하거나 여성의 온몸을 욕망 그릇이라는 방출소나 삽입 구멍으로 환원하는 폭력적 성적 실천의 양상들을 산출해내기도 한다. 다시 말해, 남성의 폭압적 성애 실천과 여성에 대한 성적 사물화의 양상들은 남성의 자기 성애의 불능성, 무능성을 강박적으로 상쇄하고자 하는 기제이자 자신의 도구 의존성을 여성이라는 타자의 신체에 대한 도구화로 전면 전환함으로써, 자신의 의존성을 전능성으로 치환해내려는 전술로 해석할 수 있다.

이에 반해, 여성은 자기 손을 포함하여 "도구 없이도 이미 영향을 받을 수 있다는 것, 도구에 의존하기 전에 그 안에서 스스로를 만질 수 있다는 사실"(Ibid., p. 131)에 의해, 여성 쾌락의 촉각적 충만성이 흐드러지게 드러난다. 이러한 관점에서, 여성의 몸과 대비되는 남성의 몸은 자기 충족성의 조건을 갖추고 있지 못한 몸, 다른 것에 의존해야만 하는 몸으로 해석 가능하다. 이 지점은 매우 혁명적인데, 왜냐하면 이는 프로이트와 라캉의 남근중심주의적 관점—여성의 몸을 잘린 페니스, 페니스가 거세된 상태로 인식해오던 오래된 사고틀—을 뒤집어 엎기 때문이다. 이처럼 이리가레는 여성의 몸을 자기 성애의 공간, 자기 충족적 공간으로 재해석해냄으로써, 결핍항으로 여겨지던 여성을 존재의 표준형으로 재가치화하고 있다. 이 사회가 여성에게 주입해왔던 "남근선망"(Irigaray 1985, p. 55)—페니스가 결여된 존재인 여성이 페니스를 갖기 위해서, 남성과의 성관계를 욕망하거나 남아를 갖고자 하는 욕망—이란 결국 남성이 여성이라는 타자에게 자신의 결핍을 투사 projection하는 방식에 불과했음을 통렬히 보여주는 지점이기도 하다.

그렇다면 자기 성애적 존재가 아니어서 끊임없이 타자를 소환해야만 하는 의존적 존재인 남성, 바로 그들이 구축한 남근 질서는 과연 무엇을 목적으로 하는가? 남근 질서는 여성의 자기 성애적, 자기 충족적인 몸에 대한 시기로부터 추동되는 것이자 여성의 자기 쾌락의 역사를 망각의 역사로 만들어버리는 데에 그 목적이 있다고 할 수 있다. 다시 말해, 남근 질서는 여성의 남근선망 구조에 의해 지탱되는 것이 아니라, 남성의 여성시기 구조에 의해 세워진 것으로 해석 가능하다. 이러한 관점에서, 남근 질서는 "여성의 성기를 스스로 멀어지게 하고 여성으로부터 자기 성애를 빼앗아가는 방식들"의 총체이자 여성들을 "자기 자신으로부터 추방"(Irigaray 1977, p. 131)당하도록 만드는 기나긴 통제의 방식이라 할 수 있다. 이미 그 자체로 항시 접촉하고 있는 여성 쾌락의 초과성과 충만성을 어떻게 해서라도 무효화하기 위한 일련의 전술, 전략들이 이성적 언어 질서와 남성중심적 욕망경제의 구축 원인인 것이다.

페니스 형태론을 넘어서는 음순 형태론의 도래

남근 질서의 목적이 남성의 우월성과 완전성을 구현하는 데 있는 것이 아니라, 여성의 자기 성애적 충만성과 자기 충족성에 대한 시기와 여성 쾌락에 대한 부정과 망각의 역사 구축에 있다고 보는 필자의 해석은 이리가레의 저서인 『하나이지 않은 성』이 가진 도발성과 혁명성을 잘 드러내어 준다. 이리가레는 남근 질서의 목적뿐만 아니라, 남성중심적 사고의 기틀이 어떻게 기원하고 형성되었는가 또한 추적하고 있다. 이리가레에게 남근중심적 사고는 페니스라는 남성의 성기 이미지를 기반으로 한 남근 형태론에서 출발하여 팔루스phallus라는 초월적 기표로 추상화되는 궤적이기 때문이다. 거대하고 초월적이며 절대적으로 보이는 남근 질서가 페니스라는 남성 신체의 상상적 이미지로부터 구축된 유약한 토대에 기반해 있다는 점에 주목할 필요가 있다. 이는 페니스와 팔루스의 밀접한 연관성을 보여주는 것이자, 페니스라는 "남성적 신체의 상상적 형태학이 (남근적) 상상계와 상징계의 골격을 세우는 것"(황주영 2017, p. 26)임을 입증해주기 때문이다. 이리가레는 이러한 남근 형태론에 기반한 남근 질서를 뒤흔들기 위해, 그 누구도 제대로 말하지 않았던 여성 성기의 형태론으로부터 출발하고자 한다.

그런데 여기에서 주의해야 할 점은 형태론morphology과 해부학anatomy은 구분된다는 점이다. 이리가레가 비판적으로 분석하고 있는 프로이트의 남근 형태론은 생리학적인 페니스와 고환 등의 총체를 해부학적으로 묘사, 설명하는 용도를 갖지 않는다. 프로이트에게서 남근은 페니스를 가리킬 뿐, 고환에 대한 언급은 일절 없다. 그의 남근 형태론이란 상상적인 신체 이미지이자 남근 일원론이다. 그러하기에, 남근 형태론에서 여성의 클리토리스clitoris는 작은 페니스로 동형 구조화되어버린다. 프로이트의 시각적 분석의 장에서, 여성의 성기는 잘린 페니스이자 남성적 리비도Libido를 상징하는 클리토리스, 정상적 여성으로의 이행을 나타내는 질만 존재할 뿐, 음순에 대한 분석은 그 어디에도 존재하지 않는다. 그의 눈은 의도적으로 음순을 삭제해버리고 만 것이다. 왜냐하면, 남근 형태론은 남근 일원론이기에, 여성의 클리토리스를 잘린 페니스로, 여성의 질을 남근 덮개로 인식, 재현하는 데에 그칠 뿐 아니라, 남근 형태론에 부합하지 않는 음순은 철저히 탈각해버림으로써 남근 일원론의 일관성을 보장하고자 하기 때문이다. 또한 "여성은 남성적 모델에 따라 자기 성애를 하지 않"(이리가라이 2000, p. 175)음에도 불구하고, 프로이트는 클리토리스를 손으로 만지는 여아의 행위를 작은 페니스의 "남근적 자기 성애phallic auto-eroticism"(Irigaray 1985, p. 28)의 양태로 하향 조정해버린다. 이로써 여성의 성기를 남성의 거울로 축소하고자 했다. 이처럼 남근적 쾌락을 유일한 쾌락으로 정초함과 동시에, 남근을 유일한 존재의 표준형으로 설정하는 것을 거부하고자, 이리가레는 하나이지 않은 두 음순들의 충만한 자기 성애를 시론화한 것이다.

"그 어떠한 음순들, 외음부들은 (남아나 여아라는) 두 성 중 어느 성에 의해서도 발견되지 않는다. 그러나 이 모든 것은 매우 완벽하게 접근 가능한 것이어서, 어린 소녀가 이것들에 대한 감각, 감수성을 발견하는 일은 결코 실패할 수 없다. 〔…〕 프로이트에게 접촉하고 애무하며 음순과 외음부 사이가 벌려져 있음으로 인해 얻어지는 쾌락이란 존재하지 않는다. 그는 이에 대해 인식하지 못하거나 이에 대해 알지 않는 것을 선호한다."(Irigaray 1974, pp. 29-30)

프로이트는 음순에 대한 무지의 권력을 발휘한다. 음순을 알지 않아도 되는 것, 보여도 보이지 않는 것, 언급할 가치가 아예 없는 것으로 만들어버리는 무지의 권력은 인식의 장은 물론 존재의 장까지 일방적으로 결정해버린다. 즉 음순의 모호한 기능성—남성적, 공격적 리비도로서의 클리토리스이거나 수동적, 억압적 리비도로서의 질로 축소될 수 없는 것—으로 인하여, 음순은 남성 욕망경제의 시각장에서 철저히 추방당한 것이다. 이러한 맥락에서, 이리가레가 두 입술이라는 음순의 형태론으로부터 출발하는 것은 매우 중요한 지점으로 해석된다. 이는 프로이트가 간과한 부분에 대한 첨예한 문제의식의 표출이자 여성의 쾌락과 욕망, 여성의 언어를 향한 출발점이라 할 수 있기 때문이다. 왜냐하면, 남근 형태론으로부터 남근 질서라는 상징계가 탄탄히 구축되었다면, 이제 음순 형태론으로부터 남근 질서에 포박되지 않는 새로운 상징 질서에 대한 창조 가능성이 비로소 열릴 수 있기 때문이다. 이리가레 역시, "작동시켜야 할 것은 여성의 자기 성애를 가능하게 하는 통사론이 될 것"(이리가라이 2000, p. 175)임을 명시하고 있다. 음순 형태론은 능동성과 수동성, 남성적인 것과 여성적인 것 등의 이분법을 모두 넘어서는 것으로, "남성을 위하여, 남성에 의해 정의되어왔던 방식 그대로 여성을 바라보면서, 여성을 (남근중심적) 체계 내부에 가두어버리고 규정하고자 하는 모든 시도, 이를 초과해버리는 어떤 것이 있음"(Whitford 1991, p. 27)을 드러내 주는 것이다.

음순 형태론은 여성의 자기 성애적 쾌락으로부터 비롯된 여성의 욕망과 의미, 언어의 장으로 우리를 이끄는 도약대이다. 이리가레에게 의미는 추상적인 기표의 장에서 단독적으로 촉발되는 것이 아니라, 성차화된 몸으로부터 다른 의미와 다른 욕망들, 다른 쾌락의 양태들, 다른 언어가 도래하는 것이다. 왜냐하면, "성차는 생물학적 신체의 차이일 뿐 아니라 그 신체를 통한, 그 신체에 의한 세계 내의 경험 차이를 포함하며, 그 경험에 대한 표현과 의미작용 역시 포함"(황주영 2017, p. 38)하기 때문이다. 즉 물질과 의미는 독립된 두 단위가 아니라 이미 얽혀 있는 것이다. 성차화된 몸은 이러한 "물질 - 담론적 실천들material - discursive practices"(Barad 2008, p. 140)의 장이다. 이러한 관점은 캐런 배러드Karen Barad의 신유물론new materialism 페미니즘과도 이어지는데, 배러드에게 "담론적 실천은 발화 행위들, 언어적 재현물들이 아니"며, "의미와 마찬가지로 물질 역시 개별적으로 표현되거나 고정된 실체가 아니"(Ibid., p. 139)라, 이 둘—물질과 의미—은 "상호적으로 연결되어 있는 것"(Ibid., p. 140)이기 때문이다. 캐런 배러드와 마찬가지로 이리가레에게도 성차화된 몸은 새로운 물질 - 의미의 교직체를 부상하도록 하는 존재론적 장이라 할 수 있다.

이러한 맥락에서, 현재 한국 페미니스트들이 전개해 나가고 있는 야망보지 프로젝트ambitious vulva project는 이리가레의 음순 형태론에 기반한 여성 쾌락과 욕망, 의미론과 공명하는 지점이 있다. 왜냐하면, 야망보지 프로젝트는 남근만을 유일한 존재의 표준형이자 가치의 지표로 여겨온 남근중심주의에 대한 전면 도전으로서 여성이 정의 내리는 여성의 욕망과 의미, 언어 창안에 대한 시도들이자 남근에 대한 대항기표를 생산해내는 방식이기 때문이다. 이리가레가 남근 형태론에 대한 대항적 상상계로 음순 형태론을 제안했다면, 한국 페미니스트들은 남근에 대한 대항기표로 야망보지를 제창한 것이다. 그런데 한국 사회는 지금껏 여성의 입에 '보지'라는 단어가 오르내리는 상상조차 여성들에게 허락하지 않아왔다. 왜냐하면, 이 단어는 천박한 것, 부끄러운 것, 언어화되어서는 안 되는 것으로 여겨져왔기에 일상에서는 물론 학문적 담론장에서도 금기시되었기 때문이다. 오직 이 단어는 여성의 저항적 자기 구성력을 철저히 무화하기 위한 모욕주기와 낙인의 언어로서 남성들에 의해서만 일방적으로 소환되어왔다. 또한, 여성의 성기는 열등성과 외설성의 장으로 남성 욕망경제에 의해 정의되어왔다. 그런데 이제 한국 페미니스트들은 이 기표를 다시 탈환해옴으로써 여성의 성기와 결핍, 구멍, 수동성을 함께 조합해내던 전형적 의미 세트 대신, 여성의 성기와 야망, 도전정신, 새로운 생애주기의 발명, 새로운 가치들의 창안 등이라는 이질적 조합을 시도 중이다. "재현의, 담론의, 욕망의 대상으로만 존재해온 여성들이 스스로 보고 말하기 시작한다면, 어떤 일이 벌어질지를 상상"(태혜숙 2000, p. 234)해내는 방식이 바로 야망보지 프로젝트인 것이다. 한국 페미니스트들은 "대상으로서 고정된 성질을 버리고 새롭게 상상하고 말하기를 꾀"(Ibid., p. 234)하고 있으며 이는 이리가레가 걸출하게 묘사하고 있는 두 입술(음순)이 만나는 장면과 오버랩된다. 왜냐하면, 두 가지 모두, 여성의 열등성과 종속성, 결핍성을 주지시켜온 기나긴 남근 질서에 대한 전면 대항이자 여성에 의한, 여성을 위한, 여성들의 새로운 상상계와 상징계를 주조해내기 위한 작업들이기 때문이다.

유체의 몸과 포획된 고체의 몸

이리가레에게 여성의 성기는 남성만을 비추어내는 동일성의 체제인 평면거울 자체를 박살 내버리는 것이다. 여성의 음순들이 서로 만날 때 남근 질서의 흐름을 망쳐버리는 한계 없는 움직임으로 인하여 "순결과 비순결 간의 단절"(Irigaray 1977, p. 210)이라는 남근 중심적 분류 지점마저 파기되어 버리기 때문이다. 여성의 음순들은 남성중심적 욕망질서가 부여한 기능과 기관으로 축소되지 않는 것이자 "항상 도처에서 변질을 겪는 것"(Ibid., p. 210), 흘러넘치는 것이다. 또한, 이것은 "순결한/순결을 잃은, 순수한/오염된, 순진무구한/능수능란한 등이라는 그들(남성들)의 울타리와 경계, 구분과 대립으로 벗어나"(Ibid., p. 211) 있다. 즉 이것은 남성중심 사회가 정한 여성성의 체제—어머니라는 역할로도, 처녀라는 역할로도—환원될 수 없는 것이다. 여성의 몸은 남성에 의한 가치체계에 포섭되지 않는 것, 측정되거나 계량화될 수 없는 것이기 때문이다.

남성의 자기 증식의 역사

이리가레는 여성의 몸을 액화된 것, 유동적인 것, 비규정적인 것이며 "모든 정지된 동일시에서 벗어나 있는 것"(Ibid., p. 115)으로 여긴다. 이리가레가 제안하는 이러한 유체성의 은유는 주체와 객체, 정신과 육체 간의 이원론에 입각한 데카르트적 존재론을 위협하는 것이자 유동성과 역동성을 존재론의 차원으로 끌어올리는 역할을 한다. 엘리자베스 그로츠 Elisabeth Grosz는 데카르트의 이원론적 존재론을 "고체의 메커니즘"(Grosz 1994, p. 204)으로 정의 내리는데, 이는 자기 동일성의 원리에 입각하여 타자를 자신의 반사면으로 환원하거나 타자의 차이를 다름이 아닌 열등성으로 응결해버리는 것을 가리킨다. 또한, 아이리스 영 Iris Young은 이리가레의 유체성의 은유를 "여성의 욕망으로부터 발생된 (새로운) 형이상학"(Young 1990, p. 192)으로 정의 내리기도 한다. 여기에서, 유체적 몸이란 끝없는 생성의 리듬이자 물질성의 흐름으로 "고체의 칸막이들을 가로질러"(Irigaray 1977, p. 110) 버리는 역동성이자 초과성을 뜻한다.

하지만 남성체제는 여성의 몸을 "자연적 육체와 사회적으로 가치 있는 교환 가능한 육체"(Ibid., p. 176)로 나눔으로써 통제 가능한 것으로 전환하고자 한다. 이 두 몸들은 남성중심적 질서에 포박되어 기능주의적으로 분절된 파편들이자 남성에 의해 사유화될 수 있고 남성들 간에 교환 가능한 대상을 가리킨다. 남성체제는 여성의 몸을 남성들 간에 유통, 소비, 매매, 소유 가능한 상품으로 포획, 변환함으로써 남성 주체들 간의 연대와 경쟁을 촉진한다.[3] 남성중심적 사회의 기초이자 "경제적, 사회적, 문화적 질서의 토대를 보장"(Ibid., p. 167)해온 것이 바로 남성들 간의 여성 교환의 역사이기 때문이다.[4] 이러한 관점에서, N번방과 박사방과 같은 실시간 집단 성착취 범죄는 아주 예외적 사태가 아니라, 남성들 간의 여성 교환 문화의 연장선에 있는 것이

---

3 명절이나 생일에 친구들과 무리 지어 성착취(성매매) 업소에 간다든가, 회사 회식에서 룸살롱이나 노래방에 가서 성 구매를 하는 일 등이 남성들 간의 놀이 문화로 이 사회에서 널리 용인되고 있다. 그뿐만 아니라, 불특정 다수의 여성의 신체나 자신의 여자 친구나 동료, 지인의 신체를 동의 없이 찍어 유포하는 디지털 성폭력 범죄의 일상화와 만연화는 남성들 사이에서 여성의 몸이 어떻게 거래, 소비, 유통되는가를 여실히 보여준다.

자 이것의 가장 극단화된 버전이라 할 수 있다. N번방에서 여성은 오직 교환, 판매, 양도 가능한 재화로서 입장 가능했지, 자기만의 언어와 욕망, 존엄을 가진 존재로는 전혀 인식되지 않았으며 오직 남성들만의 서열 경쟁과 여성 착취 연대에서 비롯된 쾌락과 권력 감각만이 난무하였다.

이리가레는 이러한 사회를 "남성이 자기와 동류인 남성을 번식시키는 역사"(Irigaray 1977, p. 168), 즉 남성의 자기 번성과 자가 증식이라는 동류의 반복행위로 정의 내린다. 남성의 남성 사랑 구조는 가정 내에서 각종 제례의식과 특권들을 아버지에게서 아들에게로 전수하는 방식으로 이루어졌다면, 사회에서는 주요 의사결정직과 부, 명예 등이 남성들에 의해 독점되는 남성 카르텔 구축으로 이어졌다. 이러한 남성의 남성 사랑 메커니즘은 이리가레뿐만 아니라, 한국 페미니스트들에 의해서도 예리하게 포착되었다. 그리하여 "남성은 여성을 사랑하지 않는다. 남성은 남성을 사랑한다."라는 문장이 2018년 4월

---

4 각주 3에서 든 참혹한 예시들이 아니더라도, 이 사회의 많은 제례문화와 전통적 통념들은 남성의 여성 교환과 여성 소유의 역사를 잘 보여준다. 결혼식장에서 신부의 아버지가 신랑에게 신부를 인도해서 데려다주는 입장 방식도 아버지라는 남성에게서 남편이라는 다른 남성에게로 여성이 양도되는 것을 뜻한다. 그뿐만 아니라, 임신과 출산을 통해, 아이를 낳는 일은 여성이 하지만, 그 생산물인 아이들은 부계혈통의 성씨를 따름으로써 여성과 아이가 남성에게 귀속된 존재임을 확인할 수 있다. 또한, 사회면 기사로 자주 접하는 아버지(남편)에 의한 가족 구성원 살해와 아버지 본인의 자살 미수 사건 역시, 자신의 사유물이라고 여기는 아내와 아이들의 생명을 아버지가 마음대로 처분할 수 있다는 가부장적 인식에서 비롯된 것이다. 이러한 예시들을 통해, 남성들 간의 여성 교환과 남성의 독점적 소유권이 우리의 일상과 삶을 구조화하는 원리임을 인식할 수 있다.

부터 SNS 트위터와 다음Daum 여초 카페를 중심으로 널리 공유되었다. 그렇다면 여기에서 남성의 남성 사랑은 과연 무엇을 의미하는가?

> "첫 번째로 이는 승인 심급과 관련된 것으로 남성들이 그토록 인정받고자 하는 이들은 단 한 번도 여성이었던 적이 없으며, 그들이 간구하는 승인과 인정의 날인은 오직 남성들만이 독점하고 있다는 의미이다. 두 번째로 이는 동일시의 지점과 관련된 것으로, 남성이 가닿고자 열렬히 모방하는 상징적 동일시라는 이상적 지점들 또한 여성이 아닌 남성들이라는 뜻이다. 다시 말해, 남성들 간의 경쟁과 승인, 인정 구도는 남성의 타자로서의 여성의 몸을 트로피나 포획물, 전리품으로 남성들 간에 전시, 공유, 소비하는 행위를 통해 가동되어 온 것이다. 즉 여성은 남성 연대의 끈끈한 결속의 도구이자 승자와 강자로서의 남성 서열경쟁의 매개체일 뿐이다. 남성들의 승인/경쟁/모방/인정의 심급으로 여성을 단 한 번도 상정한 적 없다는 점에서, 남성의 남성 사랑만이 존재할 뿐 남성의 여성 사랑은 성립되지 않음이 입증된다."(윤지영 2019, pp. 62-63)

이처럼 남성의 자기 동일적 자기 증식 구조를 영속하기 위한 남근 질서에서, 이성애는 남성의 여성에 대한 사랑 보증소가 아니라 여성을 매개로 남성이 자기 자신과의 관계는 물론 다른 남성들과의 관계를 확립하는 경로라고 할 수 있다.[5] 이리가레는 『하나이지 않은 성』에

---

5 "이성적 성욕은 지금까지 남성의 자기 자신에 대한 관계들, 남자들 사이의 관계들의 순조로운 진행에 관한 하나의 구실에 지나지 않는다."(Irigaray 1977, p. 168)

서, 이성애가 남성의 남성 사랑의 체제, 나르시시즘적 남성 사랑의 질서임을 날카로이 드러낸다. 이러한 체제에서, 여성의 몸은 남성의 자기 번식을 위한 용도를 지닌 어머니라는 자연적 육체로 축소되거나 남성들 간의 경쟁과 인정, 연대의 경제를 지탱하는 교환가치로서의 처녀라는 사회적 육체로 환원된다. 어머니라는 자연적 육체는 여성이 생산해낸 아이들에게 아버지의 이름만이 표식되게 하며, 남성 자신에 의한 남성 번식 장소의 최소 단위로 가정을 사유지화하게 만든다. 이에 반해 처녀는 순수한 "교환 가치에 속"하는 이로서 "남자들 간의 관계들의 가능성, 장소, 기호 이외에는 아무것도 아니다."(Irigaray 1977, p. 181) 그뿐만 아니라 교환가치로서의 처녀는 스스로는 존재할 수 없으며 교환경제에 참여한 적어도 두 남성 이상의 존재 없이는 그 어떠한 가치도 지닐 수조차 없는 의존적 자리이다.

그리하여 "이 사회 전체는 생산 주체들과 객체들-상품들로 나누어"(이리가라이 2000, p. 227)지게 되는데 전자가 남성들의 자리라면 후자가 여성들의 자리이다. 객체들-상품들의 자리에 위치한 여성들은 남근 질서 속 남성의 사유물 또는 남성들 간의 교환 경제를 보증하는 매개물일 뿐, 교환의 장에 주체로 등장할 수 없다. 남성들 간의 여성 교환 경제를 용이하게 하기 위해서는 여성의 몸의 물질성과 실재성, 구체성은 모두 휘발된 채 추상화되고 기표화되어야 한다. 왜냐하면, 교환, 대체, 양도가 가능하기 위해서는 측량화, 계량화가 가능해야 하며 등가성을 지닌 것이어야 하기 때문이다. 바로 이러한 측면에서, 이리가레가 역동하는 자연으로서의 성차화된 몸의 물질성과 독특성에 주목한 것은 남성들 간의 여성 교환 경제를 멈추기 위한 전략으로 해석된다. 왜냐하면, 남성들에 의해 측정되는 여성들 간의 등가성

은 여성의 구체성, 개별성, 특이성에 대한 간과이자 여성에 대한 일반
화를 전제하기 때문이다. 바로 이러한 추상화 작업을 통해서만 여성
의 몸은 "남자들이 그들 간에 관계를 맺도록 하는 남근 권력의 현시와
순환"(Irigaray 1977, p. 178)을 위한 효율적 화폐 단위로 기능할 수 있
기 때문이다. 이러한 남근 질서 속, 여성은 "남성의/남성을 위한 가치
를 반영하는 거울"(Ibid., p. 173)로서만 가치를 지닐 뿐 자기 자신은
물론 다른 여성들 간의 관계로부터도 잘려나간다.

그런데 여기에서 유의해야 할 점은 여성과 남성이라는 성차와 여성
성 femininity과 남성성 masculinity이라는 성적 규범과 역할, 이미지 등
이 등치될 수 없다는 것이다. 여성은 물질적이며 몸 된 존재의 한 양
태라면, 여성성은 규정적인 본질을 한정, 제한하는 규범체계에 속한
다. 다시 말해, 여성성은 "남성들의 재현체계에 의해 여자들에게 강
요된 역할, 이미지, 가치"(Ibid., p. 80)의 산물들이다. 이러한 관점에
서, 여성과 여성성을 등치시키는 것은 여성이라는 몸 된 존재의 실재
성을 젠더라는 규범적 역할과 이미지 등의 수행효과로 축소하는 것
이자 여성의 존재를 남근 질서가 재단해버린 바로 그것으로 한정시
키는 방식이기도 하다. 왜냐하면, 여성성이란 "여성이 자기 것이 아닌
(남근적) 가치체계들 속으로 입장하는 것"이자 "남자들이라는 타자
의 필요-욕망-환상으로 감싸진 채로만 나타날 수 있고 통행"(Ibid.,
p. 132)할 수 있게 만드는 체제 순응적 기제이기 때문이다. 나아가 가
부장제에 의해 주조된 "여성적인 것이라는 가장 커다란 일반성"(Ibid.,
p. 163)의 틀은 여성이라는 존재의 보편성과 고유성을 은폐해버린다.

이러한 맥락에서, "여성성이라는 가면무도회"(Ibid., p. 132)에서 남
성으로부터 선택받고 욕망 받는 상품이나 인형으로 더 이상 유통, 교

환되길 거부하는 대항 실천, 그것이 바로 한국 페미니스트들이 전개해나가고 있는 탈코르셋 운동인 것이다. 탈코르셋 운동은 여성을 옥죄는 정신적, 신체적, 심리적 억압기제로서의 여성성의 규범을 해체하는 일이자 여성이 남성의 거울이나 상품이 아닌, 여성으로서 존재해나가기 위한 새로운 가치와 역량들을 고안해내는 물질-기호적 실천이다. 보이는 몸에서 행위하는 몸으로 나아가기 위한 이 운동은 여성성의 규범들을 유일한 여성의 생존기술로 체화하는 것을 거부하게 하고 여성이 여성으로서 존재하는 양식들을 스스로 정의하고 창안해나가도록 한다. 왜냐하면 "성차나 '여성임'이라는 것은 육체적 뿌리를 가진 주체의 구성 요소이며 존재론적 조건으로서, 그 위에 덧칠된 여성성의 정의들과는 구별"(황주영 2008, p. 31)되는 것이기 때문이다.

여성과 여성과의 관계 직조-여성의 여성 사랑의 가능성

여성이 자기 자신과 관계 맺는 법, 다른 여성들과 관계 맺는 법에 대한 구상과 기획, 실현은 새로운 상징질서를 창조해내는 경로 중 하나이다. 『하나이지 않은 성』에서 이리가레는 "여성들이 그들 사이의 장소를 구축해야만"(Irigaray 1977, p. 156) 함을 강조하고 있다. 이 문장은 여성들에게는 자기들만의 장소가 없다는 뜻이기도 하다. 왜냐하면, 남근 질서 속에서 여성들은 자기 성애와 자기 재현의 장소를 모두 빼앗겨버렸기 때문이다. 여성들은 오직 '남성의 어머니'라는 자리─아버지의 이름만이 계승되는 남성의 독점적이며 자기 동일적인 증식의 계보를 잇는 연결고리─로서만 존재해왔기 때문이다. 가부장적 가족관계 속, 어머니와 딸마저 여성과 여성 간의 관계가 아닌, "남성에 의해 투자된 모성적 기능을 반복하고 이동시키는 데"(Irigaray 1974, pp. 38-39)에 그침으로써, 그들 간의 차이는 삭제되고 언제든 대체 가능한 등가적인 것으로 상정되고 만다. 또한, 여성은 가부장제가 허락한 유일한 역할이자 위치인 모성의 자리를 두고 다른 여성들과 끊임없이 경쟁함으로써, 여성의 자기혐오와 다른 여성에 대한 적대만을 남성 사회에서 살아남을 수 있는 유일하고도 유리한 생존양식으로 습득하게 된다.

이러한 관점에서, 여성들만의 장소성을 구축하는 일은 여성 계보학의 창조행위라 할 수 있다. 여성 계보학이란 첫 번째로 어머니와 딸 간의 종적縱的 관계라는 보편성과 차이를 낳는 역사성, 여성 언어와 욕망의 통시성을 확보해나가는 계승 관계의 창조이다. 두 번째로 이것은 여성과 여성 간의 횡적 관계라는 수평적인 연대의 장이자 여성 언어와 쾌락의 시대적 공시성을 확보하는 길이다. 이러한 종적, 횡적 관계를 교직해나가기 위해서는, 여성들이 겪고 있는 억압들이 특수적이며 파편적 사안들로 간과되는 것에서 벗어나 이 문제의 보편성과 정치성을 깨달아나가는 인식론적 지평의 확보가 필요하다. 그럴 때만 "서로에 의해/서로를 위해 여성들의 욕망을 인정할 수 있는 장소, 여성들이 재규합할 수 있는 장소"(이리가라이 2000, p. 209)라는 여성 쾌락과 여성 연대의 시공간이 열릴 수 있다.

그렇다면 여성들 사이의 장소성은 어떻게 구상, 실현될 수 있을까? 한국의 페미니스트들은 비혼/반혼 여성 공동체라는 새로운 장소성, 새로운 집합 실천을 현재 시도 중이다. 여기에서 비혼은 아닐 비非에 혼인 혼婚이라는 용어의 조합으로 결혼을 더 이상 필연적인 삶의 표본으로 선택하지 않음을 선택하겠다는 것이다. 반혼이라 함은 여기에서 한 발 더 나가, 결혼을 더 이상 선택하지 않겠다는 비선택의 소극적 의미보다 훨씬 더 적극적인 뉘앙스를 통해, 부계혈통의 재생산 기제인 결혼 제도 자체에 반대하여 가부장제의 숨통을 끊어버리겠다는 전면 대항실천을 가리킨다. 즉 비혼/반혼 운동은 여성들이 남성에게 귀속되지 않고도 중장기적 비전을 가지고 새로운 역사와 언어, 욕망을 구현해나갈 수 있는 길을 모색하고자 한다. 이는 여성의 자기혐오와 여성과 여성 간의 적대와 경쟁 구조를 넘어서기 위한 것이자 여성의 여성 사랑의 가능성—여성들 간의 신뢰와 소통, 우정과 성애, 미래 공유와 연결성의 감각 등—을 피워내기 위한 전략이기도 하다. 여기에서 여성의 여성 사랑의 가능성이란 여성이 자기 자신에게 도달하기까지 너무도 많은 우회로와 장애물들에 겹겹이 둘러싸이게 만들어왔던 "사회적, 문화적 질서의 토대를 심문"(Irigaray 1977, p. 160)하는 행위이다. 나아가 비혼/반혼 실천은 여성의 새로운 생애주기의 발명과 더불어, 여성이 여성에게 물려주는 언어와 욕망, 이론과 쾌락의 역사를 열어나가는 여성 계보학의 창조선을 주파하는 길이기도 하다.

이리가레 스펙큘럼의 유의미성

1970년대에 출판된 초기 저작들을 중심으로 살펴본 이리가레의 페미니즘 철학은 몸의 물질성과 실재성의 문제를 고찰하고 있다. 이리가레는 몸의 물질성과 자연에 대한 재개념화를 통해, 기존의 섹스/젠더 이원론이 간과한 몸의 물질적 행위성과 자연의 역동적 생성력에 주목함은 물론, 위치 지어진 몸적 존재의 근원적 토대가 성차임을 탁월하게 드러내주었다. 그뿐만 아니라 이리가레의 성차는 기존의 섹스/젠더 구분에 내재해있는 자연과 문화, 물질과 담론 간의 이분법을 넘어서는 것이라는 점에서, 2000년대부터 부상한 물질적 전회, 존재론적 전회를 주도하고 있는 신유물론[6]이라는 신진 사상과도 크게 공명한다. 무엇보다 이리가레가 제안하는 성차는 신유물론의 자연문화 개념이나 물질–기호 어셈블리지 개념과도 매우 밀접한 연관성을 갖는다. 이러한 맥락에서, 이 글은 이리가레의 사유 스펙트럼을 신유물론의 관점에서 재횡단해볼 필요성이 있음을 보여주는 작은 단초이기도 하다.

이 글은 그 누구도 제대로 들여다보려 하지 않았던 음순 쾌락에 기반한 자기 성애의 충만성과 자기 충족성에 관한 이리가레의 통찰이 여성을 더 이상 결핍의 항에 놓아두지 않음에 주목한다. 이를 바탕으로 필자는 오히려 남근 질서 자체가 자기 충족적 존재인 여성에 대한 시기jealousy로 가동되는 한계적 질서임을 입증하고자 했다. 또한, 페니스라는 상상적 신체 이미지를 바탕으로 구축된 남근 형태론이 남근 질서의 토대임을 밝힘으로써 남근체제의 유약성을 드러내었고, 이를 넘어서는 대항적 상상계인 음순 형태론에 대해서도 자세히 살펴보았다. 남근 형태론이 남근 질서의 구축으로 이어졌듯이, 음순 형태론이

---

6 1980년대와 90년대를 휩쓴 기호학적, 언어적 전회는 모든 것을 담론적 구성물이나 텍스트, 기호로 환원하는 한계를 지님으로써 몸의 물질성의 문제나 실재성을 간과하는 경향이 있다. 이를 극복하기 위해 2000년대부터 대두하여 2010년에 본격적인 사조로 부상하고 있는 신유물론은 언어적 전회를 넘어서는 물질적, 존재론적 전회이다. 신유물론은 인간의 몸의 실재성과 물질성에 대한 고려만이 아니라 비인간 물질성의 행위성과 이 두 물질성 간의 얽힘 관계에도 주목한다.

어떻게 여성의 언어와 욕망을 향한 실천적, 이론적 도약대가 될 수 있는가를 분석하고자 했다. 그뿐만 아니라, 고고해 보이는 문명의 질서가 남성들 간의 여성 교환경제에 기반한 착취의 역사이자 남성의 자기 동일적이며 나르시시즘적 자기 증식 현상이었음을 날카로이 보여주는 이리가레의 분석 궤적을 추적하였다. 그리하여 이제 더 이상 남성을 경유하지 않고서도 여성이 자신과의 관계와 다른 여성들과의 관계를 재정립해나갈 수 있는 여성 계보학—여성 연대와 여성 사랑의 공간을 창안해내는 일의 중대성에 관해 살펴보았다. 나아가 이 글은 이리가레가 분석, 제안하는 여성의 몸, 쾌락과 욕망, 언어에 관한 시론이 2015년부터 급부상한 한국 페미니즘의 세기를 읽어내는 데에 매우 유용한 인식 지도가 되어줄 수 있음을 보여주고자 했다. 왜냐하면, 이리가레의 스펙큘럼은 가부장제를 깨뜨리기 위해 여전히 유효한 도전적 반사경일 뿐 아니라 남근 질서 너머의 새로운 상상계와 상징계를 여는 창조적 경로이기 때문이다.

참고문헌 ···

김상환, 2019. 『왜 칸트인가: 인류 정신사를 완전히 뒤바꾼 코페르니쿠스적 전회』, 서울: 21세기북스.
윤지영, 2019. 「봉기하는 몸의 역학, '비혼충': 남성통치자장에 포섭되지 않는 이질적 몸」, 『문화와 사회』 27권 2호, pp. 53-103.
이리가라이, 뤼스, 2000. 『하나이지 않은 성』, 이은민 옮김, 서울: 동문선.
태혜숙, 2000. 「몸의 정치, 성차의 윤리」, 『여/성이론』 2호, pp. 228-245.
황주영, 2008. 「이리가레의 스펙큘럼: 성차와 여성의 정체성」, 『진보평론』 35호, pp. 10-33.

___, 2015. 「상호주체성의 가능성 : 이리가레의 수평적 초월과 말의 창조」, 『시대와 철학』 26권 1호, pp. 459-492.

___, 2017. 『뤼스 이리가레』, 서울 : 커뮤니케이션북스.

Alaimo, S. and Hekman, S., 2008. "Introduction : Emerging Models of Materiality in Feminist Theory," In S. Alaimo and S. Hekman (eds.), *Material Feminisms*, Bloomington and Indianapolis : Indiana University Press, pp. 1-19.

Barad, K., 2008. "Posthumanist performativity : Toward an understanding of how matter comes to matter," In S. Alaimo and S. Hekman (eds.), *Material Feminisms*, Bloomington and Indianapolis : Indiana University Press, pp. 120-154.

Barrett, M., 1980. *Women's Oppression Today : The Marxist/Feminist Encounter*, London : Verso.

Braidotti, R., 2002. "The Politics of Ontological Difference," In T. Brennan (ed.), *Between Feminism and Psychoanalysis*, London : Routledge, pp. 97-113.

Coole, D. and Frost. S., 2010. "Introducing the New Materialism," In D. Coole and S. Frost (eds.), *New Materialisms : Ontology, Agency and Politics*, Durham, NC : Duke University Press, pp. 1-46.

Haraway, D., 1990. "A manifesto for cyborgs : Science, Technology and Socialist Feminism in the 1980s," In Linda Nicholson (ed.), *Feminism/ Postmodernism*, New York : Routledge, pp. 190-223.

Gatens, M., 1996. *Imaginary Bodies : Ethics, Power and Corporeality*, New York : Routledge.

Grosz, E., 1994. *Volatile Bodies : Toward a Corporeal Feminism*, Bloomington : Indiana University Press.

___, 2005. *Time Travels : Feminism, Nature, Power*, Durham and London : Duke University Press.

___, 2012. "The Nature of Sexual Difference : Irigaray and Darwin," *Angelaki* 17(2), pp. 69-93.

Hirsh, E., Olson, G., and Brulotte, G., 1995. "Je-Luce Irigaray : A meeting with

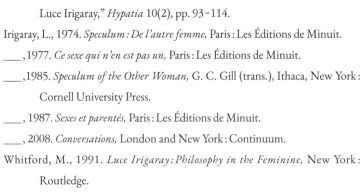
Luce Irigaray," *Hypatia* 10(2), pp. 93–114.

Irigaray, L., 1974. *Speculum : De l'autre femme,* Paris : Les Éditions de Minuit.

____,1977. *Ce sexe qui n'en est pas un,* Paris : Les Éditions de Minuit.

____,1985. *Speculum of the Other Woman,* G. C. Gill (trans.), Ithaca, New York : Cornell University Press.

____, 1987. *Sexes et parentés,* Paris : Les Éditions de Minuit.

____, 2008. *Conversations,* London and New York : Continuum.

Whitford, M., 1991. *Luce Irigaray : Philosophy in the Feminine,* New York : Routledge.

Young, I., 1990. *Throwing Like a Girl : And Other Essays in Feminist Philosophy and Social Theory,* Bloomington : Indiana University Press.

8. 몸의 물질성:
도나 해러웨이의 사이보그 다시 읽기

임소연

우리는 모두 사이보그이다. 사이보그는 우리의 존재론이며 우리의 정치를 있게 한다. 사이보그는 상상과 **물질적 실재**의 압축된 이미지이(Haraway, 2013, p. 150)다.

사이보그를 되돌아보며

도나 해러웨이Donna Haraway를 통해 몸을 이해하는 방식과 경로는 여러 가지일 것이다. 이 글은 사이보그에 대한 그간의 포스트모더니즘적 독해와 달리 사이보그의 물질성을 통해서 몸을 이해하고자 한다. 이것은 사이보그에 대한 재평가이자 몸 철학의 물질로의 전환이다. 몸에 대한 사유를 30년 가까이 지난 해러웨이의 글에서 찾고자 하는 이유는 과학기술과 몸에 대한 논의에서 「사이보그 선언 A Cyborg Manifesto」이 갖는 역사적 위치와 영향력 때문이다.[1]

무엇보다 사이보그는 사이보그 페미니즘으로도 불리는 페미니즘

---

1 물질성을 중심으로 사이보그 다시 읽기에 대한 전반적인 아이디어는 베르크(Berg 2019)를 참조하였다.

의 아이콘이다. '여신'보다는 '사이보그'가 되겠다는 「사이보그 선언」
의 마지막 문장은 에코페미니스트 ecofeminist가 아니더라도 과학기술
에 비판적인 경향이 강했던 당시 페미니스트들에게는 신선한 충격이
었을 것이다. 과학기술의 시대에 새로운 페미니스트 정치의 아이콘으
로 다시 태어난 사이보그는 예술에도 큰 영향을 미쳤다. 몇몇 여성 예
술가들의 작품은 해러웨이의 사이보그가 문화적으로 어떻게 재생산
되었는지 잘 보여준다. 예를 들어, 그녀를 지칭하는 '쉬 she'와 사이보
그의 '보그'를 결합한 신조어 '쉬보그' 그리고 사이버네틱스 유기체의
'사이버'와 여성 female을 뜻하는 '펨 fem'이 합쳐진 '사이버펨' 등이 대
표적이다. 쉬보그나 사이버펨은 몸과 과학기술에 대한 페미니즘의 새
로운 비전을 체화한다. 사이보그의 몸은 더 이상 고정된 생물학적 대
상이 아니며 사이보그로서의 여성은 과학기술이라는 해방의 도구를
갖게 된 새로운 여성 주체처럼 보인다. 여성은 더 이상 자연으로 비유
될 필요가 없으며 과학기술은 페미니즘이 타도해야 할 대상이 아니라
적극적으로 전유해야 할 대상이 되었다.

　사이보그에 대한 이런 해방적인 독해는 1980-90년대의 사이보그
가 포스트휴먼 기술이 만드는 유희적인 미래의 상징이었다는 사실과
연동한다. 사이보그는 무책임하고 비정치적이라고 비판받았던 포스
트모던 후기구조주의 이론의 상징이기도 했다. 유희이고 정치는 아닌,
흥미롭지만 세상을 바꿀 힘은 없어 보인다는 것이다. 그렇다 보니 사
이보그 페미니즘은 과학기술의 발전이 여성을 자유롭게 해줄 것이라
는 환상을 만들어내고 여성의 몸을 증발시킴으로써 페미니스트 정치
프로젝트의 물질적인 근거를 약화하는 결과를 가져왔다는 비판을 받
기도 했다(Wacjman 2004).

그러나 해러웨이의 사이보그에 대한 이러한 비판은 선언문 자체의 문제라기보다는 독해의 문제에 가까워 보인다. 사이보그 선언문에서 사이보그는 결코 미래의 상징만이 아니었다. 사이보그 선언문은 철저하게 그 당시의 기술적 지형 안에서 쓰였다. 1980년대에 나온 이 선언문은 전자데이터처리 EDP, 즉 지금의 정보통신기술 ICT 관련 연구개발이 정치에서 아주 중요하던 시절, 그리고 컴퓨터가 여전히 군사기술의 일부이던 시절에 쓰였다. 「사이보그 선언」의 미덕은 이러한 기술적 맥락에서 자연과 문화의 이분법이 어떻게 노동의 국제적 분업과 빈곤, 페미니스트 정치학에 짜여 들어가는지 보여준다는 점에 있다. 해러웨이의 사이보그는 국제적 자본주의를 마르크시즘적으로 개념화한, 사회적이고 정치적인 텍스트 안에 자리 잡고 있다.

「사이보그 선언」의 부제는 "20세기 후반의 과학, 기술, 그리고 사회주의 페미니즘"이다. 해러웨이의 사이보그는 페미니즘과 마르크시즘의 기원을 모두 배신한다. 사이보그는 이 둘이 전제하는 이분법과 인간중심주의에 모두 도전하는 존재이다. 이 선언문이 발표되었을 때 주목받았던 것은 사이보그가 상징하는 가상현실의 새로운 가능성이지 가부장제와 자본주의의 현실은 아니었다. 새로운 기술이 가져올 새로운 세계에 대한 희망 앞에 해러웨이의 자연과 인간에 대한 유물론적 시각은 희미해졌다. 본 장에서는 해러웨이의 사이보그를 유물론적으로 다시 읽어보고자 한다. 여기서 유물론은 전통적인 마르크시즘이 아닌 비슷한 시기 해러웨이가 쓴 다른 글에서의 물질관觀을 뜻한다. 해러웨이가 자연을 보았던 그 눈으로 사이보그를 보면 사이보그가 다르게 보이고 몸, 특히 과학기술이 개입한 몸이 다르게 보인다.

반-결정론으로 보는 사이보그의 물질성

사이보그 몸의 물질성을 재해석하기 위해서 생물학, 특히 사이보그 선언문이 나오기 전의 생물학과 페미니즘의 관계를 돌아볼 필요가 있다. 1970년대 생물학은 페미니즘의 비판 대상이었다. 더는 남녀차별을 남녀의 생물학적 차이로 정당화할 수 없게 되었다. 그렇다고 남녀가 생물학적으로 동일한 것은 아니기에 이 비판은 논쟁을 불러일으키게 되는데 바로 그 논쟁의 지형 속에 사이보그가 있다.

1970년 슐라미스 파이어스톤Shulamith Firestone의『성의 변증법 The Dialectic of Sex』은 기술을 통해서 여성이 생물학에서 벗어날 수 있음을 주장했다. 모성의 생물학적인 측면이 여성 억압의 주요 원인이라고 보았기 때문에 파이어스톤은 여성 해방을 위한 인공자궁을 꿈꾸기도 했다. 파이어스톤은 이것을 사이버네틱 사회주의Cybernetics Socialism라고 불렀다. 반면 1980년대의 에코페미니스트들은 과학기술과 자본의 친화성을 비판하며 출산, 모성 등과 관련한 여성의 경험적 가치가 사회에서 더 높은 위상을 차지해야 한다고 보았다.

여성의 생물학 혹은 여성의 자연스러운 몸이라는 관점에서 본다면『성의 변증법』으로 대표되는 급진적 페미니즘과 에코페미니즘은 언뜻 반대인 것처럼 보인다. 전자는 남성의 몸과 다른 여성의 몸, 특히 재생산하는 몸을 극복하거나 제거해야 할 대상으로 보지만, 후자는 여성의 몸이라는 자연을 받아들일 뿐만 아니라 높은 가치를 부여한다. 이러한 차이에도 이 두 페미니즘은 모두 생물학적 결정론biological determinism을 전제한다는 공통점을 갖는다. 급진적 페미니즘과 에코페미니즘 모두 여성의 생물학적 몸에 의존적이기 때문이다. 전자는 그것을 기술로 대체하여 버리기를 바라고 후자는 그것을 숭배하려는 경향이 있다. 특히 전자의 경우 생물학적 결정론에 반대하는 것 같지만 사실상 그것을 극복하기 위해 과학기술의 발전을 추구하는 것 자체가 생물학이 가진 결정적인 힘을 강하게 긍정함을 보여준다. 사이보그 몸은 이 충돌하면서도 수렴하는 생물학과 페미니즘의 지형 안에 있다.

그러나 사이보그가 생물학적 결정론을 거부한다고 해서 생물학이 무의미해지는 것은 아니다. 생물학적 결정론이 아니라고 해서 모든 존재를 일종의 텍스트처럼 언제든 다시 쓸 수 있는 존재로 보는 것은 아니다. 사실 어떤 생물학도 생물학이 모든 것을 설명해준다고 주장하지 않는다. 생물학에 대한 이런 단순한 관점은 오히려 현대 생물학에 위배된다. 생물학적 결정론은 어쩌면 존재하지 않는 적인지도 모른다. 생물학적 차이와 사회문화적 차이는 뚜렷하게 구분되지 않은 채 서로에게 영향을 주는 것이지 둘 중 하나를 선택하거나 주종의 관계에 놓여 있는 것이 아니다. 사회와 문화가 언제나 유동적이고 변화가능한 것이 아니듯이 과학이나 자연이 고정불변인 것도 아니다. 그러나 과학에 대한 고정관념은 생물학과 페미니즘을 분리해 지적 분업을 정당화한다. 따라서 해러웨이는 페미니스트 이론이 물질성과 과학기술에 더 많은 공간을 주어야 한다고 주장했고 사이보그는 그렇게 함으로써 탄생한 존재이다. 즉 사이보그는 생물학의 지배에서 완전히 해방된 존재가 아니라 생물학이 존재를 완전히 지배한다는 잘못된 믿음에서 해방된 존재이다.

물질과 관련한 결정론적 시각 중 생물학적 결정론만큼 강력한 것이 기술 결정론technological determinism이다. 기술 결정론이란 특정 기술이

미리 결정된 결과로서 어떤 사회에서든 비슷한 사회적 변화를 가져올 것이라고 보는 관점이다. 당시 기술은 자본주의적 발전과 가부장적 권력, 전쟁 등과 동일시되었으며 권력의 상징이었기 때문에 회의와 비판의 대상이었다. 페미니스트 이론에서 기술은 가부장적 권력과 동일시되고 노동 연구에서 기술은 자본가의 도구로 간주되었다. 사이버네틱스cybernetics 역시 사이보그의 중요한 요소이다. 사이버네틱스는 기계에서의 지침과 통제에 대한 것이지만, 유기체에서의 규제 메커니즘에 대한 것이기도 하다. 다른 많은 기술이 그렇듯 정보통신기술은 군사산업 속에서 개발되었다. 이렇게 보면 사이보그는 억압과 죽임, 착취의 이야기 속 주인공으로 보인다. 그러나 해러웨이는 사이보그를 그러한 기술의 사생아, 그러한 기원을 모욕하는 배신자로 재탄생시켰다. 사이보그는 기술적 실재이면서 허구적 존재이다.

따라서 해러웨이의 사이보그는 선과 악이 공존하고 경합하는 장소이다. 기술적 기원은 잊지 않되 그것에 충실하지 않은 존재이다. 그런 의미에서 해러웨이가 여러 사이언스 픽션Science Fiction을 참조했다는 사실을 상기할 필요가 있다. 사이언스 픽션은 기술적 가능성이 유기체와 연결된 다양한 미래의 창조물이 중심이 되는 장소이다. 사이보그는 다양한 기원을 가진 페미니스트 잡종이자 새로운 형상이다. 그것은 희망적이면서 절망적이다. 그것은 억압으로부터의 해방이지만, 동시에 글로벌 자본주의 논리와 전쟁 기술에 기원을 둔다. 사이보그는 세계를 이해하는 이분법적인 방식에 회의를 던지고 변화의 가능성을 상상하게 함으로써 페미니스트 이론과 정치에 도전했다. 그러나 동시에 사이보그의 기원은 결코 이분법에서 해방되지도 혁명적이지도 않다. 사이보그와 가장 반대되는 말은 순혈주의이며 가장 가까운 말은 불순함일 것이다. 사이보그의 불순함이란 그것이 기술과 생물학에 의해서 전적으로 결정되지 않지만 그것들로부터 절대로 자유로울 수도 없는, 모순적인 존재임을 암시한다.

페미니스트 과학기술학 관점에서 읽는 사이보그의 물질성

해러웨이가 「사이보그 선언」을 쓰고 발표했던 1980년대는 페미니스트 과학학의 부흥기라 할 만하다. 1986년 샌드라 하딩Sandra Harding은 과학에서의 여성 문제에서 "페미니즘에서의 과학 문제"로의 전환을 제안했다(Harding 1986). 페미니즘과 과학기술학의 결합이 과학기술 분야 여성의 과소재현을 문제 삼으며 잊힌 여성 과학자를 발굴하는 것을 넘어서 페미니즘과 과학기술의 관계에 대해서 의문을 던지기 시작한 것이다. 잘 알려진 '강한 객관성' 개념은 하딩이 과학적 인식론에 페미니스트 입장 이론을 결합하여 도출한 새로운 객관성 용어이다. 비슷한 시기 이블린 폭스 켈러Evelyn Fox Keller 역시 그의 저서 『젠더와 과학에 대한 성찰Reflections on Gender and Science』(1985)에서 과학의 남성성을 규명하였고, 이보다 앞선 1983년에 출간한 『생명의 느낌 A Feeling for the Organism』에서 여성 유전학자 바바라 맥클린톡Barbara McClintock의 독특한 과학적 방법론을 조명했다. 특히 『생명을 위한 느낌』의 경우 켈러가 맥클린톡을 옥수수와 교감하는 여성주의적 방법론을 사용한 여성 과학자로 묘사하여 젠더 본질주의라는 비판을 받기도 했으나 최근에는 오히려 과학 연구의 대상인 자연의 존재를 드러냈다는 점에서 재해석되고 있다. 생명을 위한 느낌이란 좋은 자연과학이 물질성과의 통찰력 있는 상호작용임을 보여주는 것이지 여성이 전통적인 여성성을 발휘하는 과학을 해서 과학의 남성성을 교정해야 한다는 의미로만 볼 수 없다. 해러웨이와 마찬가지로 켈러 역시 물질성의 가능성과 한계, 그리고 자연이 어떻게 절합articulation될 수 있는지를 말했지만, 사실상 그런 식의 독해는 최근 물질적 전환 이후에야 관심을 받게 된다.

결국, 최근까지도 해러웨이의 사유에서 물질성이 제대로 주목을 받지 못했던 것은 주류 페미니즘이 해러웨이의 논의가 갖는 과학기술학적 의미와 맥락에 관심이 없었기 때문인 것으로 보인다. 해러웨이의 사이보그 개념은 당시 과학기술학과 페미니스트 이론의 교차점에서 이루어지던 과학 지식의 객관성에 대한 비판, 즉 과학자라는 인간 주체의 존재를 지우고 자연을 있는 그대로 반영하는 지식으로서의 과학을 비판하는 페미니스트 과학학의 동향과 따로 떼어놓고 생각할 수 없다. 굳이 나누자면 페미니즘은 인간의 역할에, 과학기술학은 자연과 물질, 도구 등의 역할에 더 관심을 두는데 페미니스트 과학학은 양쪽에 걸쳐 있다. 논쟁의 여지는 있으나 과학기술학자들은 물질성에 대해서만큼은 최소한의 합의를 하고 있다.[2] 과학기술학은 과학기술이 결정론적이고 인과적인 설명 혹은 실재와 대응되는 반영이라는 믿음에서 벗어나 과학기술을 우리의 연구 대상으로 삼을 수 있고 그래야 한다고 본다. 그렇기에 과학기술학은 실재, 자연, 그리고 물질성의 재현

---

2 특히 과학기술학자 브뤼노 라투르Bruno Latour는 인간이 아닌 존재에게도 인간과 동일한 행위성이 있다고 보는 행위자-연결망-이론 Actor-Network-Theory으로 잘 알려져 있다.

과 관련된 연구를 위한 다양한 개념과 이론을 발전시켜 왔다. 최근 사회과학 전반 그리고 주류 페미니스트 맥락에서도 물질성에 대한 관심이 대두되고 있는데 물질성에 대한 현재의 페미니스트 관심은 그간 과학기술학 분야와 페미니즘이 교류하는 가운데에 만들어지기도 했다. 사이보그라는 매우 불순한 존재가 상징하는 자연과 문화의 존재론적 구분에 대한 도전은 이후 페미니스트 과학기술학의 주요 작업 중 하나로 자리 잡았다.

사이보그는 1980년대 물질성, 젠더, 기술에 대하여 새로운 질문을 던지는 존재였다. 사이보그는 자연과 문화, 물질과 비물질, 인간과 기계 사이의 구분에 반대하는 새로운 사유의 상징이었다. 그러나 인터넷과 사이버스페이스가 일상이 되면서 사이보그에 대한 관심도 서서히 사라졌다. 『유인원, 사이보그, 여자』의 표지 그림과는 달리 컴퓨터는 여성과 연결되지 못했다. 1980년대 IBM과 애플의 개인용 컴퓨터는 소년 문화의 일부가 되어 차고에서 미래에 실리콘 밸리 제국을 세우는 도구가 되었다. 그 후 텍스트와 문화의 시대를 지나 맞이한 21세기는 전 지구적 감염병과 기후변화, 인류세의 위기를 안겨주며 인류에게 물질로의 전환을 요구하고 있다.

사이보그 선언문은 재해석되어야 한다. 사이보그는 포스트모던 페미니즘의 아이콘에 머물러서는 안 된다. 사이보그는 새로운 페미니스트 해방의 주체가 아니다. 사이보그는 사실 이분법적인 범주를 초월한 존재가 아니라 이질적인 두 범주가 뒤섞여 오염된 존재이다. 사이보그는 가상공간과 페미니스트 정치학의 결합이 갖는 가능성을 상상하게 해주지만, 동시에 그것이 자본주의적 전쟁 기계로 태어났다는 점이 잊혀서는 안 된다. 전자의 가능성에 한때 많은 이들이 열광했으나 사이보그의 물질적인 기원은 그들의 기대를 번번이 좌절시켰다. 그럼에도 불구하고 해러웨이의 사이보그는 여전히 기술 결정론에 근거하지 않고 기술발전을 비판적으로 개념화할 가능성을 지니며 생물학 결정론에 근거하지 않고 자연을 말할 가능성을 지닌다. 그러기 위해서 사이보그 몸의 물질성에 주목하고자 한다. 사이보그의 몸이란 과연 무엇인가?

이어지는 두 절에서는 각각 두 종류의 사이보그에 주목하여 몸의 물질성을 탐색하고자 한다. 특히 사이보그의 몸, 즉 과학기술의 개입으로 만들어지는 몸에 대해서 생각해 볼 것이다. 첫 번째 사이보그와 두 번째 사이보그 모두 성형수술로 변형된 몸을 갖게 된 사이보그이지만, 물질성을 드러내는 방식에는 큰 차이가 있다. 두 사이보그 모두 물질로서의 몸을 갖지만 어떻게 접근하는가, 어떻게 표현하는가에 따라서 물질의 행위성은 완전히 다르게 드러난다. 전자의 사이보그가 해러웨이의 사이보그에 대한 전형적인 독해에 가깝다면 후자의 사이보그에 대한 묘사는 이 장에서 시도한 다시 읽기에 기반한다. 무대 위의 사이보그와 일상의 사이보그의 차이는 단지 배경의 차이만이 아니다.

사이보그 여전사 오를랑이 보여주는 물질성

성형수술은 과학기술과 여성의 몸에 대한 상반되는 해석이 경합하는 장이다. 그곳에는 몸이라는 텍스트를 마음대로 다시 쓰는 유희적 사이보그와 가부장적 미의 규범에 순응하여 몸을 변형하고야 마는 희생자 여성이 공존해왔다. 프랑스의 행위 예술가 오를랑Orlan의 성형수술 퍼포먼스는 너무나 명확하게 전자에 해당한다.

오를랑은 1990년부터 1993년까지 총 9회의 성형수술을 하고 그 과정을 행위예술과 미술작품으로 보여주는 작업을 했다. 오를랑은 「성 오를랑의 환생 La Réincarnation de Sainte Orlan」(1990 - 1993)이라는 작품을 통해서 서구 미술사의 옛 거장들이 그린 명화 속 여성 인물들의 신체를 모방한 얼굴을 만들고자 했다. 다섯 명의 그림 속 인물들에게서 가장 아름다운 부분을 가져오기로 했는데 오를랑은 레오나르도 다빈치 Leonardo da Vinci가 그린 모나리자의 이마, 프랑수와 제라르 François Gérard가 그린 프시케의 코, 보티첼리 Botticelli가 그린 비너스의 볼, 16세기 퐁텐블로파 École de Fontainebleau 화가가 그린 다이애나의 눈, 그리고 귀스타브 모로 Gustave Moreau가 그린 에우로페의 입술을 선택했다. 원래 총 10회로 계획된 성형수술은 1993년 12월 14일의 9번째 수술을 마지막으로 종결되어 결국 이 중 프시케의 코는 가질 수 없었지만 말이다.

오를랑은 컴퓨터 프로그램을 이용해서 각각의 부위를 합성해서 서구의 미의 전범이라고 할 만한 얼굴 모델을 만들어냈고 그것을 자신의 얼굴에 적용했다. 1993년 11월 21일 뉴욕에서 이루어진 7번째 수술은 미국 CBS TV쇼인 〈20/20〉이 제작을 담당하고 위성을 통해서 뉴욕, 파리, 토론토의 미술관에서 실시간으로 중계되었다. 몸은 뉴욕의 수술대 위에 있지만, 그러한 몸의 이미지는 시차와 지역을 초월해서 어디에나 존재한다고 해서 「편재 Omnipresence」(1993)라는 제목이 붙었다. 오를랑은 국소마취만 했기 때문에 수술을 하는 중에도 관람객이나 의료진과 대화를 나누고 텍스트를 낭독하는 등의 행위를 할 수 있었다. 이 퍼포먼스 당시 최후의 만찬에서 예수가 했던 표현을 패러디해서 "이것은 내 몸이다.…이것은 내 소프트웨어다."라고 선언하기도 했다.

오를랑의 성형수술 퍼포먼스는 여성성, 외모, 주체성과 연관된 몸, 테크놀로지 등과 관련된 다양한 메시지를 던진다고 해석되어왔다.[3] 크게 두 가지 정도로 정리할 수 있다. 첫 번째는 오를랑의 작품이 지배적인 미의 기준에 순응하는 미인을 양산하는 성형수술을 다양한 방식으로 비판한다는 점이다. 우선 서양 미술사에서 중요한 회화 작품에 등장하는 아름다운 여성의 얼굴을 반복적으로 차용함으로써 서구적 여성미를 비판하는 독특한 정치성을 구현한다. 일반적인 성형수술이 수술하지 않은 듯한 자연스러운 미를 추구하는 데 반해서 오를랑의 성형수술은 수술 과정을 공개함으로써 성형수술의 비가시성에 정면으로 도전한다. 결정적으로 9번의 성형수술을 거친 오를랑의 얼굴은 전형적인 미인보다는 '괴물'에 가깝다. 관자놀이 양쪽에 보형물을 넣어서 마치 뿔이 난 사람처럼 보인다. 일부러 그로테스크한 얼굴을 만들어서 자발적으로 괴물이 됨으로써 성형수술을 페미니스트 도구로 전유하고 페미니스트적 미의 대안을 제시하는 것으로 볼 수 있다.

두 번째로, 오를랑의 성형수술 퍼포먼스에서 몸이 매우 중요하게 부각된다는 점에 주목해보자. 1993년 작품에서 오를랑은 성형수술 후부터 41일 동안 회복 중인 자신의 얼굴을 매일 한 장씩 사진으로 담

---

3 이 장의 오를랑 작품에 대한 해석은 신채기(2002), 조윤경(2011), 전혜숙 (2016), 이수안(2017) 등을 참조하였다.

아 컴퓨터로 합성된 41개의 초상화 이미지와 나란히 붙여놓는다. 몸이 변형되고 수정되는 과정을 가시화함으로써 앞서 말했듯이 성형수술이 추구하는 이상적인 몸의 허상 대신 물질로서의 몸, 물질화 과정에 놓인 몸을 보여준다. 더 직접적으로는, 수술 과정에서 추출된 자신의 피를 사용해서 그림을 그린다든지 지방이나 살점 등을 방부액에 넣고 '성유물'이라는 이름으로 판매하는 방식으로 몸의 물질성을 드러내기도 했다. 이런 작품은 '아브젝트abject 예술'이라고 불린다. 관객들에게 심리적인 불편과 불안감을 자극하면서 사회적으로 터부시되는 주제를 다루는 것이다. 오를랑의 성형수술 장면은 그 자체로도 그로테스크하다. 국소마취를 해서 고통을 느끼지는 않는다지만 얼굴의 일부가 절개되어 속살을 드러내고 피를 흘리는 사람을 편안한 마음으로 바라보기란 쉽지 않다. 이렇게 몸의 노출이 주는 혐오감은 몸의 물질성에 대한 우리의 감각을 환기하는 역할을 한다.

성형수술 퍼포먼스에서 오를랑은 몸을 이끌고 지배한다. 수술대 위에서 화려한 옷을 입고 의미심장한 텍스트를 읽어 내려가는 오를랑은 누가 봐도 멋지고 당당한, 주체적인 페미니스트 전사의 모습이다. 그러나 그것은 전신마취가 필요한 수술이었다면 아예 불가능했을 퍼포먼스이기도 하다. 그녀의 성형수술 퍼포먼스에 전신마취가 필요한 수술이 포함되지 않았던 것은 우연이 아니다. 전신마취가 불필요한 수술에서도 국소마취제가 없었더라면 아마도 그렇게 우아하고 당당한 모습을 보여주지는 못했을 것이다. 살이 잘리고 보형물이 피부밑으로 욱여넣어지는 고통을 이를 악물고 버티는 오를랑이 상상이 되는가? 그녀가 몸의 고통에 대해서 어떠한 태도를 취했는지는 그녀의 「카널 아트 선언문Carnal Art Manifesto」에 분명히 나와 있다. 오를랑은 출산으로 인한 극단적인 고통을 수용하는 것은 시대착오적이라고 보고 "이제부터 우리는 경막외마취제, 국소마취제 그리고 여러 진통제를 가져야 한다! 몰핀 만세! 고통을 내려놓아라!"라고 선언했다.

오를랑의 예술에서 마취제의 도움으로 고통 없이 테크놀로지를 이용하는 것은 매우 중요한 의미를 갖는다. 오를랑의 작품에서 몸의 고통이 제거해야 할 대상이 되면서 그녀가 보여주고자 하는 몸의 물질성은 시각적 차원으로 축소되기 때문이다. 41장의 수술 후 이미지를 보여주는 작품에서 몸이라는 물질의 변화는 시각적인 차원에서만 보이고 '성유물'로 명명된 지방은 물질 그 자체이기는 하나 그녀의 몸에서 떨어져 나가 비활성화된 채로 대상화된다. 결국, 오를랑의 퍼포먼스에서 몸은 강력한 예술가의 재료로, 예술적 메시지가 몸이라는 물질을 압도한다.

오를랑의 퍼포먼스는 다양한 해석에 열려 있다. 그럼에도 불구하고 한 가지 분명해 보이는 사실은 그의 예술에서 몸이 핵심적인 자원으로 사용되었다는 점이다. 오를랑은 과학기술을 효과적으로 사용하여 자신의 몸을 자신이 원하는 방식으로 변형하고 전시하며 물화한다. "이것은 내 몸이다.…이것은 내 소프트웨어다."라는 오를랑의 선언은 해러웨이의 사이보그 선언문에 대한 해방적 독해에 정확하게 부응한다. 오를랑은 성형수술이라는 오염된 과학기술, 가부장적 시선을 여성의 몸에 새기는 과학기술을 과감하게 전유하여 가부장적 미의 규범을 뒤집는다. 오를랑의 몸은 남성적 시선의 대상으로서가 아니라 자신의 소유물이자 자신의 작품으로 존재한다. 그렇게 오를랑은 사이보그가 된다.

일상의 사이보그가 경험하는 물질성[4]

　의료 현장에서 성형수술 실천은 환자와 의사를 비롯한 상담실장과 간호사 등 다양한 인간과 함께 상담실, 수술실, 거울, 디지털카메라, 컴퓨터, 수술대, 수술에 필요한 물품과 도구들, 진통제, 마취제, 수술 후 주의사항 지침 등을 포함한 비인간적 존재가 개입하는 일련의 안무이다. 이 안무는 의료 현장에서는 환자의 몸을 예측하고 통제하려는 의료 행위로 축소되어 보이지만, 환자의 일상에서는 수술 후 회복 과정에서 다중적으로 존재하는 몸과 협상하는 과정을 포함한다.[5] 성형수술을 의료 일상의 수준에서 보면 그것이 여성에게 예전에 없던 새로운 몸과 새로운 정체성을 부여하는 기술이 아님을 알 수 있다. 성형수술에 대한 물질적 접근은 성형수술을 "환자가 원래 가지고 있는 몸과 함께 작동하는"(Holliday and Taylor, 2006, p. 189) 기술적 실천으로 보는 것으로부터 시작된다. 그럴 때야 비로소 사이보그가 되는 과정에 끊임없이 개입하는 많은 다른 몸들이 보이고 그것들의 행위성으로서의 물질성이 보인다.

　성형수술은 크게 수술 전 상담, 수술, 수술 후 회복이라는 세 단계의 절차에 따라 수행된다. 그리고 여성의 몸은 각각의 과정에서 다른 존재로 실행된다. 우선 성형수술 전 의사와의 상담 과정은 환자의 관찰

4　이 절은 성형외과 현장연구에 근거한 저자의 연구 논문(임소연, 2019)에서 일부 내용을 가져와 구성하였다.
5　다중체 the multiple로서의 몸에 대한 상세한 논의는 몰(Mol, 2002)을 참조하라.

하는 몸이 의사와 협상하는 과정이면서 동시에 환자의 몸이 사진이라는 물질로 변환되는 과정이다.[6] 이 과정은 의학 전문가의 권력이 환자의 몸을 대상화하는 추상적인 과정이 아니라 컴퓨터, 흰색 스크린, 조명 장비, 디지털카메라와 삼각대, 유명인의 사진, 다른 환자들의 사진 등이 개입하는 이질적이고 물질적인 실천의 과정이다.

상담이 시작되면 의사는 각종 촬영 장비를 동원해서 환자의 몸을 디지털 이미지로 만든다. 예를 들어, 양악 수술의 경우 환자의 얼굴을 정면과 측면에서 찍고 이 사진들을 그의 컴퓨터 화면에 띄우고 환자와 함께 바라본다. 상담 내내 의사와 환자가 집중하는 것은 환자의 몸이 아니라 컴퓨터 화면 위의 몸이다. 일차적으로 이런 식의 상담은 환자의 몸을 이차원 이미지로 환원하여 관찰 가능한 대상으로 만드는 과정이다. 살아 있는 삼차원의 몸이 관찰 가능한 이차원 이미지의 몸으로 실행되는 이 과정은 성형수술에 대한 올바른 결정을 내리고 좋은 수술 결과를 내려는 의사와 환자 모두의 목표를 실현하기 위해 반드시 필요하다.

관찰 가능한 이차원 이미지의 몸과 함께 관찰하는 몸으로서의 환자의 몸 역시 실행된다. 환자는 컴퓨터 화면을 통해서 얼굴 사진뿐만 아니라 의사가 이전에 수술했던 환자들의 시술 전후 사진 그리고 국내외 남녀 유명인 사진을 보게 된다. 의사는 국내외 연예인들의 사진을 보여주면서 '아름다운 얼굴이 무엇인가'라는 미학적인 질문을 두 개의 수평선으로 삼등분한 얼굴 사이의 비율 및 조화라는 과학의 문제

---

6 이 과정에 대한 더욱 상세한 논의는 본 저자의 연구 논문(임소연, 2011)을 참조하라.

로 시각화한다. 이 과정에서 '여성스러운 얼굴'이나 '호감을 주는 부드러운 인상'은 상안면부나 중안면부에 비해서 작은 하안면부를 가진 얼굴로 재정의된다.

디지털카메라와 컴퓨터라는 기술이 개입하면서 환자의 몸은 사진이라는 이차원적이고 시각적인 대상으로 실행되고 성형수술의 결정 과정에 필요한 의사-환자 협상의 대상물로 기능한다. 성형외과의 상담실에서 환자의 몸을 시각화하는 기술적 실천은 환자가 특정한 방식으로 자신의 외모를 관찰하도록 함으로써 성형수술의 결정에 영향을 미친다. 단, 이 협상과 관찰이 의사나 환자가 원하는 대로 이루어진다는 보장은 없다. 긴 상담 후에도 환자가 수술을 결정하지 않는 경우는 허다하다. 환자의 사진이 말해주는 것은 환자가 말하는 것과 다르고 환자가 그것을 관찰하는 방식 역시 의사의 의도대로 되지 않을 수 있다.

두 번째로 수술실에서는 상담실에서와는 전혀 다른 몸이 등장한다. 생리적인 대사 작용을 하고 일정한 해부학 구조를 가지고 있는 생물학적인 몸이다. 앞서 상담실에 등장한 관찰하는 몸과 이차원의 관찰 대상인 몸은 여기에서 거의 등장하지 않는다. 게다가 대개 수면마취나 전신마취 중에 이루어지는 수술의 특성상 사회적인 주체로서의 환자가 의식적으로 목소리를 내는 경우는 거의 없다. 어떤 행위를 하려는 의도나 할 수 있는 능력 등으로 행위성을 정의한다면 수술실의 여성 환자가 행위성을 가질 확률은 매우 낮다. 기존 성형수술 연구에서 수술 장면이 부정적으로 묘사되었던 이유일 것이다. 선행 연구에서 성형수술 실천의 물질성은 보통 '크고 작은 칼과 바늘'이나 '살갗을 자르고 꿰매는 장면' 등으로 묘사된다. 수술실에서 환자는 수동적인 몸으로 전락하여 얼굴과 피부가 칼과 바늘에 의해서 잘리고 꿰매지며, 그 칼과 바늘을 쥐고 있는 의사는 유일한 행위자이자 위험과 고통의 가해자가 된다. 다른 수술과는 대조적으로, 여성의 행위성이 중요한 의제인 페미니즘 연구에서 성형수술은 이렇게 환자를 비인간화하고 대상화하는 행위이자 의사가 권력 및 행위성을 독점하는 행위로 기술되어 거부감이나 두려움을 불러일으킨다.

그러나 성형수술이란 환자의 무력한 몸과 강력한 의사, 그리고 그런 의사의 손에 들린 도구만으로 이루어지는 행위가 아니다. 수술실이 주는 가장 압도적인 시각적 특성은 살과 뼈가 잘려 나가는 비인간적이고 폭력적인 광경이 아니라 수술실을 가득 채운 크고 작은 사물들의 존재이다. 이 사물들은 석션 suction 기기처럼 한 사람의 자리를 차지할 정도로 크기가 큰 기계부터 무엇이 들어 있는지 알 수 없는 여러 개의 원통형 혹은 사각형 모양의 스테인리스 용기, 그리고 수술포 위에 깔린 다양한 형태와 기능의 수술 도구까지 그 크기와 모양, 위치, 종류 등이 각양각색이다. 수술실에서 일하는 보조 의료인은 이렇게 각양각색의 사물들을 일상적으로 관리, 유지하고 다루는 노동을 수행하는 존재이다. 이러한 사물과 노동의 존재는 수술 중 의사의 몸과 환자의 몸을 매개함으로써 의사와 환자 사이의 행위성의 위계를 완화한다.

하나의 수술은 마치 하나의 안무처럼 반복과 훈련, 교육 등을 통해 미리 짜인 각본과 임기응변적 조치를 통해서 진행되고, 이 과정은 강력한 수술 주체인 의사와 수동적인 수술 대상인 환자 사이의 일대일 대결이 아니라 다양한 비인간과 간호사, 마취 담당의 등과 같은 다양한 인간까지 포함하는 이질적인 존재들의 군무와도 같다. 수술실의 자질구레하고 사소한 사물과 노동의 실행이 갖는 행위성은 그것이 실패했을 때 비로소 가시화된다. 예를 들어, 주사액 변질로 인한 감염 사고가 날 수도 있지만, 그것이 수술실의 어떤 사물 혹은 어떤 몸의 문제 때문인지 알 방법은 거의 없다.

마지막으로 수술이 끝나면 환자는 자신의 몸을 돌보고 몸의 변화에 대응하며 노동하는 몸으로 실행된다. 물론 관찰하는 몸, 관찰 대상인 몸, 대사하는 몸 등 역시 실행되며 돌보는 몸은 이렇게 다중적으로 존재하는 몸에 대응하고 조율하는 노동을 수행한다. 성형외과에서는 퇴원하는 환자에게 수술의 종류에 따라 미리 작성된 '수술 후 주의사항'을 종이에 출력해준다. 예를 들어, 절개식 쌍꺼풀 수술을 받은 환자의 경우 "얼음찜질을 필수적으로 해주"어야 하고 "수술 후 5일간은 베개 2~3개를 베고" 누워야 하며 "눈 화장은 실밥 제거 다음 날부터 약간씩 시작"할 수 있고 "세수는…문지르지 말고 조심스럽게" 해야 한다. 수술 후 주의사항은 한마디로 수술을 받은 환자가 특정 기간 회복을 위해 하지 말아야 할 것과 해야 할 것, 그리고 실밥을 뽑거나 붕대를 푸는 등 수술 후 남은 절차에 대한 안내를 모두 기록한 것이다. 수술 후 환자는 자신의 삶의 공간에서 이 주의사항에 따라 처방약, 찜질도구, 베개, 화장품, 아스피린, 술, 담배 등과 함께 하는 안무를 통해서 다중적인 몸 사이에서 미인이라는 새로운 일관성을 얻고자 애쓴다(Mol and Law 2004). 성형미인으로서의 사이보그 되기의 과정이 가장 내밀하게 드러나는 시기가 바로 이때다.

성형수술로 얼굴이 예뻐지면 자신감이 높아진다는 믿음은 몸과 마음의 허구적 이분법 혹은 사후적으로 만들어진 이분법에 근거한다. 몸은 어떠한 상황, 사건, 맥락에 놓이는가에 따라 다르게 실행되는 다중적인 존재이기에 미인의 몸은 하나가 아니다. 물론 몸이 다수가 아니라 다중적이라는 것은 실행되는 몸들이 모두 존재론적으로 분리 가능한 개별의 존재들이 아님을 뜻한다. 턱의 찌릿찌릿한 감각, 손으로 만져지는 두툼한 붓기, 거울 속의 부은 얼굴, 그럴듯해 보이는 사진 속 왼쪽 얼굴, 웃을 때 비대칭인 양쪽 입꼬리, 찜질팩을 들고 있는 손, 우울하게 거울 속 얼굴을 바라보는 나, 수술 후 처음 만나는 지인이 보는 내 얼굴, 편안해 보이는 옆얼굴 라인 등 이 중에 어떤 것도 내가 아닌 몸은 없지만 모두 다른 상황과 사건, 맥락 속에서 나타났다가 사라지는 혹은 지속되는 다른 몸들이다.

수술 후 과정에서 서로 다른 몸의 물질성은 특히 수술 후 사진 속 몸에 대한 평가와 실재 몸에 대한 평가가 다를 때 극적으로 가시화된다. 사진 속의 몸은 예쁜데 실재 몸은 그렇지 않다는 평가를 듣는 것이다. 수술 전 상담실에서 환자의 실재 몸보다 사진 속의 몸의 외모가 더 부정적인 평가를 쉽게 듣는 것과는 반대의 상황이지만, 두 상황 모두 사진 속 몸이 알기 쉽고 관찰하기 쉽다는 공통점이 있다. 성형미인의 불안이 극대화되는 순간이기도 하다. 성형수술로 미인이 된다는 것은 성형수술을 선택하면 자동으로 얻어지는 결과도 아니고 훌륭한 실력을 갖춘 의사에게 수술을 받고 수술 후 주의사항을 잘 지키는 것만으로 얻어지는 결과도 아니다. 그것은 의사를 포함한 주변 사람들 및 소속 집단뿐만 아니라 장소나 환경, 진통제나 항생제, 찜질도구, 카메라, 인터넷 등과 같이 사물과의 관계에도 영향을 받는다. 그러므로 성형미인은 불안한 사이보그가 된다.

사이보그의 물질성, 트릭스터로서의 몸

오를랑이라는 사이보그는 몸의 소유자이다. 소프트웨어로서 언제고 다시 쓸 수 있는 오를랑의 몸은 포스트모던적이다. 몸의 물질성이 강렬하게 전시되지만, 그 물질성은 예술가 주체의 행위성을 대리하는 존재로서만 가시화된다. 주체가 의지를 발휘할 수 없게 하는 전신마취를 동반하는 성형수술은 아예 제외되었다. 오를랑의 퍼포먼스가 성형수술의 실패나 부작용을 보여주지 않는다는 점을 비판하는 것이 아니다. 더 중요한 사실은, 성형수술을 포함하는 외과적 수술의 과정에서 환자들이 경험하는 공포나 무력감, 불안, 고통 등이 드러나지 않는다는 것이다. 명백하게 실패한 성형수술과 그로 인해 고통이 아니라 실패할지도 모른다는 걱정과 불안, 두려움 등은 살아 있는 물질로서의 몸이 존재한다는 증거이다. 오를랑의 예술가적 당당함이 몸의 물질성을 압도하고 삭제하는 반면, 성형수술의 일상적 실천에서 몸은 의사나 환자 사이의 긴장과 협력, 갈등 등을 일으키며 나타났다가 사라지기를 반복한다.

과학기술과 몸의 결합으로서의 사이보그에서 오히려 충분히 주목받지 못했던 것은 그 결합의 실패가 아니라 실패할 수 있는 잠재성이다. 몸에 대한 주목은 과학기술이 개입되기 이전에 존재하는, 어떠한 선험적인 실재 혹은 순수한 자연으로서의 몸이 있음을 전제하는 것은 결코 아니다. 과학기술이 몸에 개입한 결과 이전의 몸과 다른 몸이 되는 것의 과정에 주목해야 한다는 의미이다. 성형수술에 비유하자면 수술 전과 수술 후의 몸을 비교하여 수술 후의 몸을 사이보그라고 부르는 것에서 그치지 않고 수술 전에서 수술 후가 되어가는 과정, 그 과정에 주목하자는 것이다.

물론 오를랑의 성형수술 퍼포먼스는 수술받는 과정을 생생하게 보여주고 그 과정의 부산물인 몸 일부까지 가시화하였다. 그러나 몸은 소프트웨어도 아니고 몸을 구성하는 피, 살점, 지방 등의 물질 그 자체도 아니다. 이 생생한 행위예술에서 보이지 않는 것은 오를랑의 공포, 무력감, 불안, 고통 등이다. 그리고 그러한 감정이나 정서는 몸이 예측하거나 통제하고자 하는 대로 실행되지 않을 때의 반응이다. 몸의 행위성은 바로 그러한 "제멋대로임"(Leem, 2016)으로 드러난다. 그 제멋대로인 몸이야말로 인간이 만든 선과 악의 범주를 뛰어넘는 몸의 속성이자 몸의 물질성 그 자체이다.

과학기술이 자연을 통제하고 예측하기 위한 수단이라면 그 수단은 여전히 불완전하고 불확실하다. 사이보그가 몸에 과학기술이 개입하면서 만들어지는 존재라면 이 불완전한 수단이 미처 예측하고 통제할 수 없는 현상이 벌어지며 몸은 결코 완벽하게 예측되거나 통제되지 않는다. 그러한 이유로 사이보그는 언제나 성공과 실패 사이의 어디쯤 존재하며 끝없는 되기의 과정을 수행한다. 그리고 사실상 과학기술의 개입 여부와 무관하게 몸이란 이미 그렇게 제멋대로인 존재이다. 자연이 그러하듯 말이다. 문화와 완전히 분리된 자연은 없다. 모든 자연은 인공 자연이자 자연문화 natureculture이다. "우리가 모두 사이보그"(Haraway 2013, p. 150)이듯이 말이다.

이러한 몸의 속성을 이해하는 데 있어 해러웨이의 트릭스터 trickster 개념은 매우 유용하다. 사기꾼이나 협잡꾼이라는 트릭스터의 사전적 해석에서 알 수 있듯이 트릭스터는 우리가 온전히 길들일 수 있는 대상이 아니다. 해러웨이는 자연이나 사물의 행위성을 트릭스터 혹은 코요테coyote로 상상할 것을 제안한다. 트릭스터는 미국의 남서부에 살던 원주민의 이야기 속에 등장하는 신화적인 존재로, "우리가 속을 것을 알면서도 지배를 포기하고 신의 있는 관계를 맺기 위해 노력"(Ibid., p. 199)해야 하는 대상이다. 알다가도 모를 몸, 익숙하고도 낯선 몸, 온순하다가도 제멋대로 구는 몸, 몸은 트릭스터와 같은 존재이다. 트릭스터와 같은 몸은 인간의 통제와 예측에 완전히 종속되지 않기 때문에 인간을 불안하게 하지만, 또 그런 제멋대로인 측면이 인간에게 뜻밖의 희열이나 안도감을 주기도 한다.

> "에코페미니스트들은 아마도 세계를 부르주아, 마르크시스트, 남성주의 기획에서 계획되고 전유되는 자원으로서가 아니라 능동적인 주체로 볼 것을 가장 열심히 주장해온 이들이다.…지식에서 세계의 행위성을 인정한다는 것은 세계의 독립적인 유머 감각과 같은 어떤 불안한 가능성에 여지를 두는 것이다."(Ibid., p. 199)

해러웨이의 「사이보그 선언」에서 아마도 가장 많이 인용되었을 "나는 여신이 되기보다는 차라리 사이보그가 되겠다."(Ibid., p. 181)는 구절은 소위 사이보그 페미니즘이 에코페미니즘에 반대하는 것처럼 해석되어왔다. 그러나 위의 인용문에서 보듯이 해러웨이는 누구보다 에코페미니즘에서 자연을 행위자로 다루는 방식을 지지한다. 즉 에코페미니스트가 자연을 여신으로 보았다면 해러웨이는 자연을 트릭스터이자 사이보그로 보고자 했다. 몸의 물질성은 몸이 생물학의 대상이거나 기술적 개입으로 변화 가능함을 보이는 것으로는 말할 수 없다. 그것은 인간이 몸이라는 물질을 이해하고 조작하려는 의지와 가능성을 보여줄 뿐이다. 몸의 물질성은 생물학의 대상이면서 생물학으로 예측할 수 없을 때 기술이 개입할 수 있으나 온전히 통제되지 않을 때 비로소 우리 앞에 모습을 드러낸다. 사이보그가 되는 과정의 불안과 기대, 그리고 고통과 희열, 좌절과 희망 등은 그렇게 드러난 몸의 존재에 대한 인간의 반응이다. 해러웨이의 사이보그는 트릭스터 자연과 함께 이해될 때 비로소 물질적 실재로 읽을 수 있다.

참고문헌 ···

신채기, 2002. 「올랑의 카널 아트 : 포스트휴먼 바디 아트로서의 몸」, 『현대미술사연구』 14호, pp. 57 – 84.

이수안, 2017. 「테크노페미니즘으로 본 몸의 물질성고 감각의 확장 – 오를랑(Orlan)의 테크노바디를 중심으로」, 『한국여성학』 33호 1권, pp. 77 – 105.

임소연, 2011. 「성형외과의 몸 – 이미지와 시각화 기술 : 과학적 대상 만들기, 과학적 분과 만들기」, 『과학기술학연구』 11권 1호, pp. 89 – 121.

____, 2019. 「과학기술과 여성 연구하기 : 신유물론 페미니즘과 과학기술학의 안 – 사이에서 '몸과 함께'」, 『과학기술학연구』 19권 3호, pp. 169 – 202.

전혜숙, 2016. 「경계의 해체와 혼성을 수행하는 미술가 오를랑」, 『미술세계』 45호, pp. 92 – 95.

조윤경, 2011. 「포스트휴먼과 포스트바디의 상상력 – 오를랑의 작품을 중심으로」, 『프랑스문화예술연구』 38호, pp. 307 – 338.

Berg, A., 2019. "The Cyborg, Its Friends and Feminist Theories of Materiality," In U. T. Kissmann and J. Van Loon (eds.), *Discussing New Materialism : Methodological Implications for the Study of Materialities*, Springer, pp. 69–86.

Firestone, S., 2003. *The Dialectic of Sex : The Case For Reminist revolution*, Farrar,

Straus and Giroux.

Haraway, D., 2013. *Simians, Cyborgs, and Women: The Reinvention of Nature,* New York and London: Routledge.

Harding, S., 1986. *The Science Question in Feminism,* Ithaca, New York: Cornell University Press.

Holliday, R. and Taylor J. S., 2006. "Aesthetic surgery as false beauty," *Feminist Theory* 7(2), pp. 179-195.

Keller, E. F., 1984. *A Feeling for the Organism: The Life and Work of Barbara McClintock,* Macmillan.

____, 1985. *Reflections on Gender and Science,* New Haven and London: Yale University Press.

Leem, S. Y., 2016. "The Anxious Production of Beauty: Unruly Bodies, Surgical Anxiety, and Invisible Care," *Social Studies of Science* 46(1), pp. 34-55.

Mol, A., 2002. *The Body Multiple: Ontology in Medical Practice,* Durham and London: Duke University Press.

Mol, A. and Law, J., 2004. "Embodied action, enacted bodies: The example of hypoglycemia," *Body & Society* 10(2-3), pp. 43-62.

Wajcman, J., 2004. *Technofeminism,* Cambridge: Polity Press.

몸의 철학

영혼의 감옥에서 존재의 역능, 사이보그의 물질성까지

초판 1쇄 발행 | 2021년 5월 31일
초판 2쇄 발행 | 2024년 3월 15일

지 은 이 | 몸문화연구소
펴 낸 이 | 이은성
편   집 | 구윤희
디 자 인 | 파이브에잇
펴 낸 곳 | 필로소픽

주   소 | 서울시 종로구 창덕궁길 29-38, 4-5층
전   화 | (02) 883-9774
팩   스 | (02) 883-3496
이 메 일 | philosophik@naver.com
등록번호 | 제2021-000133호

ISBN 979-11-5783-220-0 93100

필로소픽은 푸른커뮤니케이션의 출판 브랜드입니다.